텐서플로 2로 배우는
금융 머신러닝

텐서플로 2로 배우는
금융 머신러닝

텐서플로와 Scikit-learn으로
금융 경제에 접목하는 인공지능

이사야 헐 지음 **이병욱** 옮김

i!i
에이콘

에이콘출판의 기틀을 마련하신 故 정완재 선생님 (1935-2004)

아내 제이미^{Jamie}, 아들 모세^{Moses},

부모님 제임스^{James}와 게일^{Gale}에게 바칩니다.

이사야 헐 Isaiah Hull

스웨덴 중앙은행 연구부서의 선임 경제학자다. 보스턴대학교 Boston College에서 경제학 박사학위를 받았으며 계산경제학, 머신러닝, 거시금융, 핀테크 연구를 수행 중이다. 또한 Python 의 TensorFlow 소개를 포함해 데이터캠프 DataCamp 플랫폼 과 정을 가르치고 있으며 경제학 분야에 양자 컴퓨팅과 양자 화폐 Quantum money 도입을 위한 학제간 연구 프로젝트를 진행 중이다.

비시웨시 라비 쉬리말리 Vishwesh Ravi Shrimali

2018년 BITS Pilani에서 기계공학을 전공했다. 이후 Big Vision LLC에서 딥러닝과 컴퓨터 비전 분야에서 일했으며 공식 OpenCV AI 과정을 만드는 데 참여했다. 현재는 인도 메르세데스 벤츠 연구개발 부문에서 일하고 있다. 프로그래밍과 AI에 대한 큰 관심을 기계공학 프로젝트에 적용했다. 또한 OpenCV에 대한 여러 블로그와 컴퓨터 비전 분야의 선도적 블로그인 Learn OpenCV에 대한 딥러닝을 작성했고 『Machine Learning for OpenCV 4, 2nd Edition』(Packt, 2019)을 공동저술했다. 블로그를 쓰거나 프로젝트 작업을 하지 않을 때는 긴 산책이나 어쿠스틱 기타 연주를 좋아한다.

이병욱(byunguk@gmail.com)

서울과학종합대학원 디지털금융 주임교수

한국금융연수원 겸임교수

인공지능연구원[AIRI] 부사장

– 금융위원회 연구모임 위원

– 한국산업기술진흥원[KIAT] '규제자유특구 분과위원회' 위원

– 과기정통부 우정사업본부 정보센터 네트워크 & 블록체인 자문위원

– 2021 금융발전유공 혁신금융부문 대통령 표창

전) BNP 파리바 카디프 전무

전) 삼성생명 마케팅 개발 수석

전) 보험넷 Founder & CEO

전) LG전자 연구원

서울과학종합대학원 디지털금융 주임교수와 한국금융연수원 겸임교수를 맡고 있으며, 인공지능연구원의 부사장으로도 재직 중이다. 한국과학기술원[KAIST] 전산학과 계산이론 연구실에서 공부하고 공학을 전공한 금융 전문가로, 세계 최초의 핸드헬드-PC[Handheld-PC] 개발에 참여해 한글 윈도우 CE 1.0과 2.0을 미국 마이크로소프트 본사에서 공동 개발했다.

1999년에는 전 보험사 보험료 실시간 비교 서비스를 제공하는 핀테크 전문회사 ㈜보험넷을 창업해 업계에 큰 반향을 불러일으켰다. 이후 삼성생명을 비롯한 생명보험사 및 손해보험사에서 CMO(마케팅 총괄 상무), CSMO(영업 및 마케팅 총괄 전무) 등을 역임하면서 혁신적인 상품과 서비스를 개발, 총괄했다.

세계 최초로 파생상품인 ELS를 기초 자산으로 한 변액 보험을 개발해 단일 보험 상품으로 5천억 원 이상 판매되는 돌풍을 일으켰고, 매일 분산 투자하는 일 분산 투자daily Averaging 변액 보험을 세계 최초로 개발해 상품 판매 독점권을 획득했다. 인공지능연구원에서 머신러닝 기반의 금융 솔루션 개발에 관련된 다양한 활동을 하고 있으며, 금융위원회, 금융정보분석원 등에 다양한 자문을 하고 있다.

저서로는 『돈의 정체』(에이콘, 2021), 『비트코인과 블록체인, 가상자산의 실체 2/e』(에이콘, 2020)과 대한민국학술원이 2019 교육부 우수학술도서로 선정한 『블록체인 해설서』(에이콘, 2019), 한국금융연수원의 핀테크 전문 교재인 『헬로, 핀테크!』(공저, 2020), 『헬로, 핀테크!: 핀테크 기반기술』(공저, 2021)이 있다.

한국금융연수원, 패스트 캠퍼스 등에서 인공지능, 디지털 트랜스포메이션, 블록체인에 관한 다양한 동영상 강연을 제공하고 있으며, MBC 100분 토론, MBC 스트레이트, KBS, SBS, SBS Biz, TBS, CBS 등에 출연해 가상자산과 디지털 금융에 관한 다양한 정보를 제공한 바 있다.

인과 관계에 집중하는 경제나 금융은 예측이나 분류에 집중된 것으로 보이는 머신러 닝 기법과 잘 안 맞아 보일 수도 있다. 저자는 경제와 금융에 전통적 머신러닝과 딥러 닝을 접목하기 위해 수많은 학자의 연구를 범주별로 설명해준다. 저자가 추천하는 참 고문헌만 따라가면 연구가 이뤄지는 맥락, 성공적인 분야, 개선이 더 많이 필요한 부 분을 알 수 있다.

많은 예제를 TensorFlow와 sklearn을 사용해 시연하며 이를 통해 주요 머신러닝, 딥 러닝 기법이 경제와 금융에 접목되는 것을 직접 실습해볼 수 있다. 경제나 금융 분야에 인공지능을 접목하고 싶다면 가장 먼저 읽어야 할 필독서다. 전체 개요는 물론 방대한 참고문헌은 이 분야 선구자의 노력을 손쉽게 습득할 수 있는 출발점이 될 것이다.

예제 코드 다운로드

이 책에 사용된 소스코드는 에이프레스 깃허브 저장소(https://github.com/Apress/Machine-Learning-for-Economics-and-Finance-in-TensorFlow-2)와 에이콘출판사의 깃허브 저장소(https://github.com/AcornPublishing/finance-tensorflow2)에서 다운로드할 수 있다.

문의

정오표는 에이콘출판사의 도서정보 페이지(http://www.acornpub.co.kr/book/finance-tensorflow2)에서 찾아볼 수 있으며, 이 책과 관련해 질문이 있다면 이 책의 옮긴이나 에이콘출판사 편집 팀(editor@acornpub.co.kr)으로 문의해 주길 바란다.

차 례

## 1장

TensorFlow 2

TensorFlow는 구글 브레인 팀^{Google Brain Team}에서 제작한 머신러닝용 오픈 소스 라이브러리다. 2015년에 대중에게 공개됐으며 빠르게 가장 인기 있는 딥러닝 라이브러리^{Deep Learning Library} 중 하나가 됐다. 2019년 구글은 TensorFlow 1에서 크게 달라진 TensorFlow 2를 출시했다. 1장에서는 TensorFlow 2를 소개하고 경제와 금융에서 어떻게 사용할 수 있는지 설명한 다음 2장 이후부터 자료를 이해하는 데 필요한 예비 사항을 설명한다. TensorFlow 1을 사용하지 않았다면 'TensorFlow 2의 변경 사항' 절을 건너뛰는 것이 좋다.

TensorFlow 설치하기

TensorFlow 2를 사용하려면 Python을 설치해야 한다. Python 2는 2020년 1월 1일 부터 더 이상 지원되지 않으므로 일반적으로 데이터 과학에 사용되는 7,500개 이상의 모듈과 함께 Python을 번들로 제공하는 아나콘다^{Anaconda}를 통해 Python 3을 설치하는 것이 좋다. 홈페이지는 www.anaconda.com/distribution이다. 아나콘다를 설치한 다음에는 운영 체제 명령줄에서 가상 환경을 구성할 수 있다. 다음 코드는 이 책에서 사용할 Python 3.7.4를 사용해 tfecon이라는 아나콘다 가상 환경을 설치한다.

```
conda create -n tfecon python==3.7.4
```

다음 명령을 통해 환경을 활성화할 수 있다.

```
conda activate tfecon
```

환경 안에서 다음 명령으로 TensorFlow를 설치할 수 있다.

```
(tfecon) pip install tensorflow==2.3.0
```

다음 명령으로 가상 환경을 비활성화할 수도 있다.

```
conda deactivate
```

책 전체에서 TensorFlow 2.3과 Python 3.7.4를 사용한다. 예제의 호환성을 보장하기 위해서는 그에 따른 가상 환경을 구성해야 한다.

TensorFlow 2의 변경 사항

TensorFlow 1은 정적 그래프 중심으로 구성됐다. 계산을 수행하기 위해서는 먼저 텐서 집합과 연산 시퀀스를 정의해야만 했다. 이를 통해 계산 그래프가 형성되는데 이는 실행할 때 고정된다. 정적 그래프는 최적화된 생산 코드를 구성하는 데 이상적인 환경을 제공했지만 한편으로 실험을 방해하고 디버깅의 어려움을 가중시켰다. 코드 1-1에서는 TensorFlow 1에서 정적 계산 그래프를 구성해 실행하는 예제를 보여준다. 여기서는 일반적인 최소 제곱$^{OLS, Ordinary Least Squares}$ 회귀를 사용해 종속변수 Y를 예측하기 위해 회귀자(특징) 집합 X를 사용하는 경우를 살펴볼 것이다. 이런 문제의 해결 방법은 제곱 회귀 잔차의 합을 최소화하는 계수 벡터 β를 구하는 것이다. 해법은 식 1-1에 나와 있다.

식 1-1 최소 제곱 문제의 해법

$$\beta = \left(X'X \right)^{-1} X'Y$$

코드 1-1 TensorFlow 1에서 OLS 구현하기

```
import tensorflow as tf

print(tf.__version__)
'1.15.2'

# 데이터를 상수로 정의한다.
X = tf.constant([[1, 0], [1, 2]], tf.float32)
Y = tf.constant([[2], [4]], tf.float32)

# X와 X의 전치를 행렬 곱 연산한 다음 역을 구한다.
beta_0 = tf.linalg.inv(tf.matmul(tf.transpose(X), X))

# beta_0과 X의 전치와 행렬 곱
beta_1 = tf.matmul(beta_0, tf.transpose(X))

# beta_1과 Y 행렬 곱
beta = tf.matmul(beta_1, Y)

# 세션 맥락에서 연산을 수행한다.
with tf.Session() as sess:
        sess.run(beta)
        print(beta.eval())

[[2.]
 [1.]]
```

TensorFlow 1의 구문은 번거롭기 때문에 여기서는 가독성을 유지하기 위해 계수 벡터를 여러 단계로 계산한다. 또한 그래프를 구축한 다음 tf.Session() 컨텍스트 안에서 실행해 계산을 수행하고 세션 안에서 계수 벡터 요소를 출력해야 한다. 그러지 않으면 beta 출력은 단순히 객체의 이름, 모양과 데이터 유형만 반환할 것이다. 코드 1-2에서 동일한 예제를 TensorFlow 2로 구현해보자.

코드 1-2 TensorFlow 2에서 OLS 구현하기

```
import tensorflow as tf
print(tf.__version__)
'2.3.0

# 데이터를 상수로 정의한다.
X = tf.constant([[1, 0], [1, 2]], tf.float32)
Y = tf.constant([[2], [4]], tf.float32)

# X와 X의 전치를 행렬 곱 연산한 다음 역을 구한다.
beta_0 = tf.linalg.inv(tf.matmul(tf.transpose(X), X))

# beta_0과 X의 전치와 행렬 곱
beta_1 = tf.matmul(beta_0, tf.transpose(X))

# beta_1과 Y 행렬 곱
beta = tf.matmul(beta_1, Y)

# 계수 벡터를 출력한다.
print(beta.numpy())

[[2.]
 [1.]]
```

코드만 보면 분명하지 않지만 TensorFlow 2는 명령형imperative 프로그래밍을 사용한다. 즉 연산은 Python에 의해 호출된 대로 수행된다. 예컨대 beta_0은 정적 그래프의 실행 작업이 아니라 실제로 해당 계산의 출력이라는 것을 의미한다. 코드 1-3과 코드

1-4에서와 같이 TensorFlow 1과 TensorFlow 2 코드에서 동일한 객체를 출력해 이를 확인할 수 있다.

코드 1-3 TensorFlow 1에서 텐서 출력하기

```
# 특징 행렬을 출력한다.
print(X)

tf.Tensor("Const_11:0", shape=(2, 2), dtype=float32)

# 계수 벡터를 출력한다.
print(beta)

tf.Tensor("MatMul_20:0", shape=(2, 1), dtype=float32)
```

TensorFlow 1(코드 1-3)에서 X는 상수 텐서를 정의하는 연산이고 beta는 행렬 곱셈을 수행하는 연산이다. 출력은 결과의 연산 유형과 모양, 데이터 형식을 반환한다. TensorFlow 2(코드 1-4)에서 X나 beta를 인쇄하면 tf.Tensor() 객체가 반환되는데 배열 형태로 된 출력 값과 모양, 데이터 형식으로 구성돼 있다. TensorFlow 1에서 연산의 출력 값을 검색하기 위해서는 세션 맥락에서 eval() 메서드를 적용해야 한다.

코드 1-4 TensorFlow 2에서 텐서 출력하기

```
# 특징 행렬을 인쇄한다.
print(X)

tf.Tensor(
[[1. 0.]
[1. 2.]], shape=(2, 2), dtype=float32)

# 계수 벡터를 출력한다.
print(beta.numpy())

[[2.]
 [1.]]
```

TensorFlow 1은 원래 정적 그래프의 구성과 실행을 중심으로 구축됐지만 2017년 10월 출시되자마자 즉시 실행^Eager Execution^을 통해 명령적으로 계산을 수행할 수 있는 가능성을 열어줬다.[1]

TensorFlow 2는 즉시 실행을 기본 설정으로 둬 이러한 개발 경로를 더 발전시켰기 때문에 세션 안에서 계산을 실행할 필요가 없다. 즉시 실행으로 전환한 결과 중 하나는 TensorFlow 2에서는 기본적으로 정적 계산 그래프를 더 이상 구축하지 않는다는 것이다. TensorFlow 1에서는 이러한 그래프를 코드 1-5에서 생성된 것과 같은 로그^logs^에서 바로 얻은 다음 TensorBoard를 사용해 시각화할 수 있다. 그림 1-1은 OLS 문제 그래프를 보여준다. 노드는 행렬 곱셈과 전치, tf.Tensor() 객체 생성과 같은 연산을 나타내고 그래프의 엣지^edge^는 연산 간에 전달되는 텐서의 모양을 나타낸다.

코드 1-5 TensorFlow 1에서 TensorBoard 시각화를 위한 로그 생성하기

```
# 정적 그래프를 로그 파일로 내보낸다.
with tf.Session() as sess:
        tf.summary.FileWriter('/logs', sess.graph)
```

코드 1-1과 코드 1-2에서 눈치챘겠지만 TensorFlow 2의 또 다른 변경 사항은 요소를 노출하기 위해 텐서를 더 이상 계산할 필요가 없다는 것이다. 이름에서도 알 수 있듯이 numpy() 메서드를 적용해 tf.Tensor() 객체의 요소를 numpy 배열로 추출할 수 있다.

---

1   구글 브레인 팀은 구글 AI 블로그를 통해 즉시 실행을 공지했다. https://ai.googleblog.com/2017/10/eager-execution-imperativedefine-by.html.

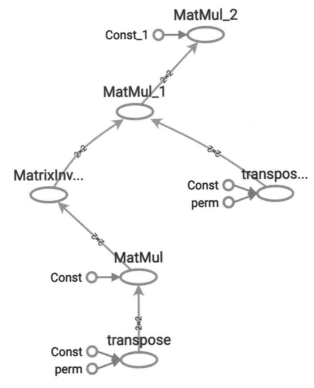

▲ 그림 1-1 TensorBoard에 의해 생성된 OLS 계산 그래프

TensorFlow 2는 기본 설정에서 정적 그래프를 더 이상 사용하지 않지만 사용자가 @tf.function을 사용해 구성할 수 있도록 옵션을 제공한다. 이러한 데코레이터^{decorator}는 TensorFlow 1과 근본적으로 다른 방식으로 정적 그래프를 코드에 통합하는 데 사용할 수 있다. 그래프를 명시적으로 구성한 다음 tf.Session()로 실행하는 대신 함수 앞에 @tf.function 데코레이터를 사용해 함수를 정적 그래프로 변환할 수 있다.

@tf.function을 통해 정적 그래프를 생성할 때의 주된 이점은 함수가 컴파일돼 GPU나 TPU에서 더 빠르게 실행될 수 있다는 것이다. 또한 @tf.function 데코레이터로 정의된 함수 안에서 호출되는 모든 함수는 컴파일된다. 코드 1-6은 TensorFlow 2에서 정적 그래프를 사용하는 예를 보여준다. 여기서는 OLS 예제로 돌아가 특징 행렬 X와 추

정 계수 벡터 beta를 기반으로 예측을 수행하는 함수를 정의한다. ols_predict()의 정의 앞에 @tf.function을 사용했다는 점에 주목하자.

코드 1-6 TensorFlow 2에서 정적 그래프로 OLS 예측 생성하기

```
# OLS 예측 함수를 정적 그래프로 정의한다.
@tf.function
def ols_predict(X, beta):
        y_hat = tf.matmul(X, beta)
        return y_hat

# X와 beta로 Y를 예측한다.
predictions = ols_predict(X, beta)
```

지금까지 언급한 것 외에도 TensorFlow에는 상당한 네임 스페이스name space 변경도 도입됐다. 이는 중복 엔드 포인트endpoints가 많은 TensorFlow 1을 정리하려는 시도였다. TensorFlow 2는 또한 TensorFlow 1에서 아직 완전히 지원되지 않은 기타 연산을 수용하는 데 사용된 tf.contrib() 네임 스페이스를 제거했다. TensorFlow 2에서 이러한 코드는 이제 다양한 유관 네임 스페이스로 재배치돼 더 쉽게 찾을 수 있다.[2]

마지막으로 TensorFlow 2는 많은 고급 API를 중심으로 방향이 변경됐다. 특히 Keras와 추정기Estimators API가 더 강조됐다. Keras는 신경망 모델의 구성과 훈련을 단순화한다. 추정기는 작은 매개변수 집합으로 정의한 다음 모든 환경에 배포할 수 있는 제한된 모델 집합을 제공한다. 특히 추정기 모델은 코드를 수정하지 않고도 다중 서버 설정과 TPU, GPU에서 학습할 수 있다.

코드 1-7은 Keras에서 OLS 모델을 정의하고 훈련하는 프로세스를 보여준다. 코드 1-8에서는 추정기 라이브러리를 사용해 동일한 작업을 수행한다. Keras와 추정기 모두 OLS 모델을 정의하고 훈련하는 데 더 적은 코드 줄이 필요하다는 점에 주목하자.

2　TensorFlow 1에서 TensorFlow 2로 전환한 네임 스페이스 디자인 결정의 개요는 다음을 참조하라(https://github.com/tensorflow/community/blob/master/rfcs/20180827-api-names.md).

하지만 코드 1–2에 제공된 저급의 TensorFlow 예제와 달리 해석적 해를 사용하는 대신 제곱오차의 합을 수치적으로 최소화해 모델을 해결한다.

코드 1-7 tf.keras()로 OLS 모델 해결하기

```
# 순차 모델을 정의한다.
ols = tf.keras.Sequential()

# 선형 활성으로 밀집 계층을 추가한다.
ols.add(tf.keras.layers.Dense(1, input_shape = (2,),
        use_bias = False, activation = 'linear'))

# 최적기와 손실함수를 설정한다.
ols.compile(optimizer = 'SGD', loss = 'mse')

# 500 에폭으로 모델을 훈련시킨다.
ols.fit(X, Y, epochs = 500)

# 매개변수 추정을 출력한다.
print(ols.weights[0].numpy())

[[1.9754077]
 [1.0151987]]
```

Keras 접근 방식을 사용해 먼저 tf.keras.Sequential()을 사용해 순차 신경망 모델을 정의했다. 순차 모델은 다음과 같이 신경망을 구축하고 훈련할 수 있다. (1) 계층을 각각의 위에 순서대로 쌓는다. (2) 최적기, 손실함수, 학습률과 같은 옵션을 지정해 모델을 컴파일한다. (3) fit() 메서드를 적용한다. 여기서는 선형 회귀를 수행하므로 모델은 선형 활성함수를 사용한 단일 밀집 계층으로 구성된다는 점에 주목하자. 또한 use_bias는 False로 설정한다. X의 첫 번째 열은 1로 구성된 벡터로 상수(편향) 항을 추정하는 데 사용되기 때문이다. 여기서는 제곱오차의 합을 최소화하는 최소 제곱법을 사용하기 때문에 모델을 컴파일할 때 제곱오차 평균 손실함수를 사용했다. 마지막으로 epochs(전체 샘플을 통과하는 횟수)를 500으로 설정한다. 모델이 학습되면 ols.weights 속

성 리스트로 된 매개변수 추정치를 출력할 수 있다. 이 리스트에는 우리가 numpy() 메서드로 복구할 단일 객체인 모델 매개변수가 들어 있다.

코드 1-8 tf.estimator()로 OLS 모델 해결하기

```
# 특징 열을 정의한다.
features = [
tf.feature_column.numeric_column("constant"),
tf.feature_column.numeric_column("x1")
]

# 모델을 정의한다.
ols = tf.estimator.LinearRegressor(features)

# 모델에 데이터를 전달할 함수를 정의한다.
def train_input_fn():
        features = {"constant": [1, 1], "x1": [0, 2]}
        target = [2, 4]
        return features, target

# OLS 모델을 훈련시킨다.
ols.train(train_input_fn, steps = 100)
```

추정기 접근 방식을 사용해 이름, 유형과 함께 먼저 특징 열을 정의한다. 코드 1-8에 두 개의 특징이 있는데 그중 하나는 상수 항(또는 머신러닝의 '편향bias')이다. 그런 다음 tf.estimator에서 LinearRegressor() 모델로 특징 열을 전달해 모델을 정의했다. 마지막으로 모델에 데이터를 공급하는 함수를 정의한 다음 train() 메서드를 적용했으며 train_input_fn을 첫 번째 인수로 지정하고 epoch 수를 두 번째 인수로 지정했다. tf.estimator로 예측하기 위해 여기서 정의한 모델 ols의 predict() 메서드를 사용할 수 있다. 훈련 루틴과 유사하게 입력 데이터셋을 생성하는 함수를 정의해야 한다. 이러한 함수는 코드 1-9에 표시된 대로 test_input_fn()을 호출한다. 이를 ols.predict()에 전달하면 모델 예측을 위한 생성기generator 함수를 생성한다. 그런 다음 next()를 사용해 모든 생성기 출력을 반복하는 리스트 컴프리헨션list comprehension을 사용해 모든

예측을 수집할 수 있다.

코드 1-9 tf.estimator()을 사용해 OLS 모델로 예측하기

```
# 특징 열을 정의한다.
def test_input_fn():
        features = {"constant": [1, 1], "x1": [3, 5]}
        return features

# 예측 생성기를 정의한다.
predict_gen = ols.predict(input_fn=test_input_fn)

# 예측을 생성한다.
predictions = [next(predict_gen) for j in range(2)]

# 예측을 출력한다.
print(predictions)

[{'predictions': array([5.0000067], dtype=float32)},
 {'predictions': array([7.000059], dtype=float32)}]
```

경제와 금융을 위한 TensorFlow

머신러닝에 익숙하지 않다면 TensorFlow를 사용해 학습하는 것이 왜 합리적인지 궁금할 것이다. 차라리 머신러닝 도구 상자를 제공하는 MATLAB을 사용하는 것이 더 쉽지 않을까? Stata나 SAS를 사용해 일부 지도 학습 방법을 수행할 수 있지 않을까? 그리고 TensorFlow는 머신러닝 프레임워크에서도 쉽지 않은 것으로 유명하지 않은가? 이번 절에서는 이러한 질문을 살펴보고 TensorFlow와 머신러닝이 경제학자에게 제공할 수 있는 것을 알아본다.

먼저 더 익숙한 도구나 다른 머신러닝 프레임워크를 사용하는 대신 TensorFlow를 왜 학습해야 하는지부터 논의해보자. TensorFlow를 사용할 때의 한 가지 이점은 Python

에서 사용 가능한 오픈 소스 라이브러리이고 이를 구글이 관리한다는 것이다. 즉 라이선스 비용이 없고 대규모 Python 개발자 커뮤니티의 혜택을 받을 수 있으며 머신러닝의 리더 중 하나가 선택한 도구이므로 잘 관리될 가능성이 크다는 뜻이다. TensorFlow 사용의 또 다른 이점은 출시 이후 지속적으로 가장 인기 있는 머신러닝 프레임워크 중 하나라는 것이다.

그림 1-2는 가장 인기 있는 아홉 개 머신러닝 프레임워크가 받은 깃허브^{GitHub}별 수를 보여준다. 그림 1-2는 TensorFlow가 이러한 척도에서 인기 2위 프레임워크보다 약 4배 더 인기가 많다는 것을 보여준다. 일반적으로 TensorFlow는 프로젝트에서 사용자가 만든 라이브러리, 코드 샘플, 사전 학습된 모델을 더 쉽게 찾게 해준다. 마지막으로 TensorFlow 1은 다른 머신러닝 프레임워크에 비해 쉽지 않은 편이었지만 TensorFlow 2는 훨씬 더 간단해졌다. 대부분의 문제는 TensorFlow가 제공하는 유연성에서 비롯되며 이는 더 제한된 프레임워크에 비해 상당한 이점을 제공한다.

경제와 금융 애플리케이션에서 TensorFlow를 사용할 수 있는 방법은 최소한 두 가지다. 첫 번째는 경제와 금융 분야에서 널리 사용되기 시작한 머신러닝과 관련 있다. TensorFlow는 머신러닝 프레임워크이므로 이러한 응용에 이상적이다. TensorFlow를 사용할 수 있는 두 번째 방법은 이론적 경제와 금융 모델을 해결하는 데 사용하는 것이다. 다른 머신러닝 라이브러리에 비해 TensorFlow는 고급과 저급 API 모두 사용할 수 있다는 장점이 있다. 저급 API는 임의의 경제나 금융 모델을 구성해 해결하는 데 사용할 수 있다. 이번 절의 나머지 부분에서는 이러한 두 가지 사용 사례의 개요를 제공한다.

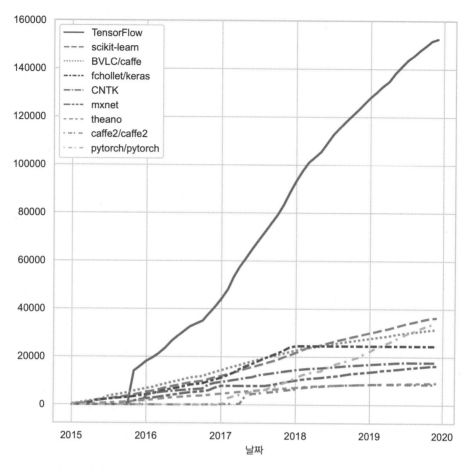

▲ 그림 1-2 머신러닝 프레임워크의 깃허브 별점(2015~2019). 출처: GitHub and Perrault et al.(2019)

머신러닝

경제학자는 처음에는 머신러닝 기법을 채택하는 것을 꺼렸지만 이후에 이를 받아들이게 됐다. 이러한 거부감은 계량경제학과 머신러닝의 방향 차이에서 어느 정도 비롯됐다. 계량경제학은 간결한 선형 모델에서 인과적 추론을 중심으로 삼는 반면 머신러닝은 매개변수가 많은 비선형 모델을 사용하는 예측을 중심으로 한다. 하지만 경제학과 머신러닝 사이에는 어느 정도 겹치는 부분도 있다.

예를 들어 경제와 금융 예측은 정확한 외표본 예측이라는 머신러닝과 동일한 목표를 갖고 있다. 또한 계량경제학에서 일반적으로 사용되는 많은 선형 모델이 머신러닝에도 사용된다. 하지만 경제학에서 머신러닝을 사용할 잠재력은 훨씬 크다. 그에 대해서는 2장에서 자세히 설명한다. 경제학에 머신러닝을 적용할 때 TensorFlow가 특별히 해줄 수 있는 것은 무엇인가? 경제와 금융 응용에 도움이 될 수 있는 TensorFlow의 장점은 다음과 같이 최소 다섯 가지다.

1. 유연성
2. 분산 훈련
3. 생산 품질
4. 고품질 문서화
5. 확장

유연성

2장에서 자세히 논의하겠지만 많은 경제학 머신러닝 응용에서는 기존 루틴 사용이 불가능하다(Athey, 2019). 따라서 유연성 있는 머신러닝 프레임워크에 익숙해지면 유용할 것이다. 물론 여기에는 다소 희생이 따른다. 많은 기성 응용의 경우 sklearn이나 keras 같은 더 간단하고 안정적인 프레임워크를 사용하므로 일반적으로 더 빠르고 오류의 발생 가능성이 적은 개발이 가능하다. 하지만 인과적 추론을 머신러닝과 결합하거나 비표준 모델 아키텍처가 필요한 작업의 경우 유연한 머신러닝 프레임워크로 개발하는 것 외에는 다른 옵션이 없다. TensorFlow는 고급과 저급 API를 혼합해 개발할 수 있으므로 특히 이러한 작업에 적합하다.

예를 들어 tensorflow를 사용해 계량경제학 추정 루틴 내에 심층 신경망[DNN]을 중첩하는 알고리듬을 구성할 수 있다. 여기서 심층 신경망은 tensorflow에서 고급 keras API를 사용해 처리되고 외부 알고리듬은 저급 tensorflow 연산을 사용해 구성된다.

분산 훈련

경제학 분야의 많은 머신러닝 응용 프로그램은 분산 훈련 프로세스를 사용할 필요가 없다. 예를 들어 CPU 훈련 방식은 일반적으로 수백 개의 회귀 변수와 수만 개의 관측치가 있는 페널티^{penalized} 선형 회귀 모델을 수행하기에 충분하다. 하지만 선박 교통의 위성 이미지에서 교통 흐름을 예측하기 위해 ResNet 모델을 미세 조정하는 경우에는 분산 훈련을 사용해야 할 것이다. TensorFlow 2는 그래픽 처리 장치^{GPU}와 텐서 처리 장치^{TPU}를 자동으로 감지해 훈련 프로세스에서 사용할 수 있다. 코드 1-10은 사용 가능한 모든 장치를 나열하고 훈련에 사용할 GPU나 CPU 같은 장치를 선택할 수 있는 프로세스의 예를 보여준다.

경우에 따라 두 가지 모두 GPU나 TPU처럼 장비의 코어 또는 여러 장비 간의 계산을 분산하고 싶을 것이다. 예를 들어 GPU가 두 개인 워크스테이션에 액세스할 수 있다. 만약 TensorFlow나 분산 컴퓨팅을 위한 기능을 제공하는 다른 프레임워크를 사용하지 않는 경우라면 두 GPU를 효율적으로 사용할 수 없다. 한편 메모리 병목 현상을 피하기 위해 클라우드의 여러 GPU에 계산을 분산할 수 있다. 또는 업계에서 일하는 경우 실시간으로 대형 모델을 사용해 분류를 수행하고 정보를 사용자에게 반환해야 하는 응용 프로그램이 있을 수 있다. 다시 말하지만 여러 GPU나 TPU를 통한 분산 컴퓨팅은 지연 시간을 낮게 유지하면서 이를 달성하는 유일한 옵션일 수 있다.

TensorFlow는 `tf.distribute.Strategy()`를 통해 다중 장치 분산 컴퓨팅을 위한 인터페이스를 제공한다. TensorFlow 접근 방식의 장점은 간단하고 수정 없이 잘 수행된다는 것이다. 계산의 분산을 위해 저급의 세부 사항까지 배포 방법을 결정하는 대신 단순히 사용할 장치와 분산 전략만 지정하면 된다. TensorFlow는 기기 간에 동일한 매개변수 값과 그래디언트를 유지하는 동기^{synchronous} 전략과 개별 기기에서 지역 업데이트를 허용하는 비동기 전략 둘 다 허용한다.

```
import tensorflow as tf

# 디바이스 리스트를 출력한다.
devices = tf.config.list_physical_devices()
print(devices)

[PhysicalDevice(name='physical:device:CPU_0',
Device_type='CPU'),
PhysicalDevice(name='physical_device:XLA_CPU:0',
Device_type='XLA_CPU'),
PhysicalDevice(name='physical_device:XLA_GPU:0',
Device_type='XLA_GPU'),
PhysicalDevice(name='physical_device:GPU:0',
Device_type='GPU')

# 디바이스를 CPU로 설정한다.
tf.config.experimental.set_visible_devices(
        devices[0], 'CPU')

# 디바이스를 GPU로 변경한다.
tf.config.experimental.set_visible_devices(
        devices[3], 'GPU')
```

생산 품질

업계에서 일하면서 머신러닝을 사용해 제품을 생성하거나 서비스를 제공하는 경제학자의 경우 결국 코드는 '실험적'이거나 '개발' 단계로부터 생산 품질 단계로 이동해야 하는 것이 필수적이다. 이렇게 하면 최종사용자가 안정성과 관련해 버그나 문제를 겪을 가능성이 줄어든다. TensorFlow의 또 다른 장점은 생산 품질의 코드를 생성하고 운영하는 기능을 제공한다는 것이다.

생산 품질 코드의 생성을 위해 TensorFlow는 고급 추정기 API를 제공한다. 이러한 API는 모범 사례를 적용하고 개발 프로세스에서 오류가 발생하기 쉬운 부분을 제거하는 환경에서 신경망을 훈련시키는 데 사용할 수 있다. 추정기 API를 사용하면 개발자가 미리 만들어진 모델을 사용할 수 있다. 여기서 모델 아키텍처는 소수의 매개변수로 완전히 지정될 수 있으며 자체 개발도 가능하다.

모델 개발에 사용되는 추정기 API 외에도 TensorFlow 서빙^{TensorFlow Serving}을 사용해 생산 품질의 응용을 개발하고 최종사용자에게 배포할 수 있다. 예를 들어 TensorFlow 서빙을 사용하면 사용자가 데이터, 텍스트 또는 이미지 형식으로 쿼리를 제출한 다음 모델에 입력해 사용자에 대한 분류나 예측을 생성할 수 있다.

고품질 문서화

TensorFlow 1은 처음에는 불투명하고 불완전한 문서로 인해 신규 사용자를 위협했다. 특히 MATLAB, Stata, SAS와 같이 계량경제학과 계산을 위해 잘 문서화된 상업용 제품을 자주 사용하는 경제학자에게 해당됐다. 하지만 구글이 TensorFlow 2로 작업을 시작하면서 바뀌었다. 이후 고품질의 상세한 문서로 전환됐으며 이제는 머신러닝 프레임워크의 주요 자산 중 하나가 됐다.

TensorFlow 문서의 한 가지 장점은 종종 구글 코랩^{Colab, Colaboratory} 노트북과 쌍을 이룬다는 것이다. 구글 코랩^{Google Colab}이란 호스팅된 주피터^{Jupyter} 노트북을 위한 무료 서비스다. 또한 사용자는 GPU나 TPU를 사용해 구글 서버에서 노트북을 무료로 실행할 수 있다. 문서를 코랩 노트북과 페어링하면 사용자가 최소한의 예제 코드를 즉시 시작하고 원하는 경우에는 수정해 최신 하드웨어에서 실행할 수 있다.

머신러닝의 경제와 금융 응용에 TensorFlow를 사용하는 또 다른 이점은 많은 확장이 있다는 것이다. 다음 절에서 이러한 확장에 대한 네 가지에 집중할 것이지만 경제학자가 관심을 가질 만한 몇 가지 다른 확장도 있다.

TensorFlow Hub

https://tfhub.dev/에 있는 TensorFlow Hub는 TensorFlow로 가져올 수 있는 사전 학습된 모델을 검색할 수 있는 라이브러리를 제공하며 분류와 회귀 작업에 그대로 사용하거나 관련 작업을 미세 조정할 수 있다. 예를 들어 TensorFlow Hub를 사용해 ImageNet 데이터셋에서 학습된 EfficientNet 모델을 가져와 분류 헤드를 삭제한 다음 대체 데이터셋을 사용해 다른 분류 작업을 수행하도록 모델을 학습시킬 수 있다.

TensorFlow Probability

통계학자와 머신러닝 연구자를 위해 설계된 TensorFlow Probability는 신경망 모델의 확률적 계층을 포함한 확률적 모델 개발을 위해 확장된 확률분포와 도구 집합을 제공한다. 또한 변동 추론, 마르코프 체인 몬테카를로$^{MCMC, Markov Chain Monte Carlo}$ 와 BFGS와 같은 계량경제학에서 일반적으로 사용되는 확장된 최적화 도구 집합을 지원한다. 머신러닝 모델을 사용해 인과 추론을 수행하려는 학계의 경제학자에게 TensorFlow Probability는 필수 도구가 될 것이다.

TensorFlow Federated

경우에 따라 데이터가 분산으로 훈련돼야 하므로 표준 방법으로는 작업을 수행할 수 없을 때가 있다. 학계와 공공부문 경제학자는 법률이나 개인정보 보호 문제로 인해 데이터 공유가 차단될 경우 종종 이러한 문제에 부딪힌다. 산업 경제학자의 경우 이는 데이터가 휴대폰과 같은 사용자 장치에 분산돼 있지만 중앙집중화될 수 없을 때 발생할 수 있다. 위의 모든 경우 연합 학습은 데이터를 중앙집중화하지 않고도 모델을 학습할 수 있는 가능성을 제공한다. 이는 TensorFlow Federated를 사용해 수행할 수 있다.

TensorFlow Lite

업계에서 일하는 경제학자는 종종 계산 자원의 제약이 상당한 환경에 배포할 때만 여러 GPU나 TPU를 사용해 모델을 훈련시키고 모델을 학습한다. TensorFlow Lite는 자원 제약을 피하고 성능을 개선하기 위해 이러한 상황에서 사용할 수 있다. 이는 TensorFlow 모델을 대체 형식으로 변환하고 가중치를 압축한 다음 모바일 환경에 배포할 수 있는 .tflite 파일을 출력하는 방식으로 작동한다.

이론적 모델

TensorFlow는 주로 딥러닝 모델을 구성하고 해결하기 위해 설계됐지만 임의의 모델을 해결하는 데 사용할 수 있는 다양한 계산 도구를 제공한다. 이는 잘 정의된 패밀리외부에서는 모델 구성이 유연하지 않은 협소한 머신러닝 프레임워크와 다르다. 특히 TensorFlow는 경제학과 금융에서 다음과 같은 이론적 모델을 해결하는 데 사용할 수있다. 이는 (1) 모델을 나타내는 계산 그래프를 정의하고 (2) 관련 손실함수를 정의해 수행할 수 있다. 그런 다음 TensorFlow에서 확률적 경사 하강법$^{SGD, Stochastic Gradient Descent}$ 같은 표준 최적화 루틴을 적용해 손실함수를 최소화할 수 있다. TensorFlow의 최첨단 자동 미분 라이브러리는 병렬과 분산 계산을 쉽게 수행할 수 있는 기능과 함께 경제와 금융의 이론적 모델을 해결할 기존 소프트웨어에 대한 강력한 대안을 제공해준다. 이러한 문제는 10장에서 자세히 설명한다.

텐서 소개

TensorFlow는 주로 신경망을 사용해 딥러닝을 수행할 목적으로 설계됐다. 신경망은 텐서^{Tensor}끼리 수행되는 작업으로 구성되므로 TensorFlow라는 이름은 자연스러운 선택이었다. 텐서는 물리학 등의 특정 상황에서 특별한 수학적 정의를 갖지만 여기서는 딥러닝(Goodfellow, Bengio 및 Courville, 2016)에서 가져온 머신러닝과 가장 관련 있는 다음과 같은 정의를 채택할 것이다.

"일반적으로 가변의 축 개수를 갖는 정규 그리드에 정렬된 숫자 배열을 텐서라고 한다."

실제로 종종 텐서를 랭크^{rank}와 모양^{shape}으로 설명할 것이다. k개의 인덱스를 갖는 직사각형 배열 $Y_{i_1,\dots,i_k}$는 랭크 k라고 한다. 이러한 배열을 차원 k를 갖는 것 또는 k차^{order}로 다르게 설명하는 것을 볼 수도 있을 것이다. 텐서의 모양은 각 차원의 길이로 지정된다. 예를 들어 코드 1-2에서 설명한 OLS 문제를 생각해보자. 거기서는 X, Y, β 세 가지 텐서를 사용했다. 이들은 각각 특징 행렬, 타깃 벡터와 계수 벡터였다. m개 특징과 n개 관측치가 있는 회귀 문제에서 X는 모양이 (n, m)인 랭크 2 텐서이고 Y는 모양이 n인 랭크 1 텐서이며 β는 모양이 m인 랭크 1 텐서다.

더 일반적으로 랭크-0 텐서는 스칼라이고 랭크-1 텐서는 벡터이며 랭크-2 텐서는 행렬이다. 여기서는 $k \geq 3$인 랭크 k 텐서를 k-텐서라고 부를 것이다. 그림 1-3은 세 가지 색상 채널이 있는 이미지 배치에서의 이러한 정의를 보여준다.

그림 1-3의 왼쪽 상단에 단일 정수로 표시되는 파란색 채널의 단일 픽셀이 있다. 이것은 스칼라 또는 랭크-0 텐서다. 오른쪽에는 이미지의 녹색 채널 테두리를 형성하는 픽셀 모음이 있다. 이들은 랭크 -1 텐서 또는 벡터다. 전체 빨간색 채널은 행렬 또는 랭크 -2 텐서다. 컬러 채널 세 개를 결합하면 3-텐서의 컬러 이미지가 형성된다. 여러 이미지를 훈련 배치에 쌓으면 4-텐서가 된다.

텐서의 정의는 종종 직사각형을 가정한다는 점을 강조할 필요가 있다. 즉 이미지 배치로 작업하는 경우 각 이미지의 길이, 너비, 색상 채널 수가 동일해야 한다. 각 이미지의 모양이 다른 경우 배치 텐서의 모양을 지정하는 방법이 명확하지 않다. 또한 많은 머신러닝 프레임워크는 GPU나 TPU의 병렬화 기능을 완전히 활용하는 방식으로 비직사각형 텐서를 처리할 수 없다.

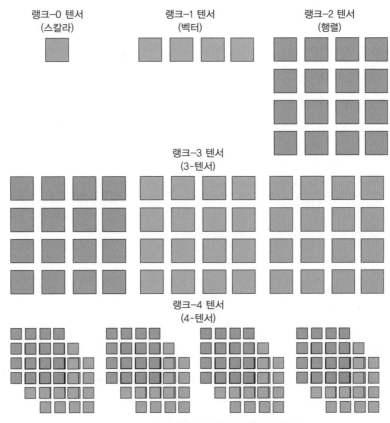

▲ 그림 1-3 컬러 이미지 배치를 텐서로 분해한 것

이 책에서 고려하는 대부분의 문제에서 데이터는 원래 직사각형이거나 성능 저하 없이 직사각형으로 모양을 변경할 수 있다. 하지만 불가능한 경우도 있다. 다행스럽게도 TensorFlow는 100개 이상의 TensorFlow 연산과 호환되는 tf.ragged로 구현된 '래기드 텐서ragged tensor'라는 데이터 구조를 제공한다. 또한 이미지의 중요한 부분을 식별하는 프로세스인 마스킹을 사용해 가변 모양의 입력 이미지를 사용할 수 있는 차세대 컨볼루션 신경망CNN, Convolutional Neural Networking도 있다.

TensorFlow의 선형 대수와 미적분

계량경제학과 유사하게 머신러닝 알고리듬은 선형 대수와 미적분을 광범위하게 사용한다. 하지만 그중 대부분은 표준 머신러닝 프레임워크 사용자에게는 숨겨져 있다. 그와 대조적으로 TensorFlow를 사용하면 사용자는 고급 및 저급 API에서 모델을 구성할 수 있다. 저급 API를 사용하면 선형 대수와 미적분 연산 수준에서 신경망을 훈련시키는 비선형 최소 제곱 추정 루틴이나 알고리듬을 구축할 수 있다. 이번 절에서는 TensorFlow를 사용해 선형 대수와 미적분학의 일반적인 작업을 수행하는 방법을 설명한다. 하지만 그 전에 선형 대수와 미적분 연산 설명의 기본이 되는 TensorFlow의 상수와 변수 설명부터 살펴보자.

상수와 변수

TensorFlow는 텐서 객체를 상수와 변수로 나눈다. '상수'와 '변수'라는 용어의 의미는 프로그래밍에서 사용되는 표준 용어와 일치한다. 즉 상수는 고정돼 있고 변수는 시간이 지남에 따라 변경될 수 있다. 이를 설명하기 위해 코드 1-11의 OLS 예제로 돌아가 보자. 해석적으로 문제를 해결하는 대신 손실함수를 구성하는 데 사용될 수 있는 잔차 항을 간단히 계산해본다.

특징 행렬 X와 타깃 Y는 상수 텐서로 정의된다. 모델이 학습될 때 변경되지 않기 때문이다. 매개변수 벡터 beta는 tf.Variable()을 사용해 변수로 정의된다. 이는 잔차의 변환을 최소화하기 위해 최적화 알고리듬에 의해 변경되기 때문이다.[3]

코드 1-11 OLS에 대한 상수 및 변수 정의하기

```
import tensorflow as tf

# 데이터를 상수로 정의한다.
```

```
X = tf.constant([[1, 0], [1, 2]], tf.float32)
Y = tf.constant([[2], [4]], tf.float32)

# 베타를 초기화한다.
beta = tf.Variable([[0.01],[0.01]], tf.float32)

# 잔차를 계산한다.
residuals = Y - tf.matmul(X, beta)
```

일반적으로 입력 데이터와 잔차와 같이 모델에 의해 생성된 중간 데이터 모두에 상수 텐서를 사용한다. 또한 상수 텐서를 사용해 모델 초매개변수를 포착한다. 예를 들어 신경망과 페널티penalized 회귀 모델의 경우 훈련 프로세스 외부에서 정규화 매개변수를 선택하고 tf.constant()를 사용해 이들을 정의한다.

일반적으로 훈련 가능한 모델 매개변수를 초기화하기 위해서는 tf.Variable()을 사용한다. 예를 들어 여기에는 신경망의 가중치, 선형 회귀를 위한 계수 벡터나 매개변수 행렬을 사용하는 선형 변환을 포함하는 모델의 중간 단계 등이 있다.

선형 대수

TensorFlow는 텐서 입력을 사용하고 텐서 출력을 생성하고 선형 변환을 적용하는 딥러닝 모델을 중심으로 설계됐으므로 대량의 선형 대수 계산을 수행하기 위해 GPU나 TPU를 통해 분산할 수 있도록 설계됐다. 이번 절에서는 TensorFlow를 사용해 선형 대수의 일반적인 작업을 수행하는 방법을 설명한다.

스칼라 덧셈과 곱셈

스칼라는 랭크-0 텐서로 간주될 수 있고 TensorFlow에서 텐서 객체로 정의됐지만 종종 벡터, 행렬, k-텐서와 다른 목적으로 사용된다. 또한 벡터와 행렬에서 수행할 수 있는 특정 연산은 스칼라에서 수행할 수 없다.

코드 1-12에서 스칼라 덧셈을 수행하는 방법과 TensorFlow의 곱셈을 살펴본다. 여기서는 tf.constant()를 사용해 정의할 두 개의 스칼라 s1과 s2를 사용해 수행할 것이다. 이러한 스칼라가 모델에서 학습할 수 있는 매개변수가 되도록 하기 위해서는 tf.Variable()을 대신 사용한다. 먼저 tf.add()를 사용해 덧셈을 수행하고 tf.multiply()를 사용해 곱셈을 수행한다는 점에 유의하자. 그런 다음 연산자 오버로 딩을 사용하고 +와 *를 사용해 동일한 작업을 수행한다. 마지막으로 계산한 합계와 곱을 출력한다. 각 상수를 tf.float32로 정의했으므로 둘 다 float32 유형의 tf.Tensor() 객체다.

텐서 덧셈

다음으로 텐서 덧셈은 하나의 형식만 취하고 k-텐서로 일반화되므로 텐서 덧셈을 알아본다. 0-텐서(스칼라)의 경우 tf.add() 연산이 적용될 수 있고 인수로 취한 두 스칼라를 더한다는 것을 확인했다. 이를 랭크-1 텐서(벡터)로 확장하면 더하기는 식 1-2에서와 같이 작동한다. 즉 각 벡터의 해당 요소를 더한다.

식 1-2 벡터 덧셈의 예

$$
\begin{bmatrix} a_0 \\ a_1 \\ a_2 \end{bmatrix} + \begin{bmatrix} b_0 \\ b_1 \\ b_2 \end{bmatrix} = \begin{bmatrix} a_0 + b_0 \\ a_1 + b_1 \\ a_2 + b_2 \end{bmatrix}
$$

코드 1-12 TensorFlow에서 스칼라 덧셈과 곱셈 수행하기

```
import tensorflow as tf

# 두 개의 스칼라를 상수로 정의
s1 = tf.constant(5, tf.float32)
s2 = tf.constant(15, tf.float32)

# tf.add()와 tf.multiply()를 이용해 덧셈과 곱셈을 한다.
s1s2_sum = tf.add(s1, s2)
s1s2_product = tf.multiply(s1, s2)
```

```
# 연산자 오버로딩을 사용해 덧셈과 곱셈을 한다.
s1s2_sum = s1+s2
s1s2_product = s1*s2

# 합산을 출력한다.
print(s1s2_sum)

tf.Tensor(20.0, shape=(), dtype=float32)

# 곱셈 출력
print(s1s2_product)

tf.Tensor(75.0, shape=(), dtype=float32)
```

또한 이것을 식 1-3과 같이 랭크-2 텐서(행렬)와 $k > 2$인 k-텐서로 확장할 수 있다. 어떠한 경우에도 연산은 동일한 방식으로 수행된다. 두 텐서에서 동일한 위치의 요소가 합산된다.

식 1-3 행렬 덧셈의 예

$$
\begin{bmatrix} a_{00} & \cdots & a_{0n} \\ \vdots & \ddots & \vdots \\ a_{m0} & \cdots & a_{mn} \end{bmatrix} + \begin{bmatrix} b_{00} & \cdots & b_{0n} \\ \vdots & \ddots & \vdots \\ b_{m0} & \cdots & b_{mn} \end{bmatrix} = \begin{bmatrix} a_{00}+b_{00} & \cdots & a_{0n}+b_{0n} \\ \vdots & \ddots & \vdots \\ a_{m0}+b_{m0} & \cdots & a_{mn}+b_{mn} \end{bmatrix}
$$

텐서 덧셈은 동일한 형태의 두 텐서에서만 수행할 수 있다.[4] 모양이 다른 두 개의 텐서는 항상 같은 위치에 두 요소가 정의되는 것이 보장되지 않을 것이다. 또한 텐서 덧셈은 교환법칙과 결합법칙을 충족시킨다.[5] 코드 1-13에서는 랭크-4 텐서를 사용해 텐서 덧셈을 수행하는 방법을 보여준다. 여기서는 numpy 배열로 임포트한 1~2개의 4-tensor 즉 images와 transform을 사용한다. images 텐서는 32색 이미지의 배치이고 transform 텐서는 가산 변환이다.

---

4   1장 후반부에서 논의하겠지만 이러한 규칙에는 두 가지 예외 형식이 있는데 브로드캐스팅과 스칼라-텐서 덧셈이다.

5   A, B, C를 k-텐서라고 가정하자. 교환법칙이란 A+B=B+A, 결합법칙이란 (A+B)+C=A+(B+C)를 뜻한다.

먼저 images와 transform 둘 다 형태를 출력해 텐서 덧셈의 조건인 동일 형식인지 확인한다. 두 객체의 모양이 모두 (32, 64 × 64, 3)이라는 것을 알 수 있다. 즉 64 × 64의 32개 이미지와 3개 색상 채널로 구성된다. 그런 다음 tf.constant()를 사용해 두 개의 numpy 배열을 TensorFlow 상수 객체로 변환한다. 그런 다음 tf.add()와 오버로드overload된 + 연산자를 사용해 덧셈 변환을 개별적으로 적용한다. TensorFlow에서 두 텐서를 상수 객체로 변환했으므로 + 연산자는 TensorFlow에서 계산을 수행한다.

코드 1-13 TensorFlow에서 텐서 덧셈 수행하기

```
import tensorflow as tf

# 두 텐서의 형태를 출력한다.
print(images.shape)
(32, 64, 64, 3)
print(transform.shape)
(32, 64, 64, 3)

# numpy 배열을 into tensorflow 상수로 변환한다.
images = tf.constant(images, tf.float32)
transform = tf.constant(transform, tf.float32)

# tf.add()로 텐서 덧셈을 수행한다.
images = tf.add(images, transform)

# 연산자 오버로딩으로 텐서 덧셈을 수행한다.
images = images+transform
```

텐서 곱셈

동일한 모양의 두 텐서에서 요소별 연산만 고려했던 텐서 덧셈과 달리 여기서는 다른 유형의 세 가지 텐서 곱셈을 살펴본다.

- 요소별 곱셈
- 점 곱

- 행렬 곱셈

요소별 곱셈

텐서 덧셈과 마찬가지로 요소별 곱셈은 차원이 동일한 텐서에 대해서만 정의된다. 예를 들어 i, j, r을 인덱스(여기서 $i \in \{1, \cdots, I\}$, $j \in \{1, \cdots, J\}$, $r \in \{1, \cdots, R\}$)로 각각 갖는 두 개의 랭크-3 텐서 A와 B가 있는 경우 요소별 곱은 텐서 C이며 여기서 각 요소 C_{ijr}은 식 1-4에서와 같이 정의된다.

식 1-4 요소별 텐서 곱셈

$$C_{ijr} = A_{ijr} * B_{ijr}$$

식 1-5는 두 행렬의 요소별 텐서 곱셈의 예를 보여준다. $\odot$ 표기가 요소별 곱셈을 나타낸다는 점에 주목하자.

식 1-5 요소별 텐서 곱셈

$$\begin{bmatrix} a_{00} & a_{01} \\ a_{10} & a_{11} \end{bmatrix} \odot \begin{bmatrix} b_{00} & b_{01} \\ b_{10} & b_{11} \end{bmatrix} = \begin{bmatrix} a_{00} * b_{00} & a_{01} * b_{01} \\ a_{10} * b_{10} & a_{11} * b_{11} \end{bmatrix} = \begin{bmatrix} c_{00} & c_{01} \\ c_{10} & c_{11} \end{bmatrix}$$

요소별 텐서 곱셈의 TensorFlow에서의 구현은 코드 1-14에 있다. 여기서는 두 개의 6-텐서, A와 B를 곱할 것이다. 이 둘은 정규분포에서 추출해 생성한다. `tf.random.normal()`에 제공하는 정수 리스트는 6-텐서 형태다. A와 B는 모두 6-텐서 형식(5, 10, 7, 3, 2, 15)이었다는 점에 주목하라. 요소별 곱셈을 수행하기 위해서는 두 텐서의 모양이 같아야 한다. 또한 A와 B 둘 다 TensorFlow 연산을 사용해 생성했기 때문에 TensorFlow 곱셈 연산자 `tf.multiply()`나 오버로드된 곱셈 연산자 `*`를 사용해 요소별 곱셈을 수행할 수 있다.

점 곱

점 곱$^{dot\ product}$은 동일한 n개 요소를 갖는 두 벡터 A와 B 사이에서 수행될 수 있다. 이러한 연산은 A와 B에서 상응하는 원소의 곱의 합이다. $A = [a_0 ... a_n]$, $B = [b_0 ... b_n]$라고 가정하자. A, B의 점 곱 c는 $c = A \cdot B$로 표시되며 식 1-6에 정의돼 있다.

식 1-6 벡터의 점 곱

$$c = \sum_{i=0}^{n} a_i b_i$$

코드 1-14 TensorFlow에서 요소별 곱셈 수행하기

```python
import tensorflow as tf

# 정규분포에서 6-tensor를 추출한다.
A = tf.random.normal([5, 10, 7, 3, 2, 15])
B = tf.random.normal([5, 10, 7, 3, 2, 15])

# 요소별 곱셈을 수행한다.
C = tf.multiply(A, B)
C = A*B
```

점 곱은 두 벡터를 스칼라 c로 변환한다는 점에 유의하자. 코드 1-15는 TensorFlow
에서 점 곱을 수행하는 방법을 보여준다. 여기서는 각각 200개의 요소가 있는 두 벡터
A와 B를 정의하는 데서 시작한다. 그런 다음 tf.tensordot() 연산을 적용한다. 이러한
연산은 두 개의 텐서 매개변수 axes를 인수로 취한다. 두 벡터의 점 곱을 계산하기 위
해서는 axes 매개변수에 1을 사용한다.

마지막으로 상수 객체의 numpy 배열을 제공하는 c의 numpy 속성을 추출한다. 이를 출력
해보면 점 곱의 출력이 실제로 스칼라scalar라는 것을 알 수 있다.[6]

코드 1-15 TensorFlow에서 점 곱 수행하기

```python
import tensorflow as tf

# 재현 가능한 결과를 생성하기 위해 랜덤 시드를 설정한다.
tf.random.set_seed(1)
```

---

6 tf.tensordot()를 사용할 때 axes 인수를 지정하는 이유는 실제로 점 곱보다 더 일반적인 '텐서 축소(tensor contraction)'
   라는 작업을 수행하기 때문이다. 텐서 축소는 임의의 랭크의 두 텐서 A, B와 그들의 차원 인덱스 i와 j를 취한 다음 지정
   된 차원에 대해 요소별 곱셈을 수행하고 그 결과를 더해 A와 B를 축소한다.

```
# 정규분포에서 텐서를 추출한다.
A = tf.random.normal([200])
B = tf.random.normal([200])

# 점 곱을 수행한다.
c = tf.tensordot(A, B, axes = 1)

# c의 numpy 인수를 출력한다.
print(c.numpy())

-15.284362
```

행렬 곱셈

그런 다음 랭크-2 텐서의 경우에 대해서만 행렬 곱셈을 고려한다. 이는 이러한 연산을 행렬에만 적용하기 때문이다. $k > 2$인 k-텐서에 행렬 곱셈을 수행하는 경우 실제로 '배치' 행렬 곱셈을 수행한다. 예를 들어 컨볼루션 신경망을 사용한 훈련과 예측 작업에서 사용되며 그를 통해 이미지 배치의 모든 이미지에 동일한 가중치 세트를 곱할 수 있다.

두 개의 텐서 A, B가 있는 경우를 다시 고려해보자. 이번에는 같은 모양일 필요는 없지만 행렬이어야 한다. A, B를 행렬로 곱하기 위해서는 A의 열 수가 B의 행수와 같아야 한다. A와 B의 곱의 결과 형태는 A의 행 수와 B의 열 수와 같다.

이제 $A_{i:}$가 행렬 A에서 i행을 나타내고 $B_{:j}$는 행렬 B에서 j열을 나타내고 C는 행렬 A와 B의 곱을 나타낸다면 식 1-7에서와 같이 C의 모든 행 $j \in \{1, .., J\}$에 대한 행렬 곱셈이 정의된다.

식 1-7 행렬 곱셈

$$C_{ij} = A_{i:} \cdot B_{:j}$$

즉 각 요소 C_{ij}는 행렬 A의 i와 행렬 B의 j열의 점 곱으로 계산된다. 식 1-8은 2×2 행렬의 예를 보여준다. 또한 코드 1-16은 TensorFlow에서 행렬 곱셈을 수행하는 방법을 보여준다.

식 1-8 행렬 곱셈의 예

$$C = \begin{bmatrix} a_{00} & a_{01} \\ a_{10} & a_{11} \end{bmatrix} \begin{bmatrix} b_{00} & b_{01} \\ b_{10} & b_{11} \end{bmatrix} = \begin{bmatrix} a_{00}b_{00} + a_{01}b_{10} & a_{00}b_{01} + a_{01}b_{11} \\ a_{10}b_{00} + a_{11}b_{11} & a_{10}b_{01} + a_{11}b_{11} \end{bmatrix}$$

먼저 정규분포에서 랜덤 추출로 두 개의 행렬을 생성한다. 행렬 A의 모양은 (200, 50)이고 행렬 B의 모양은 (50, 10)이다. 그런 다음 tf.matmul()을 사용해 A에 B를 곱하고 결과를 (200, 10) 모양의 C에 할당한다. 그 대신 B에 A를 곱하면 어떻게 될까? A와 B를 보면 B의 열 수가 50이고 A의 행 수가 200이므로 불가능하다. 실제로 행렬 곱셈은 교환법칙이 성립하지 않지만 결합법칙은 성립한다.[7]

코드 1-16 TensorFlow에서 행렬 곱셈 수행하기

```
import tensorflow as tf

# 정규분포에서 텐서를 추출한다.
A = tf.random.normal([200, 50])
B = tf.random.normal([50, 10])

# 행렬 곱셈을 수행한다.
C = tf.matmul(A, B)

# C의 형태를 출력한다.
print(C.shape)
(200, 10)
```

---

7   X, Y, Z의 세 행렬이 있다고 가정하자. 행렬의 모양은 XY가 정의되고 YZ가 정의된다. 일반적으로 XY＝YX는 성립하지 않으며 YX는 정의되지 않을 수 있다. 하지만 (XY)Z＝X(YZ)는 성립한다.

브로드캐스팅

호환되는 형태의 두 텐서에 선형 대수 연산을 수행할 수 있는 브로드캐스팅[broadcasting]을 사용하고 싶은 상황이 있을 것이다. 이는 스칼라를 텐서에 더하거나 스칼라에 텐서를 곱하거나 배치 곱셈을 수행하는 경우 가장 일반적으로 발생한다. 각각의 경우를 살펴보자.

스칼라-텐서 덧셈과 곱셈

일반적으로 이미지 데이터를 조작할 때는 행렬, 3-텐서, 4-텐서인 행렬에 스칼라 변환을 적용한다. 먼저 스칼라-텐서의 덧셈과 곱셈을 정의해보자. 두 경우 모두 스칼라 γ와 랭크-k 텐서 A가 있다고 가정한다. 식 1-9는 스칼라-텐서 덧셈의 정의를 보여주고 식 1-10은 스칼라-텐서 곱셈의 정의를 보여준다.

식 1-9 스칼라-텐서 덧셈

$$C_{i_1 \ldots i_k} = \gamma + A_{i_1 \ldots i_k}$$

식 1-10 스칼라-텐서 곱셈

$$C_{i_1 \ldots i_k} = \gamma A_{i_1 \ldots i_k}$$

스칼라-텐서 덧셈은 스칼라 항을 각 텐서의 각 요소에 더해 수행된다. 마찬가지로 스칼라-텐서 곱셈은 스칼라에 텐서의 각 요소를 곱해 수행된다. 즉 모든 $i_1 \in \{1, \ldots, I_1\}$, $i_2 \in \{1, \ldots, 2\}, \ldots, i_k \in \{1, \ldots, I_k\}$에 대해 식 1-9와 식 1-10의 연산을 반복한다. 코드 1-17은 images라는 이름의 모양 (64, 256, 256, 3) 이미지의 4-텐서에 스칼라-텐서 덧셈과 곱셈의 TensorFlow 구현을 보여준다.

먼저 두 개의 상수 gamma와 mu를 정의한다. 이러한 상수는 덧셈과 곱셈 연산에 사용할 스칼라다. tf.constant()를 사용해 정의했으므로 tf.multiply()와 tf.add() 대신 오버로드된 연산자 *와 +를 사용할 수 있다. 이제 64개 이미지 배치의 요소를 [0, 255] 간격의 정수에서 [−1, 1] 간격의 실수로 변환했다.

코드 1-17 스칼라-텐서 덧셈과 곱셈 수행하기

```
import tensorflow as tf

# 스칼라 항을 상수로 정의한다.
gamma = tf.constant(1/255.0)
mu = tf.constant(-0.50)

# 텐서-스칼라 곱셈을 수행한다.
images = gamma*images

# 텐서-스칼라 덧셈을 수행한다.
images = mu+images
```

배치 행렬 곱셈

살펴볼 마지막 브로드캐스팅 인스턴스는 배치[batch] 행렬 곱셈이다. images라는 이름의 (64, 256, 256)의 회색조 이미지의 3-텐서 배치가 있고 transform이라는 이름의 (256, 256)인 동일한 선형 변환을 각각에 적용하는 경우를 고려해보자. 설명의 편의상 images와 transformation 텐서를 랜덤으로 생성해 사용할 것이다. 코드 1-18에 정의돼 있다.

코드 1-18 랜덤 텐서 정의하기

```
import tensorflow as tf

# 임의의 3-텐서 images를 정의한다.
images = tf.random.uniform((64, 256, 256))

# 임의의 2-텐서 transformation을 정의한다.
transform = tf.random.normal((256, 256))
```

코드 1-19는 앞에서 정의한 3-텐서와 2-텐서를 사용해 TensorFlow에서 곱셈 배치 행렬을 수행하는 방법을 보여준다.

코드 1-19 배치 행렬 곱셈 수행하기

```
# 배치 행렬 곱셈을 수행한다.
batch_matmul = tf.matmul(images, transform)

# 배치 요소별 곱셈을 수행한다.
batch_elementwise = tf.multiply(images, transform)
```

여기서는 tf.matmul()을 사용해 배치 행렬 곱셈을 수행했다. 코드 1-19에서 보여준 것과 같이 배치 요소별 곱셈도 수행할 수 있다.

미적분

경제학과 머신러닝 둘 다 미적분을 광범위하게 사용한다. 경제학에서는 미적분을 사용해 해석적 모델을 풀고 계량경제학 모델을 추정하며 미분 연립식으로 구성된 계산 모델을 해결한다. 일반적으로 머신러닝에서 미분은 모델 학습에 적용되는 루틴에 사용된다. 확률적 경사 하강법과 여러 변형은 미분 벡터인 그래디언트 계산에 의존한다. 사실상 경제학과 머신러닝에서 미분은 같은 목적으로 수행된다. 즉 최대 또는 최소의 최적을 찾는 것이다. 이번 절에서는 미분과 머신러닝에서의 사용, TensorFlow에서의 구현을 각각 설명한다.

1차 및 2차 도함수

미분은 도함수 계산을 중심으로 한다. 도함수는 변수 Y가 다른 변수 X의 변화에 반응해 얼마나 변하는지를 말해준다. X와 Y 사이의 관계가 선형이면 X에 대한 Y의 미분은 단순히 선의 기울기이며 이는 쉽게 계산할 수 있다. 예를 들어 하나의 독립변수 β가 있는 확정적 선형 모델을 생각해보자. 이러한 모델은 식 1-11의 형태를 취한다.

식 1-11 회귀 변수가 한 개인 선형 모델

$$Y = \alpha + X\beta$$

이러한 모델에서 X에 대한 Y의 미분은 무엇인가? X의 변화 ΔX에 대한 Y의 변화 ΔY다. 선형함수의 경우 식 1–12에서와 같이 두 점 (X_1, Y_1)과 (X_2, Y_2)를 사용해 계산할 수 있다.

식 1–12 X의 변화에 대한 Y의 변화 계산

$$Y_2 - Y_1 = \left(\alpha + X_2 \beta \right) - \left(\alpha + X_1 \beta \right)$$

$$= \Delta Y = \Delta X \beta$$

식의 양변을 ΔX로 나누면 X의 변화에 대한 Y의 변화를 보여주는 다음과 같은 식이 된다. 식 1–13에 있는 X에 대한 미분이다.

식 1–13 X에 대한 Y의 미분

$$\frac{\Delta Y}{\Delta X} = \beta$$

물론 이것은 그림 1–4와 같이 선형함수의 기울기일 뿐이다. 여기서 선택한 점은 중요하지 않다는 점에 유의하자. (X_1, Y_1)와 (X_2, Y_2)의 선택과 상관 없이 미분(기울기)은 항상 동일하다. 이것이 선형함수의 속성이다.

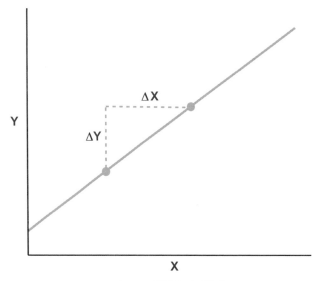

▲ 그림 1–4 선형함수의 기울기

하지만 비선형 관계라면 어떠할까? 그림 1-5는 두 가지 비선형함수의 예를 보여준다. X의 미분을 구하는 데 사용한 접근 방식이 X^2 또는 $X^2 - X$에서는 제대로 작동하지 않는다는 것을 알 수 있다.

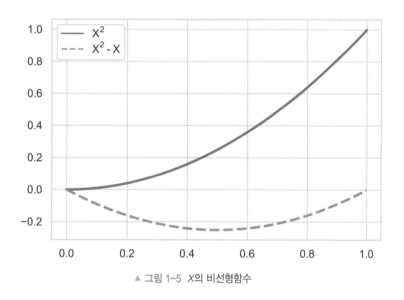

▲ 그림 1-5 X의 비선형함수

왜 안 될까? 바로 X^2과 $X^2 - X$의 기울기가 일정하지 않기 때문이다. X^2의 기울기는 X에 대해 증가한다. $X^2 - X$의 기울기는 처음에는 감소하고 X^2 항이 지배하기 시작하면 증가한다. (X_1, Y_1) 및 (X_2, Y_2)의 선택과 상관 없이 X에 대한 Y의 미분은 항상 계산되는 간격에 따라 달라진다. 사실 구간이 아닌 한 점에서 계산할 때만 일정하다. 이는 미분 계산을 어떻게 해야 하는지를 정확히 알려준다. 식 1-14는 비선형함수를 포함해 한 변수 $f(X)$의 모든 일반 함수 미분의 정의를 보여준다. 미분 자체는 계산 위치에 따라 다르므로 함수 $f'(X)$를 사용해 표기한다.

식 1-14 X에 대한 $f(X)$의 미분 정의

$$f'(X) = \lim_{h \to 0} \frac{f(X + h) - f(X)}{(X + h) - X} = \lim_{h \to 0} \frac{f(X + h) - f(X)}{h}$$

이러한 정의와 앞에서 선형함수의 미분(기울기)에 대해 사용한 정의가 유사하다는 점에 주목하라. $\Delta X = h$와 $\Delta Y = f(X+h) - f(X)$라는 것을 알 수 있다. 유일하게 바뀐 것은 정의하지 않았던 극한 항의 추가다.

간단히 설명해 극한은 인수 중 하나의 값에 접근할 때 함수가 어떻게 작동하는지를 알려준다. 이러한 경우 미분을 계산하는 구간 h를 축소하고 있다. 즉 우리는 X_1과 X_2가 더 가까워지도록 이동하고 있다. 그림 1−5의 함수 중 하나는 $Y = X^2$이다. 그 함수를 식 1−15의 일반 함수에 대한 미분 정의에 대입해보자.

식 1−15 $Y = X^2$에 대한 미분의 예

$$f'(X) = \lim_{h \to 0} \frac{(X+h)^2 - X^2}{h}$$

$$= \lim_{h \to 0} 2X + h$$

$$= 2X$$

h가 0에 가까워질 때 $2X + h$의 극한은 어떻게 계산할까? 이제 분모에 h가 포함돼 있던 원래 식과 달리 이제 $f'(X)$는 더 이상 $h = 0$에서 정의되지 않는 곳이 없으므로 $h = 0$을 식에 대입해 $2X$를 얻을 수 있다.

무엇을 알게 됐는가? $Y = X^2$의 도함수는 $2X$이며 여전히 X의 함수다. X^2의 기울기는 X에 대해 증가한다는 것을 직감적으로 알게 됐을 것이다. 도함수를 계산하면 얼마나 증가하는지 정확히 알 수 있다. 즉 X가 한 단위 증가하면 $f(X)$의 기울기는 두 단위 증가한다. 또한 특정 지점에서의 기울기도 계산할 수 있다. 예를 들어 $X = 10$에서의 기울기는 20이다.

이제 선택한 어느 지점에서든 기울기를 계산할 수 있지만 이것으로 무엇을 할 수 있을까? 그림 1−5로 돌아가보자. 이번에는 함수 $f(X) = X^2 - X$를 살펴보자. 도면의 곡선이 구간에서 그릇 모양이라는 것을 알 수 있다. 수학적 최적화에서 이러한 함수는 '볼록' convex이라고 한다. 즉 그래프의 두 점을 통해 그려지는 임의의 선분은 항상 그래프 자체 또는 그 위에 놓인다.

식 1-16의 도함수와 그림 1-5에서 볼 수 있듯이 함수의 기울기는 처음에는 음이지만 [0, 1] 구간에서는 0에서 1로 이동하면 결국 양이 된다. 도함수가 음에서 양으로 변하는 지점은 구간 내에서 $f(X)$의 최소값이다. 도면에서 시각적으로 알 수 있듯이 최소값에서의 함수의 기울기는 0이다.

식 1-16 $Y = X^2 - X$에 대한 미분의 예

$$f'(X) = \lim_{h \to 0} \frac{\left[(X+h)^2 - (X+h)\right] - \left(X^2 - X\right)}{h}$$
$$= \lim_{h \to 0} 2X + h - 1$$
$$= 2X - 1$$

이것은 도함수의 또 다른 중요한 속성을 암시한다. 이를 사용해 함수의 최소값을 찾을 수 있다. 특히 최소값에서는 $f'(X) = 0$이라는 것을 알고 있다. 식 1-17에서와 같이 이를 활용해 최소값이 될 수 있는 점 즉 '후보' 최소값을 식별할 수 있다.

식 1-17 $Y = X^2 - X$의 최소 후보 찾기

$$0 = 2X - 1$$
$$\to X = 0.5$$

도함수를 계산하고 0으로 설정한 다음 X를 구하면 최소값 후보인 0.5를 얻는다. 왜 최소가 아닌 최소 후보일까? 두 가지 이유가 있다. 첫째, 최대값에서의 미분도 0이 된다. 둘째, 지역 최소값과 최대값이 여러 개 있을 수 있다. 따라서 구간 [1, 0]에서는 가장 낮은 값일 수 있지만 이는 '지역 최소'일 뿐 실수real number일 수 있는 함수의 관심 영역 전체에서 가장 낮은 값인지는 명확하지 않다. 그러한 최소값을 '전역 최소값'이라고 한다. 앞의 이유 때문에 미분이 0인 것은 지역 최적에 대한 1차 조건이라고 한다. 함수의 최소값에서는 항상 0의 도함수를 갖지만 전역 최대값과 지역 최적값 모두 0의 도함수를 갖는다. 따라서 최소값을 위한 필요 조건이지만 충분 조건은 아니다.

불충분 문제를 다루기 위해 2차 도함수 계산을 포함한 소위 2차 조건을 사용한다. 지금까지는 두 도함수를 계산했는데 둘 다 '1차 미분'이었다. 즉 그들은 어떠한 함수의 도함수였다. 도함수의 도함수를 취하면 $f''(X)$로 표시된 '2차 도함수'를 얻는다. 양의 2차 도함수는 함수의 도함수가 계산되는 지점에서 증가하고 있다는 것을 나타낸다. 식 1−18에서 $Y=X^2-X$의 2차 도함수를 계산한다.

식 1-18 $Y=X^2-X$에 대한 2차 미분의 예

$$f''(X) = \lim_{h \to 0} \frac{\left[2(X+h)-1\right]-\left[2X-1\right]}{h} = 2$$

이러한 경우 2차 미분은 상수다. 즉 계산 위치와 상관 없이 항상 2다. 이는 미분이 0이라는 것을 증명한 후보 지역 최소값인 $X=0.5$에서의 미분도 증가하고 있다는 뜻이다. 미분 값이 모두 0이고 증가하는 경우 지역 최소값이어야 한다. $X=0.5$ 근처의 가장 낮은 지점에 있고 $X>0.5$인 경우 $f(X)$가 증가하고 있으므로 $f(0.5)$보다 낮은 값을 산출하지 않기 때문이다. 이제 지역 최소의 필요 충분 조건을 형식적으로 기술할 수 있다. 즉 후보 지역 최소값 X^*는 식 1−19가 참이면 지역 최소값이 되기 위한 필요 충분 조건을 만족한다.

식 1-19 지역 최소를 위한 필요 충분 조건

$$f'\left(X^*\right) = 0$$

$$f''\left(X^*\right) > 0$$

마찬가지로 식 1−20이 참이면 지역 최대값에 대한 조건을 만족한다.

식 1-20 지역 최대치의 필요 충분 조건

$$f'\left(X^*\right) = 0$$

$$f''\left(X^*\right) < 0$$

일반적으로 최대화 문제는 $-f(X)$를 최소화하는 문제로 변환할 수 있다. 따라서 함수의 최소화만 논의하는 것으로 충분하다. 이제 1차 도함수, 2차 도함수, 최적화 사용을 봤으며 이는 주로 경제학과 머신러닝에서 접하는 방법이다. 다음 절에서는 단일 변수에 대한 일반적인 도함수 계산법을 알아본다.

다항식의 일반적인 도함수

앞 절에서 1차 미분과 2차 미분의 개념을 소개했다. 또한 미분 계산의 예를 제시했지만 상대적으로 불편한 방식으로 계산을 수행했다. 각 인스턴스에서 X의 변화가 극한에서 0이 됐기 때문에 X의 변화에 대한 $f(X)$의 변화를 계산했다. 고려한 두 가지 예의 경우는 간단하다. 하지만 더 복잡한 표현의 경우 이러한 접근 방식은 매우 번거로울 수 있다. 또한 극한 개념을 공식적으로 소개하지 않았기 때문에 극한 값에서 단순히 식을 계산할 수 없는 경우 문제가 발생할 가능성이 있다.

다행스럽게도 도함수는 예측 가능한 형태를 취하므로 극한을 계산하는 대신 간단한 규칙을 사용해 계산할 수 있다. 이전에 계산한 도함수에서 몇 가지 규칙을 이미 눈치챘을 것이다. 식 1-21의 네 개 미분(1차 및 2차)을 취했던 것을 기억하자.

식 1-21 도함수의 예

$$f(X) = X^2 \rightarrow f'(X) = 2X$$

$$f(X) = 2X \rightarrow f'(X) = 2$$

$$f(X) = X^2 - X \rightarrow f'(X) = 2X - 1$$

$$f(X) = 2X - 1 \rightarrow f'(X) = 2$$

함수와 식 1-21의 도함수상의 일반적인 관계는 무엇일까? 첫 번째는 '멱 법칙'이다. $f(X) = X_n \rightarrow f'(X) = nX^{n-1}$. 예를 들어 다음 변환에서 이를 볼 수 있다. $f(X) = X^2 \rightarrow f'(X) = 2X$. 또 하나는 곱셈 규칙이다. 즉 지수가 있는 변수 식의 도함수는 지수를 변수 앞에 상수로 곱한 것이다. $f(X) = 2X \rightarrow f'(X) = 2$. 또한 다항식의 각 항이 독립적으로 미분된다는 것을 알 수 있다. $f(X) = X^2 - X \rightarrow f'(X) = 2x - 1$. 이것은 미분의 선형성의 결과이며 덧셈인지 뺄셈인지에 따라 '합 또는 차의 규칙'이라고 한다.

편의상 표 1-1에 단일 변수 다항식 미분의 규칙을 나열했다. 미분에 사용할 수 있는 표기법에는 여러 가지 형식이 있다는 점에 주목하자. 지금까지 $f'(X)$ 표기를 사용해 X에 대한 $f(X)$의 도함수를 나타냈다. 또한 미분을 df/dx로 표현할 수도 있다. 그리고 $X^2 - X$와 같은 식이 있다면 그 미분을 나타내기 위해 $d/dx\ X^2 - X$로 표기할 수 있다. 표에서는 $f(X)$와 $g(X)$를 사용해 변수 X에 대한 두 함수를 나타내며 c는 상수항을 나타낸다.

▼ 표 1-1 다항식의 미분 규칙

상수 규칙	$\dfrac{d}{dx}c = 0$
곱셈 규칙	$\dfrac{d}{dx}cX = c$
지수 규칙	$\dfrac{d}{dx}X^n = nX^{n-1}$
합 규칙	$\dfrac{d}{dx}f(X) + g(X) = f'(X) + g'(X)$
곱셈 규칙	$\dfrac{d}{dx}f(X)g(X) = f'(X)g(X) + f(X)g'(X)$
연쇄 법칙	$\dfrac{d}{dx}f(g(X)) = f'(g(X))g'(X)$
상호 규칙	$\dfrac{d}{dx}\dfrac{1}{f(X)} = -\dfrac{f'(X)}{\left(f(X)\right)^2}$
몫 규칙	$\dfrac{d}{dx}\dfrac{f(X)}{g(X)} = \dfrac{f'(X)g(X) - g'(X)f(X)}{g(X)^2}$

앞의 규칙을 암기하면 단일 변수를 갖는 거의 모든 함수에 대한 도함수를 해석적으로 계산할 수 있다. 하지만 초월 함수여서 대수적으로 표현할 수 없는 경우도 있다. 다음

절에서는 그러한 경우를 살펴볼 것이다.

초월 함수

다항식의 도함수를 취하는 것은 처음에는 어렵고 번거로워 보였지만 궁극적으로 여덟 가지 간단한 규칙만 암기하면 되는 것으로 귀결됐다. 대수적으로 표현할 수 없는 sin(X)와 같은 초월 함수도 마찬가지다. 표 1-2는 자주 접하게 될 네 가지 초월 함수의 규칙이다.

▼ 표 1-2 초월 함수에 대한 미분 규칙

지수 규칙	$\dfrac{d}{dx}e^{cx} = ce^{cx}$
자연 로그 규칙	$\dfrac{d}{dx}\ln(X) = \dfrac{1}{X}$
사인 규칙	$\dfrac{d}{dx}\sin(X) = \cos(X)$
코사인 규칙	$\dfrac{d}{dx}\cos(X) = -\sin(X)$

지금까지 수행한 모든 미분은 단일 변수 함수였고 이를 '일변량' 함수라고도 한다. 머신러닝과 경제학 모두 단일 변수 문제는 거의 발생하지 않는다. 다음 절에서는 머신러닝에서 일반적으로 접하게 될 다변량 객체에 대한 미분을 위한 일변량 규칙의 확장을 설명한다.

다차원 도함수

경제학과 머신러닝에서 정확히 무엇이 '변수'인지 궁금할 것이다. 정답은 고려 중인 문제에 따라 달라진다. 제곱 오차의 합을 최소화하는 OLS를 사용해 회귀 문제를 풀 때 변수는 회귀 계수이며 입력 데이터는 상수로 처리할 수 있다. 마찬가지로 신경망을 훈련할 때 네트워크의 가중치는 변수가 되고 데이터는 상수가 된다.

경제학과 머신러닝에서 직면할 거의 모든 문제는 본질적으로 다변량이라는 것을 알 수 있을 것이다. 모델 풀기, 회귀식 추정, 신경망 훈련은 모두 목적함수를 최소화하거나 최대화하는 변수값 집합을 찾는 것이다. 이번 절에서는 이러한 작업을 수행할 때 접하게 될 다변량 객체 중 일부를 설명한다.

그래디언트

그래디언트^{Gradient}는 도함수의 개념을 다변량으로 확장한 것이다. 그리고 우리가 직면하는 대부분의 문제는 많은 변수를 가질 것이므로 도함수의 다변량 확장이 필요하다. 예를 들어 계량경제 모델을 추정하는 경우를 생각해보자. 일반적으로 변수(모델 매개변수)와 상수(데이터)의 변환인 일부 손실함수를 최소화해 이를 수행한다. $L(X_1, ..., X_n)$은 손실함수를 나타내고 $X_1, ..., X_n$은 관심 있는 n개의 매개변수 값을 나타낸다고 가정하자. 이러한 설정에서 $\nabla L(X_1, ..., X_n)$로 표시되는 그래디언트는 벡터 값 함수로 정의되며 $X_1, ..., X_n$을 입력으로 취하고 식 1-22에서와 같이 n개의 도함수 벡터를 출력한다.

식 1-22 n-변수 손실함수의 그래디언트

$$\nabla L\left(X_1, ..., X_n\right) = \left[\frac{\partial L}{\partial X_1}, ..., \frac{\partial L}{\partial X_n}\right]$$

X_i에 대한 L의 '편미분'을 나타내기 위해 $\partial L/\partial X_i$ 표기법을 사용하고 있다. 즉 X_i에 대한 L의 미분을 취하며 다른 모든 변수를 상수처럼 취급한다. 그래디언트를 계산하는 것은 손실함수의 모든 편도함수를 계산한 다음 벡터에 쌓는 것과 같다. 경제학과 머신러닝에서 그래디언트에 특별한 의미를 부여하는 것은 많은 최적화 루틴에 사용되기 때문이다. 확률적 경사 하강법과 같은 알고리듬에는 다음과 같은 그래디언트 관련 단계가 포함된다.

1. 손실함수의 그래디언트를 계산한다.

$\nabla L(X_1, ..., X_n)$

2. 변수 값을 갱신한다.

$$X_j = X_{j-1} - \alpha \nabla L(X_1, ..., X_n)$$

앞 단계에서 X_j는 반복 횟수이고 α는 '단계의 크기'다. 수렴될 때까지 이러한 루틴이 반복된다. 즉 $|X_j - X_{j-1}|$가 어떠한 허용 매개변수보다 작은 j에 도달할 때까지 반복된다. 최적을 지나치지 않기 위해 천천히 움직이기 위해서는 α를 작은 수로 설정할 수 있다.

이러한 알고리듬이 작동하는 이유는 무엇일까? 직관적으로 명확히 알 수 있는 단일 변수 사례를 후보 최소값을 얻기 위해서는 미분이 0인 경우여야 한다. 랜덤 추출된 변수 값으로 시작해 그 지점에서 도함수를 평가해 미분이 0인 지점을 찾을 수 있다. 그 값이 음수이면 손실함수를 더 음수로 만들기 때문에 앞으로 나아간다. 즉 X 값을 증가시킨다. 양수이면 손실함수도 낮아지도록 X를 줄인다. 어느 시점에서 최소값에 가까워지면 기울기 크기가 감소하기 시작해 0으로 이동한다. 충분히 느리게 접근하면 0에 가까운 기울기 때문에 X_j가 너무 작아져 허용오차 미만의 매우 작은 갱신이 발생해 알고리듬이 종료된다. 일반적으로 그래디언트 기반 최적화 방법을 사용할 때는 이러한 단계의 직관을 수백, 수천, 수백만 개의 변수로 확장한다.

자코비

자코비^{Jacobian}는 그래디언트 개념을 n개 변수와 m개 함수로 구성된 식으로 확장한다. 자코비 행렬의 정의는 식 1-23에 나와 있다.

식 1-23 n개 변수와 m개 함수의 자코비 행렬

$$J = \begin{pmatrix} \dfrac{\partial f_1}{\partial X_1} & \cdots & \dfrac{\partial f_1}{\partial X_n} \\ \vdots & \ddots & \vdots \\ \dfrac{\partial f_m}{\partial X_1} & \cdots & \dfrac{\partial f_m}{\partial X_1} \end{pmatrix}$$

이를 구체적으로 설명하기 위해 식 1-24에서와 같이 두 변수와 두 함수의 자코비 행렬을 계산한다.

$$f_1(X_1, X_2) = 2X_1 X_2$$

$$f_2(X_1, X_2) = X_1^2 - X_2^2$$

편미분 계산에 대해 앞에서 말한 것을 기억하라. 즉 미분하는 변수가 아닌 다른 모든 변수는 상수로 취급될 수 있다. 예를 들어 $\partial f_1 / \partial X_1$을 계산하기 위해서는 X_2을 상수로 취급할 수 있다. 이러한 시스템의 자코비 행렬이 식 1-25에 나와 있다.

식 1-25 2×2 시스템에 대한 자코비 행렬의 예

$$J = \begin{pmatrix} 2X_2 & 2X_1 \\ 2X_1 & -2X_2 \end{pmatrix}$$

자코비는 식 시스템을 풀거나 벡터 값 함수를 최적화하는 데 유용하다. 머신러닝에서는 신경망이 각 클래스에 대해 예측된 값을 출력하므로 범주형 대상 변수가 있는 신경망은 벡터 값 함수로 볼 수 있다. 이러한 네트워크를 훈련하기 위해 자코비 행렬을 사용하는 최적화 알고리듬을 적용할 것이다.

헤세

앞에서 1차, 2차 도함수와 최적화에서의 역할을 살펴봤다. 1차 도함수 개념을 기울기와 자코비 행렬로 확장했다. 여기서는 2차 도함수 개념을 다변량, 스칼라 값 함수로 확장할 것이다. 이러한 모든 도함수를 헤세^{Hessian}라는 행렬로 정렬해 수행할 것이다. 이는 식 1-26에 나와 있다.

식 1-26 n-변수 함수에 대한 헤세 행렬

$$Hf = \begin{pmatrix} \dfrac{\partial f}{\partial X_1^2} & \cdots & \dfrac{\partial f}{\partial X_1 X_n} \\ \vdots & \ddots & \vdots \\ \dfrac{\partial f}{\partial X_n X_1} & \cdots & \dfrac{\partial f}{\partial X_n^2} \end{pmatrix}$$

헤세에는 두 가지 주목할 것이 있다. 첫째, 그래디언트와 유사하게 스칼라 값 함수에서 계산된다. 둘째, 2차 편미분으로 구성된다. 사용된 표기법에서 $\partial f / \partial X_i^2$는 X_i에 대한 편미분이 아니라 X_i^2에 대한 2차 편미분이다. 마지막으로 두 변수 함수에 대한 헤세 행렬을 살펴보자. 함수는 식 1-27에 있고 그 뒤의 식 1-28에 헤세가 나온다.

식 1-27 헤세 행렬 계산을 위한 예제 함수

$$f(X_1, X_2) = X_1^2 X_2 - 2X_2^2$$

식 1-28 변수가 두 개인 함수에 대한 헤세 행렬

$$Hf = \begin{pmatrix} 2X_2 & 2X_1 \\ 2X_1 & -4 \end{pmatrix}$$

실제로 머신러닝에서는 두 곳에서 헤세 행렬을 만날 것이다. 첫 번째는 최적 조건을 확인하는 것이다. 이를 위해서는 행렬 속성 관련 추가 지식이 필요하므로 이에 대해서는 상대적으로 거의 언급하지 않을 것이다. 헤세가 사용되는 다른 방법은 최적화 알고리듬으로 모델을 훈련하는 것이다. 이러한 알고리듬을 사용하기 위해서는 1차, 2차 도함수를 사용해 함수를 근사해야 하는 경우도 있다. 헤세 행렬은 2차 도함수를 구성하는 데 유용한 구성이 될 것이다.

TensorFlow에서의 미분

TensorFlow는 '자동 미분'을 사용해 미분을 계산한다(Abadi et al., 2015). 이는 완전히 기호적이지도 않고 그렇다고 완전히 수치적도 아닌 미분 형태이며 특히 딥러닝 모델 훈련 맥락에서 효율적이다. 이번 절에서는 자동 미분의 개념을 설명하고 기호와 수치적 미분이 어떻게 다른지도 설명한다. 그런 다음 TensorFlow에서 미분을 계산하는 방법을 보여준다. 중요한 것은 TensorFlow에 이러한 기능이 있지만 대부분의 비연구 응용에서는 사용자가 도함수 계산을 명시적으로 프로그래밍할 필요가 없다는 것이다.

자동 미분

$f(g(x))$의 미분을 계산한다고 가정해보자. 여기서 $f(y) = 5y^2$이고 $g(x) = x^3$이다. 앞 절

에서 이러한 작업은 식 1-29에서와 같이 체인 규칙으로 계산할 수 있다는 것을 알고 있다.

식 1-29 체인 규칙의 예

$$\frac{d}{dx} f\big(g\big(x\big)\big) = f'\big(g\big(x\big)\big)g'\big(x\big) = 30x^5$$

식 1-29에 표시된 것을 '기호symbolic' 미분이라고 한다. 여기서는 수작업 또는 계산적으로 미분을 수행해 궁극적으로 미분에 대한 정확한 대수적 표현을 산출한다. 미분에 대한 깔끔하고 정확한 표현은 효율적이고 정확한 계산을 보장해주지만 기호적 도함수 계산은 매우 어려울 수 있다. 첫째, 수동으로 수행하는 경우 프로세스는 특히 수백만 개의 매개변수가 있으면 신경망은 시간이 많이 걸리고 오류가 발생하기 쉽다. 둘째, 계산적으로 수행하면 고차 도함수 표현의 복잡성과 닫힌 식closed-form expression이 없는 도함수의 계산에는 문제가 발생할 가능성이 크다.

일반적으로 경제학에서 기호적 방법의 대안으로 사용되는 수치적 미분은 원래의 극한 기반 정의에 의존하며 식 1-30과 같다.[8] 유일한 차이점은 이제 h가 0이 될 때의 극한 식을 계산하는 대신 수치 구현에서는 작은 h 값을 사용한다는 것이다.

식 1-30 순방향 미분법을 사용한 수치적 미분의 정의

$$f'\big(x\big) \approx \frac{f\big(x+h\big) - f\big(x\big)}{h}$$

실제로 이를 수행하는 방법은 여러 가지다. 식 1-30에서 사용한 방법은 x에서 계산된 함수 값과 x보다 조금 더 큰 값, $x+h$ 사이의 차이를 계산하기 때문에 '전방 미분'법이라고 한다. 여기서 수치적 미분으로 전환할 때의 두 가지 즉각적인 의미를 볼 수 있다. 첫째, 미분에 대한 정확한 대수적 식을 더 이상 계산하지 않는다. 사실 시도조차 하지 않는다. 오히려 다른 지점에서만 함수를 계산하고 있다. 둘째, h의 크기는 $f'(x)$의 근사

---

8   수치적 미분 방식에 대한 포괄적인 개요는 Judd(1998)를 참조하라.

값의 품질을 결정한다.

식 1-31은 기호적 미분에서 사용했던 미분 계산이 어떻게 되는지의 예를 보여준다.

식 1-31 정방 미분법을 사용한 수치적 미분의 예

$$\frac{d}{dx}f\big(g(x)\big) \approx \frac{5(x+h)^6 - 5x^6}{h}$$

반면 자동 미분은 완전히 기호적이지도 완전히 수치적이지도 않다. 하지만 수치적 미분에 비해 정확도가 향상된다는 장점이 있다. 또한 종종 모델에 수천, 수백만 개의 매개변수가 있는 딥러닝 설정에서 수치적 미분보다 더 안정적이다. 또한 도함수에 대한 기호적 미분의 요구 사항인 단일 식을 제공하기 위해 곤란을 겪지도 않는다. 이는 다시 한 번 딥러닝 설정에서 특히 함수 시퀀스의 깊은 곳에 중첩된 매개변수와 관련해 손실함수의 미분을 계산해야 할 때 유용하다는 것이 증명될 것이다.

자동 미분은 이러한 프로세스를 어떻게 개선할까? 첫째, 미분의 기호적 계산을 기본 구성 요소로 나눈다. 둘째, 단일 지점에서 미분을 계산해 편미분 체인을 통해 앞이나 뒤로 훑어간다.

중첩된 함수 예제를 다시 살펴보자. 즉 $f(y)=5y^2$이고 $g(x)=x^3$, 그리고 $d/dxf(g(x))$를 계산하고자 한다. 유한 차분을 사용해 수치적으로 미분하거나 기호 미분을 사용해 미분에 대한 단일 식을 계산할 수도 있지만 여기서는 자동 미분을 사용해보자.

계산을 기본 구성 요소로 나누는 것부터 시작하자. 예제의 경우는 x, y, $\partial f/\partial y$ 및 $\partial y/\partial x$다. 그런 다음 편도함수에 대한 식을 기호적으로 계산한다. 즉 $\partial f/\partial y = 10y$ 및 $\partial y/\partial x = 3 \times 2$다. 그런 다음 단순히 $\partial f/\partial y * \partial y/\partial x$인 편도함수의 체인을 구성한다. 연쇄 규칙을 통해 $\partial f/\partial x$라는 것을 알 수 있다. 실제로 곱셈을 기호적으로 수행하는 대신 수치적으로 체인을 훑어볼 것이다.

한 점에서 자동 미분을 수행해야 하므로 $x=2$로 설정해 $\partial y/\partial x$로 시작한다. 이는 즉시 $\partial y/\partial x = 12$와 $y=8$을 산출한다. 이제 체인을 훑으며 $y=8$을 대입하면 $\partial f/\partial y = 80$을 얻

는다. 이는 단순히 편도함수의 체인으로 곱을 통해 960을 얻음으로써 $\partial f/\partial x$를 계산할 수 있게 한다. 예제의 경우 편도함수의 체인을 앞쪽(입력 값)에서 뒷쪽(출력 값)으로 이동하면서 훑어갔다. 신경망의 경우는 정반대로 역전파 단계에서 역으로 이동한다.

자동 미분 알고리듬을 직접 구현할 필요는 없지만 알고리듬이 어떻게 작동하는지를 알면 TensorFlow의 작동을 더 잘 이해할 수 있다. 자동 미분에 대한 참고서적은 Baydin et al.(2018)을 보라.

TensorFlow에서의 도함수 계산

이번 절의 전반부에서 중첩함수의 예를 사용해 자동 미분을 계산하는 방법을 시연했다. TensorFlow에서 동일한 작업을 수행하고 수동 계산이 올바른지 확인해보자. 코드 1-20은 세부 사항을 보여준다.

평소처럼 tf라는 별칭으로 tensorflow를 임포트하는 것으로 시작한다. 그런 다음 이번 절의 전반부의 예제와 일치하도록 x를 값이 2인 tf.constant() 객체로 정의한다. 그런 다음 그래디언트 테이프$^{Gradient\ Tape}$ 인스턴스의 문맥 내에서 중첩함수 $f(g(x))$를 정의한다. x에 watch() 메서드를 적용해 GradientTape()가 x에서 일어나는 일을 기록하도록 설정한다. 기본적으로 x는 상수이기 때문에 그렇지 않다. 편의상 x를 tf.Variable() 객체로 정의할 수 있다. 하지만 이러한 문제에서 x를 입력으로 취급했으므로 상수로 정의된다.

코드 1-20 TensorFlow에서 도함수 계산하기

```
import tensorflow as tf

# x를 상수로 정의한다.
x = tf.constant(2.0)

# 그래디언트 테이프 인스턴스 내에서 f(g(x))를 정의한다.
with tf.GradientTape() as t:
        t.watch(x)
        y = x**3
```

```
    f = 5*y**2

# x에 대한 f의 기울기를 계산한다.
df_dx = t.gradient(f, x)
print(df_dx.numpy())
960.0
```

마지막으로 GradientTape()의 gradient() 메서드를 적용해 x에 대한 f를 미분한다. 그런 다음 결과를 출력하고 numpy() 메서드를 적용해 값을 추출한다. 결과는 이전에 수동으로 수행한 자동 미분과 일치하는 960이라는 것을 알 수 있다.

TensorFlow의 자동 미분 기법은 일반적으로 도함수의 수치나 기호적 계산은 제공하지만 자동 미분은 제공하지 않는 다른 경제학 계산 표준 패키지와는 근본적으로 다르다. 이는 이론적 경제 모델을 해결할 때 이점을 제공한다.

TensorFlow에서 사용할 데이터 로딩

1장에서는 TensorFlow를 소개하고 버전 1과 버전 2의 차이점을 설명하고 기초 주제의 확장된 개요를 살펴봤다. TensorFlow에서 사용하기 위해 데이터를 로드하는 방법을 설명하며 1장을 마무리할 것이다. TensorFlow 1에 익숙하다면 정적 그래프는 모든 고정 입력 데이터를 tf.constant()로 임포트하거나 변환해야 한다는 것을 기억할 것이다. 그렇지 않으면 데이터가 계산 그래프에 포함되지 않는다.

TensorFlow 2는 기본적으로 즉시 실행을 사용하므로 정적 계산 그래프의 제한 내에서 더 이상 작업할 필요가 없다. 그 한 가지 의미는 tf.constant() 객체로 먼저 변환하지 않고도 numpy 배열을 직접 사용할 수 있다는 것이다. 이는 또한 numpy와 pandas에서 표준 데이터 임포트와 파이프라인 전처리를 사용할 수 있다는 뜻이다.

코드 1-21은 랭크-4 이미지 텐서를 신경망에 로드하고 파이프라인을 전처리하는 것을 보여준다. 텐서는 임의의 numpy 배열을 저장하는 데 사용할 수 있는 npy 형식으로 저장됐다고 가정한다.

각 요소를 255로 나눠 텐서를 변환한다는 데 유의하자. 이는 빨강-녹색-파랑(RGB)이 0~255 사이의 형식인 정수 랭크-3 텐서로 구성된 이미지 데이터에 대한 일반적인 전처리 단계다. 마지막으로 모양을 출력해 (32, 64, 64, 3)라는 것을 볼 수 있는데 이는 텐서에 32개의 모양 이미지(64, 64, 3)가 있다는 것을 의미한다.

전처리 단계는 numpy를 사용해 수행됐다는 점에 주목하자. 그 대신 TensorFlow를 사용해 수행하면 어떠할까? 코드 1-22나 코드 1-23의 방식을 사용하면 이를 수행할 수 있다. 코드 1-23은 분할을 수행하기 전에 이미지를 tf.constant() 객체로 변환한다. 분할과 관련 있는 객체 중 하나가 TensorFlow 객체이므로 TensorFlow를 사용해 작업이 수행된다.

코드 1-21 Numpy로 이미지 데이터 임포트하기

```
import numpy as np

# numpy를 사용해 이미지 데이터를 가져온다.
images = np.load('images.npy')

# 픽셀 값을 [0, 1] 간격으로 정규화한다.
images = images / 255.0

# 텐서 모양을 출력한다.
print(images.shape)

(32, 64, 64, 3)
```

반대로 코드 1-23의 접근 방식은 오버로드된 / 연산자를 사용하는 대신 명시적으로 TensorFlow의 tf.division()을 사용한다. 이미지나 255.0 모두 TensorFlow 객체가 아니므로 이러한 작업이 필요하다. 정적 그래프로 작업하는 것이 아니므로 이를 지정할 필요는 없다. 하지만 조심하지 않으면 TensorFlow가 아닌 numpy를 사용해 작업을 수행하게 된다.

대부분 csv 파일에 저장될 수 있는 특징표와 같은 플랫^{flat} 형식으로 데이터를 로드하려고 한다. 코드 1-24에서와 같이 pandas의 read_csv() 함수를 사용해 이를 수행할 수 있다. 하지만 TensorFlow 작업에서 데이터를 사용하기 위해서는 먼저 데이터를 numpy 배열 또는 tf.constant() 객체로 변환해야 한다.

코드 1-22 상수 텐서를 사용해 TensorFlow에서 나누기 수행하기

```
import tensorflow as tf

# numpy를 사용해 이미지 데이터를 가져온다.
images = np.load('images.npy')

# numpy 배열을 TensorFlow 상수로 변환한다.
images = tf.constant(images)

# 픽셀 값을 [0, 1] 간격으로 정규화한다.
images = images / 255.0
```

코드 1-23 division 메서드를 사용해 TensorFlow에서 나누기 수행하기

```
import tensorflow as tf

# numpy를 사용해 이미지 데이터를 가져온다.
images = np.load('images.npy')

# 픽셀 값을 [0, 1] 간격으로 정규화한다.
images = tf.division(images, 255.0)
```

다시 말해 TensorFlow에서 사용하기 위해 데이터를 로드할 때 기억해야 할 두 가지 사항은 다음과 같다. 첫째, numpy와 pandas를 포함해 데이터를 로드하려는 모든 모듈을 사용할 수 있다. TensorFlow는 데이터 임포트 기능도 제공한다. 둘째, 데이터를 가져

온 다음에는 TensorFlow 연산에 사용하기 전에 상수나 변수와 같은 numpy 배열이나 TensorFlow 객체로 변환해야 한다. 또한 tf.division() 대신 나누기 기호와 같은 연산자 오버로딩을 사용하기 위해서는 객체 중 하나 이상이 TensorFlow 텐서여야 한다.

코드 1-24 TensorFlow에서 사용하기 위해 Pandas에서 데이터 로드하기

```
import pandas as pd

# Pandas를 사용해 데이터를 가져온다.
data = np.load('data.csv')

# 데이터를 TensorFlow 상수로 변환한다.
data_tensorflow = tf.constant(data)

# 데이터를 numpy 배열로 변환한다.
data_numpy = np.array(data)
```

요약

1장은 TensorFlow 2에 대한 광범위한 소개로 데이터 로드와 준비 방법을 포함해 TensorFlow 자체의 기본 사항뿐만 아니라 머신러닝 알고리듬에 일반적으로 적용되는 미분과 선형 대수 연산에 대한 수학적 설명도 다뤘다. 또한 TensorFlow는 머신러닝 루틴을 경제 문제에 적용하는 데 유용한 도구이며 이론적 경제 모델을 해결하는 데도 사용될 수 있으므로 경제학자에게 이상적인 선택이라고 설명했다. 마지막으로 고급의 유연성, 분산된 교육 옵션과 유용한 확장 라이브러리를 제공하는 방법도 알아봤다.

참고문헌

- Abadi, M. et al, "TensorFlow: Large-Scale Machine Learning on Heterogeneous Distributed Systems", Preliminary White Paper(2015)

- Athey, S, "The Impact of Machine Learning on Economics." In *The Economics of Artificial Intelligence: An Agenda* by Joshua Gans and Avi Goldfarb Ajay Agrawal(University of Chicago Press, 2019)

- Baydin, A.G., B.A. Pearlmutter, A.A. Radul, and J.M. Siskind, "Automatic Differentiation in Machine Learning: A Survey". *The Journal of Machine Learning Research* 18 (153): 1 – 43(2018)

- Goodfellow, I., Y. Bengio, and A. Courville, *Deep Learning*(MIT Press, 2016). 번역서: 『심층학습(제이펍의 인공지능 시리즈 13)』(제이펍, 2018)

- Judd, K. L., *Numerical Methods in Economics*(Cambridge, Massachusetts: The MIT Press, 1998)

- Perrault, R., Y. Shoham, E. Brynjolfsson, J. Clark, J. Etchemendy, B. Grosz, T. Lyons, J. Manyika, S. Mishra, and J.C. Niebles, *The AI Index 2019 Annual Report*(AI Index Steering Committee, Human—Centered AI Institute, Stanford, CA: Stanford University, 2019)

2장
머신러닝과 경제학

머신러닝은 주로 예측에 중점을 두는 반면 대부분의 경제학은 인과 관계 또는 평형과 관계가 있다. 두 분야는 예측이라는 공통 관심사가 있지만 종종 다른 목표와 선호점을 갖고 있다. 경제학 분야는 설명이 가능하고 간결하며 안정적인 예측 모델을 선호하는 경향이 있는 반면 머신러닝은 경험적 프로세스를 사용해 모델에 포함된 항목을 결정하고 직관보다 특징 선택, 정규화, 테스트에 우선순위를 둔다.

이러한 어려운 차이 때문에 경제학 분야는 처음에는 머신러닝 방법을 채택하는 데 시간이 걸렸다. 이후 머신러닝의 모델, 방법과 규칙을 통합함으로써 경제학이 도움을 받을 수 있다는 것이 분명해졌다. 2장에서는 머신러닝의 요소를 경제와 금융에 도입하는 데 유리한 작업을 살펴본다. 이러한 연구는 경제 문제를 해결하기 위해 머신러닝을 활용할 수 있는 곳을 알아낼 뿐만 아니라 융합 가능성이 없는 두 분야 간에 진정한 갈등이 있는 곳도 알아본다.

이 책은 TensorFlow를 사용해 모델을 구축하고 학습하고 테스트하는 데 중점을 두지만 2장에는 경제학과 머신러닝의 관계에 대한 강력한 개념적 이해 구축이라는 또 다른 목표가 있다. 여기서는 머신러닝과 그 분야에서의 역할을 설명하는 경제와 금융 분야의 획기적인 문서를 단계별로 살펴본다.

빅데이터: 계량경제학을 위한 새로운 트릭

Varian(2014)은 「빅데이터: 계량경제학을 위한 새로운 트릭」이라는 제목의 논문에서 머신러닝 기법을 경제학에 도입하려는 거의 최초의 시도를 했다. 무엇보다 그는 경제학자가 모델의 불확실성과 검증에 대한 ML 접근 방식을 더 잘 이해함으로써 혜택을 볼 수 있다고 주장한다. 그는 일반적으로 경제학자는 '참'으로 간주되는 단일 모델을 사용하는 반면 머신러닝 과학자는 종종 여러 작은 모델에서 평균을 낸다고 지적한다. 검증과 관련해 그는 머신러닝 기법 중 교차 검증을 사용하는 방법을 설명한다. 예를 들어 그림 2-1에 묘사된 k-폴드fold 교차 검증은 데이터셋을 k 폴드 또는 동일한 크기의 하위 집합으로 나눈다. 그런 다음 각각의 k 훈련 반복에서 다른 폴드를 검증 집합으로 사용한다. 그는 k-폴드 검증과 기타 ML 교차 검증 기술이 계량경제학에서 일반적으로 사용되는 R^2과 같은 적합도 측정의 대안이 될 수 있다고 주장한다.

고급의 통찰력 외에도 Varian(2014)은 계량경제학에서 사용할 수 있는 머신러닝의 일반적인 방법도 설명한다. 즉 분류와 회귀 트리, 랜덤 포레스트, 라소LASSO와 스파이크 앤 슬랩spike-and-slab 회귀와 같은 변수 선택 기술 즉 배깅bagging, 부스팅boosting, 부트스트랩bootstrapping과 같이 모델을 앙상블ensembles로 결합하는 방법 등이 있다.

또한 Varian(2014)은 머신러닝이 경제학에서 어떻게 사용될 수 있는지에 대한 구체적인 많은 예를 제공한다. 그는 모기지 공지 법안HMDA, Home Mortgage Disclosure Act 데이터를 사용해 모기지 대출 결정에 인종차별이 미치는 영향을 측정하기 위해 트리 기반 추정기를 적용했다. 그는 그러한 추정자가 로짓logit과 프로빗probit 모델과 같이 경제학의 이진 분류에 더 일반적으로 사용될 수 있는 대안을 제공할 수 있다고 주장한다.

또한 Varian(2014)은 LASSO와 스파이크 앤 슬랩과 같은 특징 선택을 통합하는 모델을 사용해 경제성장에서의 다양한 결정 요인의 중요성을 조사했다. 그는 원래 Salai

Martin(1997)이 도입한 72개국과 42개 성장 잠재 결정 요인으로 구성된 데이터셋을 사용해 이를 수행했다.

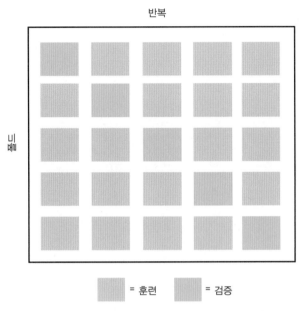

▲ 그림 2-1 k=5일 때의 k-폴드 교차 검증 다이어그램

예측 정책 문제

Kleinberg et al.(2015)에서는 인과 추론 평가보다 정확한 예측 생성이 더 중요하다는 '예측 정책 문제' 개념을 설명한다. 그들은 정확한 예측 생성을 위해 구성된 머신러닝이 이러한 응용 프로그램에서 기존 계량경제학 방법보다 이점이 있다고 주장한다.

Kleinberg et al.(2015)는 두 가지 유형의 정책 문제를 예시적으로 비교한다. 첫째, 정책 입안자가 가뭄에 직면해 강우를 늘리기 위해 구름 씨 뿌리기[cloud seeding] 같은 기술을 사용할지 여부를 결정하고 있다. 둘째, 비가 내린다면 출근길에 비에 젖지 않도록 우산을 가져갈지 여부를 한 개인이 결정한다.

첫 번째 경우 정책 입안자는 정책효과는 구름 씨 뿌리기가 강우를 유발하는지 여부에 따라 달라지므로 인과 관계에 관심이 있다. 두 번째 경우 개인은 비가 내릴 가능성을 예측하는 데만 관심이 있고 인과적 추론에는 관심이 없다. 두 경우 모두 강우의 강도는 관심 정책의 결과에 영향을 미친다. 저자는 예측 정책 문제를 식 2-1에서 일반항으로 요약한다.

식 2-1 예측 정책 문제

$$\frac{d\pi(X_0, Y)}{dX_0} = \frac{\partial \pi}{\partial X_0} Y + \frac{\partial \pi}{\partial Y} \frac{\partial Y}{\partial X_0}$$

여기서 π는 보수^{payoff} 함수, X_0은 채택된 정책, Y는 결과 변수다. 우산 선택의 예에서 π는 통근 후 사람이 비에 젖은 정도, Y는 비가 내린 강도, X_0은 채택된 정책(우산 선택 여부)이다. 가뭄의 예에서 π는 가뭄의 영향을 측정하고 Y는 비가 내린 강도이며 X_0은 채택된 정책이다(구름 씨 뿌리기 여부).

우산을 정책 옵션으로 선택하면 비가 내리는 것을 우산이 막을 수는 없으므로 $\partial Y/\partial X_0 = 0$이라는 것을 알 수 있다. 이것은 $\partial \pi/\partial X_0$과 Y의 계산 즉 보상함수와 강우의 강도에 대한 우산의 영향으로 문제를 축소시킨다. 우산이 젖음 방지에 미치는 영향을 알고 있으므로 Y만 예측하면 된다. 따라서 정책 문제 자체가 예측 문제로 축소된다.

이러한 사실은 구름 씨 뿌리기를 사용해 강우량을 증가시키려는 가뭄의 경우에는 그렇지 않다는 점에 유의하자. 여기서는 강우 $\partial Y/\partial X_0$에 대한 방법 자체의 효과를 추정해야 한다. 두 경우는 그림 2-2의 인과 관계 다이어그램에 나와 있다.

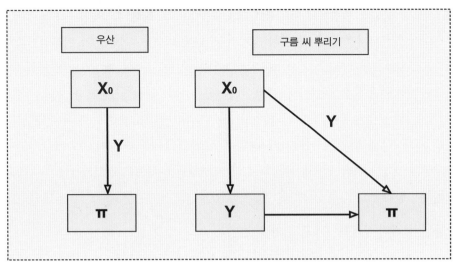

▲ 그림 2-2 Kleinberg et al.(2017)의 정책 예측 문제 예시

Kleinberg et al.(2015)는 중요한 정책 문제가 때로는 인과적 추론을 수행하는 대신 Y 자체를 예측해 해결된다는 점을 시사한다. 특히 이것은 머신러닝이 해결하는 데 적합한 경제학의 하위 분야를 열었다. 또한 이것은 순전히 예측을 통해 정책을 결정할 수 있는 문제를 식별하면 추가 수정 없이도 기성 ML 기술을 사용할 수 있는 공공 부문 및 민간 부문의 경제학자를 포함한 실무자에게 유용하다.[1]

머신러닝: 응용 계량경제학 접근

Mullainathan and Spiess(2017)는 지도 학습 머신러닝 방법이 경제학에 어떻게 적용될 수 있는지를 알아봤다. 그들은 경제학의 문제는 일반적으로 모델 매개변수 $\hat{\beta}$의 추정치를 알아내는 데 중점을 둔 반면 머신러닝 문제는 일반적으로 적합치 또는 모델 예측 $\hat{y}$를 알아내는 데 중점을 둔다고 주장한다. 이러한 차이는 처음에는 사소해보일 수 있지만 두 가지 이유 때문에 매우 중요한 것으로 밝혀졌다.

---

1   보석(bail) 결정 정책 예측 문제에 대해서는 Kleinberg et al.(2017)를 참조하라.

첫째, 모델 구축과 추정에서 다른 방향으로 이어지므로 일반적으로 머신러닝의 모수 추정치가 일관적이지 않다. 즉 표본 크기가 커지면서 모수 추정치 $\hat{\beta}$가 머신러닝 모델의 참 모수 값 β에 (확률적으로) 반드시 수렴하지는 않는다. 둘째, 머신러닝 모델의 개별 매개변수에 대한 표준오차를 생성하는 것은 종종 어렵거나 불가능하다. 이러한 상당한 차이에도 불구하고 Mullainathan and Spiess(2017)는 경제학자가 장점을 활용하는 이상 머신러닝은 경제학에 여전히 유용할 수 있다고 주장한다. 즉 머신러닝을 사용해 매개변수 추정과 가설 검정을 수행하는 대신 경제학자는 예측 자체가 중요한 작업을 고려해야 한다.

그들은 세 가지 사례를 다음과 같이 기술한다.

1. **경제활동 측정**: 이미지나 텍스트 데이터셋을 사용해 실행할 수 있다. 모델이 경제활동의 정확한 예측값을 반환하는 이상 모델 매개변수가 일관되게 추정될 필요는 없다.

2. **예측 단계가 있는 추론 작업**: 도구 변수[IV, Instrumental Variable] 회귀와 같은 특정 추론 작업에는 적합치가 생성되는 중간 단계가 포함된다. 매개변수 추정치의 편향은 중간 단계의 과적합 때문에 발생하므로 정규화와 같은 머신러닝 기술을 사용하면 IV 추정치의 편향을 줄일 수 있다. 그림 2-3은 관심 회귀자 X, 교란 변수 C, 종속변수 Y, 도구 집합 Z가 있는 경우를 보여준다. 그런 다음 ML을 사용해 Z를 X에 대한 적합치로 변환한다.

3. **정책 적용**: 경제학에서 정책 작업의 목적은 궁극적으로 정책 입안자에게 조언을 제공하는 것이다. 예를 들어 학교에서 교사를 추가로 고용하는 여부나 형사 사법제도에서 체포된 사람에게 보석금을 주는 시기를 결정하는 것 등이 있다. 추천은 궁극적으로 예측을 포함한다. 머신러닝 모델은 단순 선형 모델보다 이러한 작업에 더 적합하다.

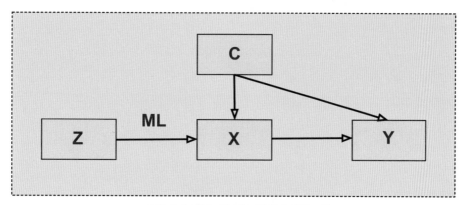

▲ 그림 2-3 ML을 사용한 도구 변수 회귀 그림

Mullainathan and Spiess(2017)도 논문에서 경험적 적용을 수행해 적합화를 개선하는데 머신러닝의 유용성을 평가한다. 이러한 실험에는 미국 주택 서베이[American Housing Survey]에서 기져온 주택 1만 채의 무작위 표본에 주택 가격의 자연 로그 예측이 들어 있다. 이는 150개의 특징을 사용하고 R^2을 사용해 결과를 평가한다. OLS, 회귀 트리, LASSO 회귀, 랜덤 포레스트, 모델 앙상블을 비교하면 일반적으로 ML 방법이 OLS보다 R^2에서 개선 사항을 제공할 수 있다는 것을 알아냈다. 또한 이러한 개선 사항에는 이질성이 있다. 특정 주택 가격 5분위의 경우 득이 큰 반면 다른 5분위에서는 작거나 심지어 음수다.

마지막으로 Mullainathan and Spiess(2017)는 ML이 두 가지 추가적인 차원에서 경제학에 가치를 제공한다고 주장한다. 첫째, 과적합과 경험적 피드백 기반의 튜닝을 방지하기 위해 정규화를 중심으로 하는 모델 추정이나 훈련 등의 대체 프로세스를 제공한다. 둘째, 예측 가능성 관련 이론을 검정하는 데 사용할 수 있다. 예를 들어 효율적 시장 가설[EMH, Efficient Markets Hypothesis]은 위험 조정 초과수익은 예측할 수 없어야 한다는 것을 암시한다. 결과적으로 예측 가능성을 입증하기 위해 ML 모델을 사용하면 예측에 사용된 모든 매개변수가 일관되게 추정되지 않더라도 이론에 영향을 미친다.

경제학에 대한 머신러닝의 영향

Mullainathan and Spiess(2017)와 유사하게 Athey(2019)는 머신러닝이 경제학에 미치는 영향을 검토하고 미래의 발전 가능성을 예측했다. 그녀의 작업은 머신러닝과 전통적 계량경제학 방법의 비교, 경제학에서 사용하기 위한 기성 머신러닝 루틴 평가, Kleinberg(2015) 등에서 논의된 다양성의 정책 예측 문제 검토에 중점을 둔다.

머신러닝과 전통적 계량경제의 방법

Athey(2019)는 머신러닝 도구가 대부분의 계량경제 문제의 목적인 인과적 추론을 수행하는 데 부적합하다고 주장한다. 하지만 머신러닝은 세미 모수$^{semi-parametric}$ 기법을 개선하는 데 유용하며 연구자가 대량의 공변량을 사용할 수 있게 해준다. 계량경제 모델의 간결함과 '빅데이터'의 가용성이 더 증가하는 것을 감안하면 일반적으로 대량의 데이터를 처리하고 모델링하는 데 더 적합한 머신러닝의 방법과 모델을 채택하면 상당한 가치가 있을 것으로 보인다.

Athey(2019)가 확인한 또 다른 장점은 유연한 함수 형태의 사용이다. 계량경제학 문헌은 선형 회귀 모델에서 인과적 추론을 수행하는 협소한 단일 작업을 위한 도구 생성에 전문화돼 있다. 하지만 많은 경우 이러한 모델은 중요한 비선형성을 놓친다고 볼 수 있다. 일반적으로 머신러닝은 계량경제 모델에는 없는 특징간, 특징과 타깃 사이의 비선형성을 허용하는 다양한 모델을 제공한다. 인과 추론 외에도 Athey(2019)는 경험적 분석을 수행하고 모델을 선택하고 매개변수 값에 대한 신뢰 구간을 계산하는 프로세스를 비교한다. 머신러닝에 대한 그녀의 결론은 다음 절에서 다룬다.

경험적 분석

Athey(2019)는 경험적 분석에서 경제학과 머신러닝 접근 방식의 가장 두드러진 차이를 강조한다. 일반적으로 경제학자는 몇 가지 원칙을 사용해 모델을 선택하고 이론을 사용해 기능적 형태를 결정한다. 그런 다음 모델을 한 번 추정한다. 머신러닝은 경험적 분석에 대해 다른 접근 방식 즉 반복적 접근 방식을 취한다. 머신러닝은 원리와 이론에 의해 결정된 모델로 시작하는 대신 표준 모델 아키텍처 또는 초매개변수 집합으로 시작한다. 그런 다음 모델을 훈련시키고 교차 검증 형식을 사용해 성능을 평가한 다음 초매개변수와 모델 아키텍처를 조정해 성능을 향상시킨다. 그런 다음 훈련 과정은 반복된다.

Athey(2019)는 튜닝과 교차 검증이 머신러닝이 계량경제학자에게 제공하는 가장 유용한 도구라고 주장한다. 경제학에서 반복적이고 경험적인 과정을 중심으로 경험 분석의 방향을 바꾸면 데이터의 변동을 설명하는 데 상당한 개선이 이뤄질 수 있다.

모델 선택

Athey(2019)는 머신러닝의 경험적 조정 프로세스가 경제학의 특정 응용 프로그램에 이점을 제공할 수 있다고 주장하지만 인과적 추론에는 도움이 되지 않을 것이라고 경고한다. 일반적으로 머신러닝의 응용은 성능 평가가 간단하고 측정 가능한 경우에 해당하기 때문이다. 예를 들어 머신러닝에서 검증 샘플의 높은 정확도를 원하거나 낮은 평균 제곱오차를 원할 수 있다. 사실 경제학에서 회귀 모델을 추정할 때도 물론 제곱오차 합과 같은 일부 손실함수를 최소화하고 있다. 또한 그림 2-4와 같이 외표본 예측 오류 측정과 같은 성능 척도도 살펴볼 수 있다.

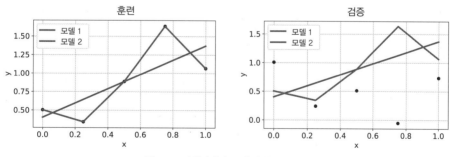

▲ 그림 2-4 머신러닝의 모델 평가 프로세스 예시

하지만 할 수 없는 것은 '인과성'을 측정해 최대화하는 것이다. 이것은 계량경제 도구를 사용하든 머신러닝 도구를 사용하든 매우 어려운 도전이다. 하지만 머신러닝 도구를 특히 지적하는 것이 중요하다. 이것이 바로 인과 관계 차원의 개선에 도움이 안 된다고 믿어야 하는 이유이기 때문이다.

신뢰 구간

경제학에서 머신러닝과 같은 모델을 사용할 때의 한 가지 단점은 일반적으로 유효한 신뢰 구간을 생성하지 않는다는 것이다. 실제로 모델에는 수천 개의 매개변수가 포함되는 경우가 많으므로 신뢰 구간은 일반적으로 머신러닝의 관심 대상이 아니다. Athey(2019)는 이것은 일반적으로 개별 매개변수의 통계적 유의성을 중심으로 가설 검정을 하는 경제학 연구에서 문제라고 주장한다. 하지만 특정 설정에서는 이러한 제한을 극복할 수 있지만 일반적인 상용 ML 루틴에서는 사용할 수 없는 경제와 통계 분야에서 최근 개발된 고급 방법을 사용해야 한다.

기성 ML 루틴

Athey(2019)는 경제와 금융 과제에 기존 ML 기법을 적용할 경우 그 성능이 어떠할지를 평가하기 위해 광범위한 기성 ML 알고리듬을 고려했다. 그녀는 클러스터링 알고리듬과 토픽topic 모델링과 같은 비지도 머신러닝 기법이 경제학에서 중요한 역할을 할 수 있다고 주장한다. 비지도 기법은 종속변수가 없으며 자체적으로 종속변수를 생성하는 데 사용할 수 있어 허위 관계spurious relationships를 생성하지 않는다는 이점이 있다.

그런 다음 그녀는 지도 기법을 평가해 사회과학에서 널리 채택된 기법을 살펴봤다. 예를 들어 신경망은 과거 사회과학에서 다양한 응용 분야에 쓰였지만 최근에서야 널리 사용되고 수용됐다. 따라서 Athey(2019)는 이러한 모델을 '머신러닝 모델'로 분류한다. 하지만 경제학과 금융 분야에서 이미 오랫동안 사용돼 온 OLS나 로짓 모델은 그렇지 않다.

Athey(2019)는 이러한 체제에서 '머신러닝 모델'로 분류할 수 있는 것으로 다음과 같은 모델을 나열했다. 라소^{LASSO}, 리지^{ridge}, 일래스틱 넷$^{elastic net}$ 같은 규제화^{regularized} 회귀 즉 랜덤 포레스트와 회귀 트리, SVM$^{Support Vector Machine}$ 모델, 신경망과 행렬 평균화다.

Mullainathan and Spiess(2017)의 주장에 따르면 이러한 모델 사용에 내재된 표준 트레이드 오프는 원래 표현력 대 과적합이다. 더 많은 특징을 사용하면 더 유연한 기능적 형태를 얻고 정규화 페널티를 줄이면 과적합 가능성이 커진다. Athey(2019)는 이러한 접근 방식이 대량의 공변량이 있는 경우 설정상 많은 이점이 있다고 주장한다. 하지만 신뢰 구간을 계산하기 위해서는 비표준 루틴을 사용해야 한다. 그 결과가 허위인지 평가하는 것도 중요하다.

정책 분석

경제학은 인과적 추론 외에 예측 자체에도 관심이 있다. 그 정확성이 변수간 인과적 관계의 결과로 얻은 것이 아니더라도 정확한 경제 예측 모델은 기획 등의 목적에는 여전히 유용하다. 앞에서 Kleinberg et al.(2015)가 살펴봤듯이 이러한 개념은 정책 문제에도 적용된다. 정부와 조직은 두 가지 다른 상황에서 특정 조치를 취할지 여부를 결정할 때 종종 그렇게 할 것이다. 첫 번째 상황은 채택할 정책의 효과가 불확실한 경우다. 두 번째는 불확실성과 외부 요인에 의한 것일 때다.

소규모 은행이 금융위기에 대비해 더 큰 자본 축적을 할지 여부를 결정하는 경우를 생각해보자. 그들은 현재의 경제 상태에 따라 축적할 자본의 크기를 알아낼 수 있는 모델을 구상할 수 있다. 이러한 목적을 위해서는 정책 예측을 생성할 수 있는 모델을 구성하고 추정해야 한다. 중요한 것은 소규모 은행은 금융 생태계에 미치는 영향이 미미하므로 이러한 모델에서는 인과 관계와 관련이 없다는 것이다. 오히려 위기를 미리 예측할 수 있어야 올바른 정책을 채택할 수 있다.

Athey(2019)는 정책 예측 관련 문헌을 검토했다. 그녀는 그 문헌에서 경제학자가 평가하는 데 매우 중요한 몇 가지 관심 주제가 있다고 주장한다.

1. **모델 해석성**: 경제 모델은 단순하고 해석 가능한 경향이 있으므로 해당 정책을 결정한 근거를 이해할 수 있다. 하지만 많은 ML 모델은 그렇지 않다.

2. **공정성과 비차별**: 머신러닝 모델의 복잡성 때문에 종종 불공정하거나 차별적인 정책이 결정된 원인을 파악하기 어렵다. 따라서 ML 모델로 전환하기 위해서는 공정성과 비차별을 어떻게 보장할 것인지 평가하는 것이 필수적이다.

3. **안정성**: 머신러닝 모델의 복잡성을 감안할 때 한 집단에 대해 추정된 관계가 다른 집단에도 유지되는지 여부는 불분명하다. 결과가 일반화될 수 있는지를 평가하기 위해서는 추가 작업이 필요하다.

4. **조작 가능성**: ML 모델의 크기와 복잡성, 저수준의 해석 가능성은 조작 가능성을 열어준다. 이것은 이미 경제 모델에서의 문제이지만 많은 ML 모델의 복잡성과 블랙박스 특성 때문에 더 복잡해진다.

이러한 주제는 흥미로운 연구로 남았는데 전문가에게는 중요한 고려 사항이다. 공공부문과 민간 부문 경제학자 모두 경제학에서 ML 모델을 사용해 발생하는 예측의 해석 가능성, 공정성, 안정성, 조작 가능성을 평가해야 한다.

활발한 연구 및 예측

Athey(2019)는 경제학에서 활발히 이뤄지는 ML 연구에 대한 철저한 리뷰와 미래 예측으로 마무리한다. 관심 있는 독자는 논문 자체를 참조하라. 하지만 여기서는 활발히 연구 중인 분야 중 일부와 향후 개발에 대한 예측만 살펴본다.

활발히 연구 중인 분야는 (1) ML을 사용해 평균 처치효과$^{ATE, Average Treatment Effects}$를 추정하는 것[2], (2) 이종 처치효과하의 최적 정책 추정[3], (3) 인과 추론에서 교란 문제 정도를 평가하는 보충 분석 수행을 위한 ML 사용[4], (4) 패널의 ML 및 이중 차분법$^{difference-}$

---

2   Chernozhukov et al.(2015), Athey et al.(2016), Chernozhukov et al.(2017)을 참조하라.

3   Athey and Imbens(2017), Wager and Athey(2018), Athey et al.(2019)을 참조하라.

4   Athey and Imbens(2017)를 참조하라.

in-difference methods [5]이다.

Athey(2019)는 경제학 내에서 ML의 채택과 확신이 기성 방법의 사용 증가부터 시작해 초기에 ML 내의 의도된 목적에 따라 적용될 것으로 예측한 방대한 목록을 제시했다. 거기서 ML은 경제학자와 사회과학자에게 특히 관심 있는 작업을 수행하도록 현지화될 가능성이 크다. 그녀는 경제학에서 인과적 추론에 미치는 영향은 적지만 전체적인 영향은 크고 학제간 작업 증가, 민간기업과의 조정, 경제 측정에 초점을 맞춘 오래된 문헌의 부활이 필요할 것으로 예측했다.

경제학자가 알아야 할 머신러닝 방법

이와 별도로 Athey and Imbens(2019)는 여러 업적을 통해 경제학에서 머신러닝 방법의 발전에 큰 공헌을 했다. Athey and Imbens(2019)는 경제학자에게 유용한 머신러닝 방법의 개요를 제공한다. 그들은 ML을 경제학에 통합하는 것과 그것이 직면한 초기 저항, 그러한 저항의 근본 원인에 대한 논의로 시작한다. 가장 심각한 초기 반대는 ML 모델이 유효한 신뢰 구간을 즉시 생성하지 못한다는 것이다. ML 자체에는 중요하지 않지만 이는 경제학의 전통적인 문제에서 ML을 사용하는 데 큰 장애였다.

Athey and Imbens(2019)는 그 후로 논문이 머신러닝 모델의 수정된 버전을 생성해 이러한 문제에 접근했다고 설명한다. 그들은 특히 특정 경제 문제의 구조를 활용하기 위해서는 ML 모델을 수정해야 할 경우가 많다고 주장한다. 여기에는 인과성, 내생성, 수요의 단조성 또는 이론적으로 동기부여된 제약 관련 문제가 있을 수 있다.

논문 자체는 그러한 각 기법에 대한 간략한 소개로 돼 있다. 특히 그들은 경제학의 전통적인 문제를 탐구하기 위해 ML을 사용하려는 사람에게 필수적이라고 생각하는 다음과 같은 모델과 기법군을 알아냈다.

---

5 Doudchenko and Imbens(2016)를 참조하라.

1. 지역 선형 포레스트
2. 신경망
3. 부스팅
4. 분류 트리와 포레스트
5. k-평균 클러스터링을 사용한 비지도 학습과 GAN
6. 혼란 가정하의 평균화 처치효과
7. 직교화와 교차 적합화
8. 이종 처치효과
9. 실험적 설계 및 강화 학습
10. 행렬 완성 및 추천 시스템
11. 합성 제어 방법
12. 텍스트 분석

각 방법이 경제 분석에 통합하는 방법의 세부 정보에 대해서는 Athey and Imbens (2019)를 참조하라. 이러한 방법 중 일부는 이 책 후반부에서 자세히 살펴보고 해당 장에 대한 자세한 논의는 보류한다.

텍스트 데이터

우리가 다뤘던 다른 설문조사와 달리 Gentzkow et al.(2019)는 텍스트 분석이라는 단일 주제에 한정해 초점을 맞추고 있다. 그들은 경제학에서 사용되는 텍스트 분석 방법에 대한 포괄적인 조사와 함께 현재 경제학에서 사용되지는 않지만 채택되면 유용할 것이라고 주장하는 방법을 소개한다. 논문은 (1) 텍스트를 데이터로 표현, (2) 통계적 방법, (3) 응용 세 부분으로 나눠져 있다. Gentzkow et al.(2019)의 확장된 범위까지 포함해 6장에서 텍스트 분석을 다루므로 여기서는 개요만 간단히 설명한다.

텍스트를 데이터로 표현하기

이 논문은 텍스트 데이터셋을 위한 표준 전처리 루틴과 관련 있는 집중적인 논의로 시작된다.

대부분의 경제학자에게 이러한 루틴은 익숙하지 않지만 텍스트 분석을 수행하기 위해서는 전처리를 수행하는 방법을 배우는 것이 필수다. 이러한 루틴에는 텍스트 문서를 모델에서 사용할 수 있는 숫자 형식으로 변환하는 작업이 포함된다. 전처리는 보통 정리cleaning 프로세스로 시작해 특징 선택 프로세스로 이어진다. 일반적인 특징으로는 단어와 구문이 있으며 이러한 프로세스는 6장에서 자세히 다룬다.

통계적 방법

경제학에서 이뤄지는 대부분의 텍스트 분석은 사전 기반dictionary-based 방법을 사용한다고 저자는 지적한다. 사전 기반 방법은 비지도 학습 방법의 범주에 속한다. 특징과 타깃의 관계를 학습하기 위해서는 모델을 훈련하는 대신 사전을 미리 지정하고 문서에 적용함으로써 텍스트의 일부 특징의 척도를 산출한다.

사전 기반 방법의 일반적인 형태 중 하나는 문서의 감정을 측정하는 것이다. 감정은 문서의 텍스트가 긍정적 또는 부정적 정도를 알아낸다. 이러한 사전은 원래 경제와 무관한 목적으로 만들어졌다. 하지만 경제학에서의 초기 작업에서는 경제학에 국한된 특징만 추출하도록 설계된 사전을 만들었다. 그림 2-5는 연방공개시장위원회FOMC, Federal Open Market Committee 발표문의 첫 번째 단락에 일반 정서 사전을 적용한 예를 보여준다.[6] 긍정적인 단어는 녹색, 부정적인 단어는 빨간색으로 강조 표시된다. 결과를 보면 특정 단어의 정서가 맥락에 맞게 식별되지 않고 있다는 것을 알 수 있다.

---

6   FOMC의 전문은 www.federalreserve.gov/newsevents/pressreleases/monetary20190918a.htm.을 참조하라.

September 18, 2019

Federal Reserve issues FOMC statement

For release at 2:00 p.m. EDT

Share ➤

Information received since the Federal Open Market Committee met in July indicates that the labor market remains strong and that economic activity has been rising at a moderate rate. Job gains have been solid, on average, in recent months, and the unemployment rate has remained low. Although household spending has been rising at a strong pace, business fixed investment and exports have weakened. On a 12-month basis, overall inflation and inflation for items other than food and energy are running below 2 percent. Market-based measures of inflation compensation remain low; survey-based measures of longer-term inflation expectations are little changed.

▲ 그림 2-5 FOMC 발표문에 일반 감성 사전을 적용한 결과

Baker et al.(2016)은 경제학 기법에 기반한 사전을 이상적으로 사용한 것이라고 저자들은 주장한다. 첫째, 그들이 추출하려는 특징인 경제 정책에 대한 불확실성은 신문 기사에 적용된 주제 모델에서는 나오지 않을 것이다. 둘째, 그들이 특징을 추출하는 데 사용한 사전을 사람에게 테스트해 비슷한 결과를 얻었다. 이러한 경우 사전 기반 방법이 이상적일 수 있다. 그림 2-6에는 몇 개 국가의 EPU[7]가 그려져 있다.

그들은 현재의 경제가 사전 기반 기법에 크게 종속돼 있고 텍스트 분석 내에서 다른 방법으로의 확장을 통해 해당 분야의 이점을 얻을 수 있다고 주장한다. 다른 방법의 조합도 다뤘는데 그중 일부는 경제학자에게 익숙하지 않은 것이며 일부는 익숙하지만 다른 맥락에서만 사용되는 것이다.

---

7   경제 불확실성 지수(Economic Policy Uncertainty) - 옮긴이

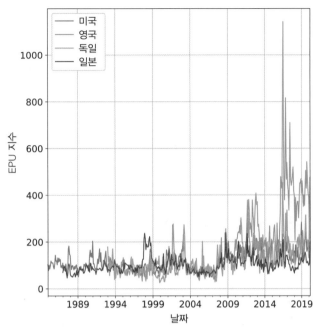

▲ 그림 2-6 미국, 영국, 독일, 일본의 EPU 지수

그들은 텍스트 기반 회귀, 페널티 선형 회귀 트리, 차원 축소, 비선형 텍스트 회귀, 회귀 트리, 딥러닝, 베이즈Bayesian 회귀 기법, 서포트 벡터 머신을 다루고 있다.

마지막으로 단어 임베딩embeddings도 다루는데 이러한 방법은 경제학 분야의 텍스트 분석 응용 프로그램에서는 잘 사용되지 않는다. 단어 임베딩은 텍스트 내의 특징을 표현하는 대체 수단을 제공하는데 이는 연속적이며 단어의 정보 내용을 유지한다. 일반적으로 이것은 단어를 서로 직교하는 원-핫 인코딩 벡터로 취급하는 경제학의 일반적인 사용 방식과 대조된다.

응용

Gentzkow et al.(2019)은 경제학에서 사용되는 텍스트 분석 방법에 대한 광범위한 문헌 검토로 끝난다. 이러한 응용 프로그램에는 저자 식별, 주가 예측, 중앙은행 통신

CEPR, 실황 예보^{Nowcasting}, 정책 불확실성 측정 및 미디어 편향 정량화 등이 있다. 이러한 문헌과 문제가 되는 응용의 세부 사항은 6장에서 다시 살펴본다.

거시경제 예측에서의 머신러닝의 유용성

경제학에서의 머신러닝 관련 리뷰와 경제학에서의 머신러닝을 위해 개발된 방법 모두 거시경제학 분야를 무시하는 경향이 있다. 이는 아마도 거시경제학자는 일반적으로 상대적으로 적은 관측치를 포함한 비정상성^{nonstationary} 시계열 데이터셋으로 작업하기 때문일 것이다. 결과적으로 민간 분야나 공공 분야 거시경제에서의 예측은 흔한 작업임에도 불구하고 거시경제에 머신러닝 기법을 도입하는 것은 별로 적절해 보이지 않는다. Coulombe et al.(2019)은 거시경제에 머신러닝을 도입하는 것이 효과가 없다는 것이 사실인지 확인하기 위해 머신러닝 방법과 거시경제 분석 표준 도구를 비교한다. 그들은 ML이 거시경제 예측을 개선할 수 있는 네 가지 영역을 알아냈다.

1. **비선형성**: 본질적으로 거시경제학은 비선형이다. 실업률은 경제가 확장되는 동안 서서히 감소하는 경향이 있지만 경기침체가 발생하면 급증한다. 더욱이 경기침체가 금융 부문에 영향을 미치고 신용 경색으로 이어지면 훨씬 더 심각해지고 장기화될 수 있다. 이러한 요소를 포착하는 것은 정확한 거시경제 예측을 생성하는 데 매우 중요할 수 있다. 최소한 이론적으로는 ML에 이러한 목적으로 사용될 수 있는 비선형성을 포함한 유연한 기능적 형태가 가능한 도구 집합을 갖고 있다.

2. **규제화**^{Regularization}: 빅데이터 시대인 오늘날 거시경제 예측 모델에 사용할 수 있는 많은 시계열 데이터가 있다. 예를 들어 세인트루이스 소재 연방준비은행의 FRED 시스템에는 현재 70만 개 이상의 시계열 데이터가 있다. GDP나 인플레이션과 같이 일반적으로 예측 빈도가 낮은 시계열은 많은 수의 공변량을 사용하기에는 관측치가 너무 적어 과적합을 일으킨다. ML은 규제화 기술

을 적용해 이러한 문제를 해결할 수 있으며 변수가 추가되면 규제화 방식은 페널티를 부여한다.

3. **교차 검증**: ML과 마찬가지로 좋은 예측 모델의 적절성을 테스트하는 것은 외표본 성능이다. 하지만 ML과 달리 일반적으로 외표본이 좋은 모델을 테스트하는 유일한 방법은 아니다. 따라서 일반적으로 ML 문헌에서 더 잘 개발된 교차 검증 기술에는 별로 중점을 두지 않는다. 그러므로 이러한 기술과 모범 사례를 모두 채택하면 경제학과 금융이 이익을 볼 수 있다.

4. **대체 손실함수**: 경제학에서 사용되는 기법은 대부분 획일적이므로 모든 문제에서 동일한 손실함수가 널리 쓰이게 됐다. 하지만 모든 예측 오류를 동일한 체제를 사용해 가중치를 부여해야 하는 것은 아니다. 따라서 특이한 손실함수로 모델을 훈련시키는 것이 일반적인 ML 논문을 검토한다면 얻을 것이 있을 수 있다.

저자는 고정 효과 회귀 설정으로 비교를 수행한다. ML 방법과 관련해 페널티 회귀와 랜덤 포레스트를 고려했다. 또한 그들은 초매개변수 튜닝과 손실함수 선택을 사용하고 거시경제학적 예측에서 ML 사용에 대한 개괄적인 네 가지 결론에 도달한다.

1. 더 많은 데이터를 보유하고 비선형성을 활용하면 실제 변수에 대한 장기 예측이 향상된다.

2. 이미 거시경제학에서 일반적으로 사용 중인 요인 모델은 규제화의 적절한 소스가 된다.

3. K-폴드 교차 검증은 베이즈 정보 기준[BIC, Bayesian Information Criterion]만큼 과적합 평가에 유용하다.

4. 거시경제학에서 이미 흔히 볼 수 있는 L_2 손실함수는 예측에 충분한 것으로 입증됐다.

전반적으로 저자는 ML 방법이 거시경제 예측을 개선할 수 있다고 봤다. 하지만 예상했듯이 그러한 개선은 경제학 내의 다른 범주 문제보다 작을 수 있다. 예를 들어 금융 시계열에 대한 시계열 예측은 데이터가 매우 높은 빈도로 제공되는 경우가 많으므로 거시경제 예측보다 훨씬 더 많은 이점을 얻을 수 있다.

요약

2장에서는 ML 방법의 환경과 경제학에서의 사용에 대한 개념적 개요를 다뤘다. 2장에서는 그것이 역사적으로 어떻게 사용됐는지, ML 관련 연구를 수행하는 경제학자가 미래에 사용될 것이라고 믿는 방법이 무엇인지 알아봤다. 그리고 다음과 같이 반복되는 몇 가지 주제를 발견했다.

1. 상용 머신러닝 방법이 정책 예측 문제나 경제 예측에 적용되면 기존 계량경제적 방법을 개선할 수 있다.

2. 상용 ML 방법은 인과적 추론에는 유용할 것 같지 않다. 따라서 경제학에서 사용하기 위해서는 ML 알고리듬을 수정해 현지화해야 한다.

3. 경제학 모델과 달리 ML 모델은 일반적으로 개별 매개변수 값에 대해 유효한 신뢰 구간을 생성하지 않는다.

4. 경제학은 모델링에 대한 이론 기반 접근 방식을 사용하고 추정을 한 번만 수행하는 반면 ML은 튜닝을 통한 실험적, 반복적 개선 방식에 기반한다.

5. 규제화나 교차 검증과 같은 ML 기법과 결합된 빅데이터는 경제적 질문에 답할 수 있고 답을 얻는 방법에 큰 영향을 미칠 수 있다.

6. 머신러닝은 예측 단계가 있는 모델로 추론을 수행하고 정책 예측 문제를 해결하는 경제활동 측정에 유용할 것으로 보인다.

3장에서는 2장에서 논의한 방법과 전략을 TensorFlow를 사용해 경제와 금융 문제에 적용하는 데 초점을 맞춘다.

참고문헌

- Athey, S., "The Impact of Machine Learning on Economics." In *The Economics of Artificial Intelligence: An Agenda* by Joshua gans, and Avi Goldfarb Ajay Agrawal(University of Chicago Press, 2019)

- Athey, S., and G. W. Imbens, "Machine Learning Methods that Economists Should Know About."(*Annual Review of Economics* 11: 685–725, 2019)

- Athey, S., and G. W. Imbens, "The State of Applied Econometrics: Causality and Policy Evaluation."(*Journal of Economic Perspectives* 31 (2): 3–32, 2017)

- Athey, S., G. W. Imbens, and S. Wager, "Approximate Residual Balancing: De-Biased Inference of Average Treatment Effects in High Dimensions."(*arXiv*, 2016)

- Athey, S., J. Tibshirani, and S. Wager, "Generalized random forests."(*The Annals of Statistics* 47 (2): 1148–1178, 2019)

- Baker, S. R., N. Bloom, and S. J. and Davis, "Measuring Economic Policy Uncertainty."(*The Quarterly Journal of Economics* 131 (4): 1593–1636, 2016)

- Chernozhukov, V., C. Hansen, and M. Spindler, "Post Selection and Post-Regularization Inference in Linear Models with Many Controls and Instruments." (*American Economic Review: Papers & Proceedings* 105 (5): 486–490, 2015)

- Chernozhukov, V., D. Chetverikov, M. Demirer, E. Duflo, C. Hansen, W. Newey, and J. Robins, "Double/Debiased Machine Learning for Treatment and Structural Parameters."(*The Econometrics Journal* 21 (1), 2017)

- Coulombe, P. G., M. Leroux, D. Stevanovic, and S. Surprenant, "How is Machine Learning Useful for Macroeconomic Forecasting?"(*CIRANO Working Papers*, 2019)

- Doudchenko, N., and G. W. Imbens, "Balancing, Regression, Difference-In-Difference and Synthetic Control Methods: A Synthesis."(*NBER Working Papers 22791*, 2016)

- Friedberg, R., J. Tibshirani, S. Athey, and S. Wager, "Local Linear Forests." (*arXiv*, 2018)

- Gentzkow, M., B. Kelly, and M. Taddy, "Text as Data."(*Journal of Economic Literature* 57 (3): 535−574, 2019)

- Glaeser, E. L., A. Hillis, S. D. Kominers, and M. Luca, "Crowdsourcing City Government: Using Tournaments to Improve Inspection Accuracy."(*American Economic Review: Papers & Proceedings* 106 (5): 114−118, 2016)

- Goodfellow, I., Y. Bengio, and A. Courville, *Deep Learning*(MIT Press, 2016) 번역서:『심층학습(제이펍의 인공지능 시리즈 13)』(제이펍, 2018)

- Kleinberg, J, J. Ludwig, S. Mullainathan, and Z. Obermeyer, "Prediction Policy Problems."(*American Economic Review: Papers & Proceedings* 105 (5): 491−495, 2015)

- Kleinberg, J., H. Lakkaraju, J. Leskovec, J. Ludwig, and S. Mullainathan, "Human Decisions and Machine Predictions."(*The Quarterly Journal of Economics* 133 (1): 237−293, 2017)

- Mullainathan, S., and J. Spiess, "Machine Learning: An Applied Econometric Approach."(Journal of Economic Perspectives 31 (2): 87−106, 2017)

- Perrault, R., Y. Shoham, E. Brynjolfsson, J. Clark, J. Etchemendy, B. Grosz, T. Lyons, J. Manyika, S. Mishra, and J. C. Niebles, *The AI Index 2019 Annual Report*(AI Index Steering Committee, Human-Centered AI Institute, Stanford, CA: Stanford University, 2019)

- Salai Martin, Xavier, "I Just Ran Two Million Regressions."(*American Economic Review* 87 (2): 178−183, 1997)

- Varian, Hal R., "Big Data: New Tricks for Econometrics."(*Journal of Economic Perspectives* 28 (2): 3−28, 2014)

- Wager, S., and S. Athey, "Estimation and Inference of Heterogeneous Treatment Effects using Random Forests."(*Journal of the American Statistical Association* 113 (532): 1228−1242, 2018)

3장

회귀

'회귀'라는 용어는 계량경제학과 머신러닝에서 일반적인 사용법이 다르다. 계량경제학에서 회귀는 종속변수와 독립변수를 연관시키는 매개변수 값을 추정한다. 계량경제학에서 가장 일반적인 형태의 회귀는 다중 선형 회귀로 연속 종속변수와 다중 독립변수 간의 선형 연관성을 추정한다. 하지만 계량경제학 내에서 이러한 용어는 종속변수가 이산형인 모델과 비선형 모델도 포함한다. 반대로 머신러닝에서의 회귀는 연속 종속변수(타깃)를 갖는 선형 또는 비선형의 지도 학습 모델을 나타낸다. 3장에서는 회귀에 대한 더 광범위한 계량경제학 정의를 채택할 것이지만 머신러닝에 일반적으로 적용되는 방법을 소개한다.

선형 회귀

이번 절에서는 계량경제학에서 가장 일반적으로 사용되는 경험적 방법인 '선형 회귀'의 개념을 소개한다. 선형 회귀는 종속변수가 연속이고 종속변수와 독립변수 간의 실제 관계가 선형이라고 가정할 때 사용된다.

개요

선형 회귀는 계수의 선형성을 가정해 종속변수 Y와 독립변수 집합 $\{X_0, ..., X_k\}$ 간의 관계를 모델링한다. 선형성은 각 X_j와 Y 간의 관계가 스칼라 계수 β_j로 표현되는 상수 기울기로 모델링될 수 있어야 한다. 식 3–1은 k개의 독립변수가 있는 선형 모델의 일반식을 보여준다.

식 3-1 선형 모델

$$Y = \alpha + \beta_0 X_0 + ... + \beta_{k-1} X_{k-1}$$

많은 경우에 각 관측치에 대한 인덱스를 명시적으로 지정하는 식 3–2의 표기법을 사용할 것이다. 예를 들어 Y_i는 개체 i에 대한 변수 Y의 값을 나타낸다.

식 3-2 개체 인덱스가 있는 선형 모델

$$Y_i = \alpha + \beta_0 X_{i0} + ... + \beta_{k-1} X_{ik-1}$$

개체 인덱스 외에도 경제 문제에서는 시간 인덱스를 자주 사용한다. 그러한 경우 일반적으로 식 3–3에서와 같이 변수가 관찰되는 기간을 나타내기 위해 아랫첨자 t를 사용한다.

식 3-3 개체와 시간 인덱스가 있는 선형 모델

$$Y_{it} = \alpha + \beta_0 X_{it0} + ... + \beta_{k-1} X_{itk-1}$$

선형 회귀에서 모델 매개변수인 $\{\alpha, \beta_1, ..., \beta_k\}$는 시간이나 개체에 따라 달라지지 않으므로 둘 중 어느 하나에 의해 인덱싱되지 않는다. 또한 매개변수의 비선형 변환은 허용되지 않는다. 예를 들어 밀집^{dense} 신경망 계층은 유사한 함수적 형태를 갖지만 식 3–4에 표시된 것과 같이 계수-변수 곱의 합에 비선형 변환을 적용한다. 여기서 σ는 시그모이드^{sigmoid} 함수를 나타낸다.

$$Y_{it} = \sigma\left(\alpha + \beta_0 X_{it0} + \ldots + \beta_{k-1} X_{itk-1}\right)$$

선형성이 심각한 함수적 형식 제한으로 보일 수 있지만 비선형 변환을 포함해 독립변수의 변환이 불가능한 것은 아니다. 예를 들어 X_0을 자연 로그로 다시 정의하고 이를 독립변수로 포함할 수 있다. 선형 회귀는 $X_0 * X_1$ 같은 두 변수간 또는 $1_{\{X_0 > x_0\}}$ 같은 지표^{indicator} 변수 간의 상호작용도 허용한다. 또한 시계열과 패널 설정에서 X_{t-1j}과 X_{t-2j} 같은 지연 변수도 포함할 수 있다.

변수를 변환하고 다시 정의하는 것은 선형 회귀가 비선형 함수를 임의의 고정밀도로 근사할 수 있도록 해주는 유연한 방법이다. 예를 들어 X와 Y 사이의 실제 관계가 식 3-5의 지수함수로 주어진 경우를 살펴보라.

식 3-5 지수 모델

$$Y_i = exp\left(\alpha + \beta X_i\right)$$

Y_i의 자연 로그를 취하면 식 3-6에서 선형 회귀를 수행해 모델 매개변수 $\{\alpha, \beta\}$를 얻을 수 있다.

식 3-6 변환된 지수 모델

$$\ln\left(Y_i\right) = \alpha + \beta X_i$$

대부분의 설정에서는 기저 데이터 생성 프로세스^{DGP, Data Generating Process}를 알지 못한다. 또한 종속변수와 독립변수 간에는 확정적인 관계가 없다. 오히려 각 관측치와 관련 있는 약간의 노이즈 ϵ_i가 있을 것이다. 이는 관찰되지 않은 개체간 임의의 차이 또는 측정 오류의 결과로 발생할 수 있다.

예를 들어 비선형으로 알려져 있지만 정확한 함수 형태는 알 수 없는 프로세스에서 가져온 데이터가 있다고 가정해보자. 그림 3-1은 두 선형 회귀 모델의 도면과 함께 데이터의 산점도를 보여준다. 첫 번째는 식 3-7에서와 같이 X와 Y 사이의 관계가 단일 직

선을 사용해 [0, 10] 구간에서 잘 근사화된다는 가정하에 훈련된다. 두 번째는 식 3-8 에서와 같이 다섯 개의 선분이 필요하다는 가정하에 훈련된다.

식 3-7 비선형 모델에 대한 선형 근사

$$Y_i = \alpha + \beta X_i + \epsilon_i$$

식 3-8 비선형 관계에 대한 선형 근사

$$Y_i = \left[\alpha_0 + \beta_0 X_i\right]\mathbf{1}_{\{0 \le X_i < 2\}} + \ldots + \left[\alpha_0 + \beta_0\left(X_i - 8\right)\right]\mathbf{1}_{\{8 \le X_i \le 10\}} + \epsilon_i$$

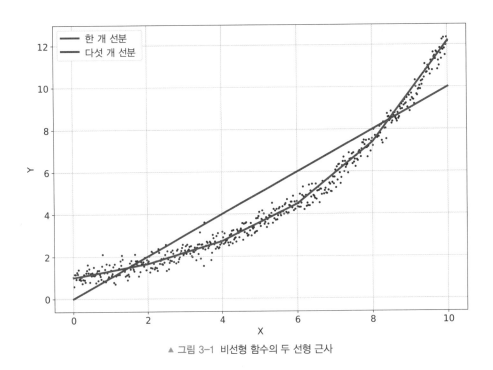

▲ 그림 3-1 비선형 함수의 두 선형 근사

그림 3-1은 단일 경사와 절편을 사용한 선형 회귀 모델은 충분하지 않다는 것을 보여준다. 하지만 부분 다항 스플라인spline 형태로 여러 선분을 모두 선형 회귀 프레임워크 내에서 작업했는데도 불구하고 비선형 함수를 근사하는 데 충분했다.

최소 제곱법

앞에서 살펴봤듯이 선형 회귀는 종속변수와 독립변수 집합의 관계를 모델링하는 데 사용할 수 있는 다목적 방법이다. 그러한 관계가 비선형인 경우에도 지표함수, 변수 상호작용 또는 변수 변환을 사용해 선형 모델에서도 근사할 수 있다는 것을 알게 됐다. 변수 변환을 통해서도 정확히 캡처할 수 있는 경우도 있다.

이번 절에서는 TensorFlow로 선형 회귀를 구현하는 방법을 설명한다. 이를 수행하는 방법은 손실함수 선택에 따라 달라진다. 경제학에서 가장 일반적인 손실함수는 제곱 오차의 합 또는 평균이며 이번 절에서 맨 먼저 살펴본다. 이러한 예제의 목적을 위해 모든 독립변수를 $n \times k$ 행렬 X에 쌓을 것이다. 여기서 n은 관측치 개수이고 k는 상수(편향)항을 포함한 독립변수의 개수다.

여기서 $\hat{\beta}$는 추정된 계수의 벡터를 나타내며 참 매개변수 값 β와 구별된다. 손실함수를 구성하는 데 사용할 '오차'항은 식 3-9에 나와 있다. 오차항은 종종 오차, 잔차 또는 외란^{disturbance}항과 같은 다른 이름으로 불린다.

식 3-9 선형 회귀의 외란항

$$\epsilon = Y - \hat{\beta}X$$

ϵ는 n개 요소를 갖는 열 벡터라는 점에 유의하자. 이는 제곱오차의 합을 정의한 식 3-10과 같이 각 요소를 전치로 미리 곱해 제곱하고 합할 수 있다는 것을 의미한다.

식 3-10 제곱오차의 합

$$\epsilon'\epsilon = \left(Y - \hat{\beta}X\right)'\left(Y - \hat{\beta}X\right)$$

제곱오차의 합을 손실함수(최소 제곱이라고도 한다)로 사용할 때의 이점 중 하나는 식 3-11에서 도출된 해석적 해를 허용한다는 것이다. 이는 시간이 많이 걸리고 오류가 발생하기 쉬운 최적화 알고리듬을 사용할 필요가 없다는 것을 의미한다. 제곱오차의 합을 최소화하기 위해서는 $\hat{\beta}$를 선택해 이러한 해를 얻는다.

식 3-11 제곱오차의 합을 최소화

$$\frac{\partial \epsilon' \epsilon}{\partial \hat{\beta}} = \frac{\partial}{\partial \hat{\beta}}\left(Y - \hat{\beta}X\right)'\left(Y - \hat{\beta}X\right) = 0$$

$$-2X'Y + 2X'X\,\hat{\beta} = 0$$

$$X'X\hat{\beta} = X'Y$$

$$\hat{\beta} = \left(X'X\right)^{-1}X'Y$$

확인해야 할 유일한 것은 $\hat{\beta}$가 최소인지 최고인지 여부다. 이러한 값은 X가 '전체 랭크'를 가질 때마다 최소값이 된다. 이러한 조건은 X의 열이 X의 하나 이상의 다른 열의 선형 조합이 아닌 이상 유효하다. 코드 3-1은 간단한 예제에서 TensorFlow에서 일반적인 최소 제곱을 수행하는 방법을 보여준다.

코드 3-1 TensorFlow 2에서 OLS 구현하기

```
import tensorflow as tf

# 데이터를 상수로 정의한다.
X = tf.constant([[1, 0], [1, 2]], tf.float32)
Y = tf.constant([[2], [4]], tf.float32)

# 매개변수 벡터를 계산한다.
XT = tf.transpose(X)
XTX = tf.matmul(XT, X)
beta = tf.matmul(tf.matmul(tf.linalg.inv(XTX), XT), Y)
```

편의상 X의 전치를 XT로 정의했다. 또한 XTX는 XT에 사후적으로 X를 곱한 것으로 정의했다. $\hat{\beta}$를 계산할 때는 XTX를 반전하고 XT를 사후적으로 곱한 후 다시 Y를 곱해 계산할 수 있다. 여기서 계산한 매개변수 벡터 $\hat{\beta}$는 다음의 제곱오차 합을 최소화한다. $\hat{\beta}$를 계산하는 것은 간단했지만 이러한 작업에 TensorFlow를 사용하려는 이유가 명확히 와닿지 않을 수 있다. 그 대신 MATLAB을 사용했다면 선형 대수 연산을 작성하는 구문은 간결하고 읽기 쉬웠을 것이다. 또는 Python이나 R에서 Stata 또는 통계

모듈을 사용했다면 매개변수 벡터에 대한 표준오차와 신뢰 구간과 회귀에 대한 적합도를 자동으로 계산할 수 있었다. 물론 TensorFlow는 병렬이나 분산 연산이 필요한 작업에는 자연스러운 이점이 있다. 하지만 OLS를 해석적으로 수행할 때는 그러한 필요성이 미미할 수 있다. TensorFlow의 가치는 해석적 해가 없는 손실함수를 최소화하고 싶거나 모든 데이터를 메모리에 저장할 수 없을 때 분명해진다.

최소 절대 편차

OLS는 경제학에서 가장 일반적으로 사용되는 선형 회귀 형태이고 많은 매력적인 속성을 갖고 있지만 때때로 대체 손실함수를 사용하고 싶을 것이다. 예를 들어 제곱의 합보다 오차 절대값의 합을 최소화하고자 할 수 있다. 이러한 형태의 선형 회귀를 최소 절대 편차LAD, Least Absolute Deviations 또는 LAELeast Absolute Errors라고 한다.

OLS 및 LAD를 포함한 모든 모델에서 이상치에 대한 모수 추정값의 민감도는 손실함수에 의해 결정된다. OLS는 오차의 제곱을 최소화하므로 이상치를 설명하기 위한 매개변수 값을 설정하는 데 중점을 둔다. 즉 OLS는 크기의 절반에 해당하는 두 개의 오차보다 매우 큰 단일 오차를 제거하는 데 더 중점을 둔다. 반대로 LAD는 큰 오차와 두 개의 작은 오차에 동일한 가중치를 둔다.

OLS와 LAD의 또 다른 차이점은 절대값은 닫힌 형식의 대수식을 얻지 못하기 때문에 LAD 회귀에 대한 해를 해석적으로 표현할 수 없다는 것이다. 즉 모델을 '학습' 또는 '추정'해 최소값을 검색해야 한다.

TensorFlow는 OLS를 해결하는 데 특별히 유용하지는 않았지만 LAD 회귀를 수행하거나 해석적 해가 없는 다른 유형의 모델을 훈련할 때는 분명한 이점이 있다. 여기서는 TensorFlow에서 이러한 작업을 수행하는 방법을 살펴보는 동시에 TensorFlow가 참 매개변수 값을 얼마나 정확히 식별하는지 평가할 것이다. 더 구체적으로 특정 값으로 가정된 매개변수에서 데이터를 랜덤으로 생성하는 몬테 카를로Monte Carlo 실험을 수행한다. 그런 다음 데이터를 사용해 모델을 추정하고 실제 매개변수와 추정된 매개변수를 비교할 수 있다.

코드 3-2는 데이터가 생성되는 방법을 보여준다. 먼저 관측치와 샘플 수를 정의하는 것으로 시작한다. TensorFlow의 성능을 평가하고 싶기 때문에 100개의 개별 샘플에서 모델 매개변수를 학습할 것이다. 또한 모델을 훈련하기에 충분한 데이터가 있는지 확인하기 위해 1만 개의 관측치를 사용할 것이다.

다음으로 모델 매개변수 alpha와 beta는 각각 상수(편향)항과 기울기에 해당한다. 상수항은 1.0, 기울기는 3.0으로 설정했다. 이것은 매개변수의 참값이고 훈련할 필요가 없기 때문에 tf.constant()를 사용해 정의한다.

이제 정규분포에서 X와 epsilon을 추출한다. X의 경우 평균이 0이고 표준편차가 1인 표준 정규분포를 사용한다. 이 값은 tf.random normal()의 매개변수의 기본 값이다. 따라서 샘플 수와 관측치 수 외에는 아무것도 필요가 없다. Epsilon의 경우 표준편차 0.25를 사용하며 stddev 매개변수를 사용해 지정한다. 마지막으로 종속변수 Y를 계산한다. 이제 생성된 데이터를 사용해 LAD로 모델을 학습시킬 수 있다. TensorFlow의 모든 모델 구성과 학습 프로세스에 공통적으로 해야 할 몇 가지 단계를 이제 수행해야한다. 먼저 랜덤으로 추출한 데이터 중 첫 번째 샘플만 사용하는 예제를 통해 이를 설명한다. 그런 다음 100개 샘플 각각에 대해 프로세스를 반복한다.

코드 3-2 선형 회귀를 위한 입력 데이터 생성하기

```
import tensorflow as tf

# 관측 및 샘플 수를 설정한다.
S = 100
N = 10000

# 매개변수의 참값을 설정한다.
alpha = tf.constant([1.], tf.float32)
beta = tf.constant([3.], tf.float32)

# 독립변수와 오차를 추출한다.
```

```
X = tf.random.normal([N, S])
epsilon = tf.random.normal([N, S], stddev=0.25)

# 종속변수를 계산한다.
Y = alpha + beta*X + epsilon
```

코드 3-3은 TensorFlow 모델 훈련 프로세스의 첫 단계에 대한 코드를 보여준다. 먼저 평균이 0이고 표준편차가 5.0인 정규분포에서 값을 추출한 다음 이를 사용해 alphaHat과 betaHat를 초기화한다. 5.0을 선택한 것은 임의적이지만 참 매개변수 값에 대한 사전 지식이 제한된 문제를 모방하기 위한 것이다. 여기서는 접미사 'Hat'를 사용해 참값이 아니라 추정값임을 나타낸다. 손실함수를 최소화하기 위한 매개변수를 훈련시키고 싶으므로 tf.constant() 대신 tf.Variable()을 사용해 매개변수를 정의한다.

다음 단계는 손실을 계산하는 함수를 정의하는 것이다. LAD 회귀는 절대 오차의 합을 최소화하며 이는 절대 오차의 평균을 최소화하는 것과 같다. LAD는 더 나은 수치적 특성을 가지므로 여기서는 평균 절대 오차를 최소화할 것이다.[1]

평균 절대 오차를 계산하기 위해서는 maeLoss 함수를 정의한다. maeLoss는 매개변수와 데이터를 입력으로 취하고 손실함수의 관련 값을 출력한다. 이러한 함수는 먼저 각 관측치에 대한 오차를 계산한다. 그런 다음 tf.abs()를 사용해 이러한 값을 절대값으로 변환한 다음 tf.reduce_mean()을 사용해 모든 관측 값의 평균을 반환한다.

코드 3-3 변수 초기화 및 손실 정의하기

```
# 랜덤으로 초기값을 추출한다.
alphaHat0 = tf.random.normal([1], stddev=5.0)
betaHat0 = tf.random.normal([1], stddev=5.0)

# 변수를 정의한다.
```

---

1 평균은 합계를 관측치 수로 나눈 것이므로 (즉 상수로 크기를 조정) 평균을 최소화하는 것은 합계를 최소화하는 것과 같다. 사실 큰 합계를 계산하면 오버플로우가 발생할 수 있으며 이는 수치가 허용된 데이터 유형의 범위를 초과할 때 발생한다.

```
alphaHat = tf.Variable(alphaHat0, tf.float32)
betaHat = tf.Variable(betaHat0, tf.float32)

# MAE 손실을 계산하는 함수를 정의한다.
def maeLoss(alphaHat, betaHat, xSample, ySample):
        prediction = alphaHat + betaHat*xSample
        error = ySample - prediction
        absError = tf.abs(error)
        return tf.reduce_mean(absError)
```

마지막 단계는 최적화를 수행하는 것이며 이는 코드 3-4에서 수행한다. 이를 위해 먼저 tf.optimizers.SGD()를 opt라는 이름으로 확률적 그래디언트 하강 최적화 프로그램의 인스턴스를 생성한다. 그런 다음 해당 인스턴스를 사용해 최소화를 수행한다. 여기에는 opt에 minimal() 메서드를 적용한다. 전체 샘플에 대해 단일 단계의 최적화를 수행하기 위해 손실함수를 최소화 작업에 반환하는 함수를 람다 함수로 전달한다. 또한 매개변수인 alphaHat과 betaHat, 입력 데이터의 첫 번째 샘플인 X[:,0]과 Y[0:]를 maeLoss()에 전달한다. 마지막으로 훈련 가능한 변수 목록인 var_list를 minimal()에 전달한다. 루프에서의 각 증분은 최소화 단계를 수행해 매개변수와 최적화 프로그램의 상태를 갱신한다. 이러한 예에서는 최소화 단계를 1천 회 반복했다.

코드 3-4 최적화 프로그램 정의하기와 손실함수 최소화하기

```
# 최적기를 정의한다.
opt = tf.optimizers.SGD()

# 매개변수 값을 저장할 빈 목록을 정의한다.
alphaHist, betaHist = [], []

# 최소화를 수행하고 매개변수 업데이트를 유지한다.
for j in range(1000):

        # 최소화 단계를 수행한다.
        opt.minimize(lambda: maeLoss(alphaHat, betaHat,
        X[:, 0], Y[:, 0]), var_list = [alphaHat, betaHat])
```

```
# 매개변수 목록을 갱신한다.
alphaHist.append(alphaHat.numpy()[0])
betaHist.append(betaHat.numpy()[0])
```

나머지 99개 샘플에 대한 프로세스를 반복하기 전에 먼저 참 매개변수 값을 알아내는 데 얼마나 성공했는지 살펴보자. 그림 3-2는 최소화 프로세스의 각 단계에서 alphaHat 과 betaHat 값을 도식화한 것이다. 이러한 도면을 생성하는 코드가 코드 3-5에 나와 있다. 샘플을 미니 배치mini batch로 나누지 않았으므로 각 단계는 에폭epoch으로 레이블 이 지정된다. 여기서 에폭은 샘플을 완전히 한 번 통과하는 것이다. 앞에서 봤듯이 초 기값은 분산이 큰 정규분포에서 추출해 랜덤으로 생성됐다. 그럼에도 불구하고 alphaHat과 betaHat 둘 다 약 600 에폭 후에 참 매개변수 값으로 수렴하는 것으로 보 인다.

코드 3-5 매개변수 훈련 이력 도식화하기

```
# 매개변수 이력의 DataFrame을 정의한다.
params = pd.DataFrame(np.hstack([alphaHist,
        betaHist]), columns = ['alphaHat', 'betaHat'])

# 도면을 생성한다.
params.plot(figsize=(10,7))

# x축 레이블을 설정한다.
plt.xlabel('Epoch')

# y축 레이블을 설정한다.
plt.ylabel('Parameter Value')
```

또한 alphaHat과 betaHat은 참 매개변수 값에 수렴한 다음 더 이상 조정되지 않는 것으 로 보인다. 이는 훈련 과정이 안정적이었고 확률적 그래디언트 하강법 알고리듬이 지역 최소값을 명확히 식별할 수 있다는 것을 시사한다. 예제의 경우 이러한 값은 전역 최소값으로 판명됐다.[2] 하나의 샘플에 대한 해법을 테스트했으므로 이제 이러한 프로세스를 다른 초기 매개변수 값과 다른 샘플에 사용해 100회 반복한다. 그런 다음 해법의 성능을 평가해 초기값의 선택이나 추출된 데이터 샘플에 민감한지 여부를 결정한다.

그림 3-3은 각 샘플에 대해 1천 번째 에폭에서 추정된 매개변수 값의 히스토그램을 보여준다. 대부분의 추정치는 참 매개변수 값을 중심으로 밀집된 것처럼 보인다. 하지만 초기값이나 추출된 샘플 때문에 약간의 편차가 있다. 몬테 카를로 실험에서 생성한 것과 유사한 속성을 갖는 데이터셋에 LAD를 사용할 계획이라면 참 매개변수 값으로 수렴할 확률을 높이기 위해 더 많은 에폭을 사용하는 것도 고려해볼 수 있다.

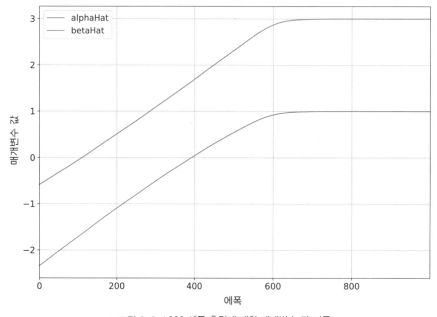

▲ 그림 3-2 1,000 에폭 훈련에 대한 매개변수 값 기록

에폭 수를 변경하는 것 외에도 기본 옵션 대신 최적화 알고리듬의 초매개변수를 조정

---

2 지역 최소값은 주어진 지역에서 가장 낮은 함수 값인 반면 전역 최소값은 함수 전체에서 가장 낮은 값이다. 실제로 손실 함수에는 지역 최소값이 많기 때문에 전역 최소값을 식별하기 어렵다.

하는 것도 고려해볼 수 있다. 또는 다른 최적화 알고리듬을 함께 사용할 수도 있다. 3장 후반부에서 설명하겠지만 TensorFlow에서는 이러한 작업이 비교적 간단하다.

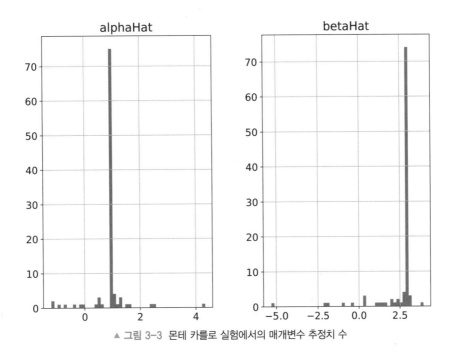

▲ 그림 3-3 몬테 카를로 실험에서의 매개변수 추정치 수

기타 손실함수

앞에서 설명했듯이 기타 손실함수인 OLS는 해석적 해가 있지만 LAD에는 없다. 대부분의 머신러닝 모델은 해석적 해가 없으므로 LAD는 유익한 예가 될 수 있다. 여기서 모델을 구성하고 손실함수를 정의하고 LAD에 대한 최소화를 수행하는 데 사용한 것과 동일한 프로세스가 3장과 이 책 전체에서 반복된다. 실제로 LAD를 수행하는 데 사용한 단계는 손실함수만 간단히 수정하면 모든 형태의 선형 회귀에 적용할 수 있다. 물론 닫힌 해를 가졌다는 것 외에도 OLS를 선호하는 이유가 있다.

예를 들어 가우스-마르코프 Gauss-Markov 정리의 조건이 충족되면 OLS 추정기가 모든

선형과 비편향 추정기 중에서 분산이 가장 낮다.[3]

또한 많은 계량경제학 문헌은 OLS 기반 또는 그 변형으로 돼 있으므로 관련 작업에서는 자연스러운 선택지다. 하지만 경제와 금융 분야의 많은 머신러닝 응용에서의 목표는 종종 가설 검정이 아닌 예측을 수행하는 것이다. 이러한 경우 다른 형태의 선형 회귀를 사용하는 것이 합리적일 수 있다. TensorFlow를 사용하면 이러한 작업이 더 쉬워진다.

부분 선형 모델

앞에서 설명한 전략을 많은 머신러닝 응용 프로그램에 사용하더라도 선형 회귀 모델로는 만족스러운 결과를 얻을 수 없는 비선형성을 모델링할 경우가 있다. 이를 위해서는 다른 모델링 기술을 사용해야 한다. 이번 절에서는 비선형 함수를 포함할 수 있도록 선형 모델을 확장한다.

순전히 비선형 모델을 구성하는 대신 '부분 선형 모델'부터 시작한다. 이러한 모델은 특정 독립변수가 선형으로 입력되도록 허용하는 반면 다른 변수는 비선형 함수를 통해 모델에 입력할 수 있다.

표준 계량경제학 응용 프로그램 맥락에서 목표는 일반적으로 통계적 추론이며 부분 선형 모델은 선형으로 입력되는 단일 관심 변수와 비선형으로 입력할 수 있는 통제 집합으로 구성된다. 이러한 연습의 목적은 선형으로 입력되는 매개변수의 추론을 수행하는 것이다.

---

3 가우스-마르코프 정리는 다섯 가지를 가정한다. (1) 참 모델은 매개변수에 대해 선형이다. (2) 데이터가 랜덤으로 샘플링된다. (3) 어떠한 독립변수도 서로 완벽히 상관되지 않는다(완벽한 공선성이 없다). (4) 오차항이 외생적이다(독립변수와의 상관 관계가 없다). (5) 오차항의 분산은 일정하고 유한하다.

하지만 부분 선형 모델을 사용해 유효한 통계적 추론을 계량경제학에서 수행하는 데는 어려움이 있다. 첫째, 관심 변수와 통제 변수가 공선성을 가질 때 매개변수의 일관성에 문제가 있다.[4] 이러한 문제는 일관된 추정기를 구성하는 Robinson(1988)에서 해결됐다.[5] 또 다른 문제는 통제 변수의 비선형 함수에 규제화를 적용할 때 발생한다. Robinson (1988)의 추정치를 단순히 적용하면 관심 매개변수는 편향된다. Chernozhukov et al.(2017)은 직교화와 샘플 분할을 사용해 편향을 제거하는 방법을 보여줬다.

3장에서의 목적상 여기서는 통계적 추론보다 예측 목적을 위한 부분 선형 모델을 구성하고 훈련한다. 이를 통해 일관성 및 편향 관련 질문을 피하고 TensorFlow에서 학습 루틴의 실제 구현에 초점을 맞춘다.

먼저 식 3-12에서 학습할 모델을 정의하는 것으로 시작한다. 여기서 β는 모델에 선형으로 입력되는 계수 벡터이고 $g(Z)$는 통제 변수의 비선형 함수다.

식 3-12 부분 선형 모델

$$Y = \alpha + \beta X + g(Z) + \epsilon$$

LAD 예에서와 유사하게 몬테 카를로 실험을 사용해 TensorFlow에서 모델을 올바로 구성하고 학습했는지 평가하고 샘플 크기와 모델 사양을 고려할 때 수치 문제가 발생할 가능성이 있는지 확인한다.

몬테 카를로 실험을 수행하기 위해서는 선형 매개변수 값과 g()의 함수적 형식에 대한 특정 가정을 해야 한다. 편의상 오직 하나의 관심 변수 X와 함수형 $\exp(\theta Z)$에 입력되는 하나의 통제 변수 Z만 있다고 가정한다. 또한 실제 매개변수 값은 $\alpha=1$, $\beta=3$, $\theta=0.05$로 가정된다.

---

4   두 회귀 변수 X와 Z가 통계적으로 독립이 아닌 경우 '공선성'이라고 한다.
5   일관된 추정기는 관측치 수가 무한대로 갈수록 확률적으로 참 매개변수 값에 수렴한다.

데이터를 생성해 코드 3-6의 몬테 카를로 실험을 시작한다. 앞의 예제에서와 같이 100개의 샘플과 1만 개의 관측치를 사용하고 tf.constant()를 사용해 참 매개변수 값을 정의한다. 다음으로 회귀자 X와 Z, 오차항 epsilon을 추출할 것이다. 마지막으로 랜덤으로 생성된 데이터를 사용해 종속변수 Y를 생성한다.

코드 3-6 부분 선형 회귀 실험을 위한 데이터 생성하기

```
import tensorflow as tf

# 관측 및 샘플 수를 설정한다.
S = 100
N = 10,000

# 매개변수의 참값을 설정한다.
alpha = tf.constant([1.], tf.float32)
beta = tf.constant([3.], tf.float32)
theta = tf.constant([0.05], tf.float32)

# 독립변수와 오차를 추출한다.
X = tf.random.normal([N, S])
Z = tf.random.normal([N, S])
epsilon = tf.random.normal([N, S], stddev=0.25)

# 종속변수를 계산한다.
Y = alpha + beta*X + tf.exp(theta*Z) + epsilon
```

코드 3-7에 표시된 다음 단계는 alphaHat0, betaHat0, thetaHat0과 같은 모델 매개변수를 정의하고 초기화하는 것이다. 그런 다음 앞의 예제와 약간 달라진다. 손실함수를 즉시 계산하는 대신 먼저 부분 선형 모델에 대한 함수를 정의하는데 이러한 함수는 매개변수와 데이터 샘플을 입력으로 취한 다음 각 관측치에 대한 예측을 출력한다.

코드 3-7 변수 초기화와 손실 계산하기

```
# 초기값을 랜덤으로 추출한다.
alphaHat0 = tf.random.normal([1], stddev=5.0)
```

```
betaHat0 = tf.random.normal([1], stddev=5.0)
thetaHat0 = tf.random.normal([1], mean=0.05, stddev=0.10)

# 변수를 정의한다.
alphaHat = tf.Variable(alphaHat0, tf.float32)
betaHat = tf.Variable(betaHat0, tf.float32)
thetaHat = tf.Variable(thetaHat0, tf.float32)

# 예측을 계산한다.
def plm(alphaHat, betaHat, thetaHat, xS, zS):
        prediction = alphaHat + betaHat*xS + \
                        tf.exp(thetaHat*zS)
        return prediction
```

이제 데이터를 생성하고 매개변수를 초기화했으며 부분 선형 모델을 정의했다. 다음 단계는 코드 3-8에서 수행하는 손실함수를 정의하는 것이다. 앞의 예제와 마찬가지로 문제에 가장 적합한 어떠한 손실함수도 사용할 수 있다. 이번 경우에는 평균 절대 오차를 사용한다. 또한 이전에 했던 것과 같이 평균 절대 오차를 직접 계산하는 대신 TensorFlow 연산을 사용한다. tf.losses.mae() 연산의 첫 번째 인수는 참값의 배열이고 두 번째는 예측값의 배열이다.

코드 3-8 부분 선형 회귀에 대한 손실함수 정의하기

```
# MAE 손실을 계산하는 함수를 정의한다.
def maeLoss(alphaHat, betaHat, thetaHat, xS, zS, yS):
        yHat = plm(alphaHat, betaHat, thetaHat, xS, zS)
        return tf.losses.mae(yS, yHat)
```

마지막 단계는 최소화를 수행하는 것이며 코드 3-9에서 수행한다. LAD 예제에서와 같이 최적기를 인스턴스화한 다음 최소화 방법을 적용해 수행한다. 최소화 방법을 실행할 때마다 전체 훈련 에폭을 완료한다.

```
# 최적기를 인스턴스화한다.
opt = tf.optimizers.SGD()

# 최적화를 수행한다.
for i in range(1,000):
        opt.minimize(lambda: maeLoss(alphaHat, betaHat,
        thetaHat, X[:, 0], Z[:, 0], Y[:, 0]),
        var_list = [alphaHat, betaHat, thetaHat])
```

최적화 프로세스가 종료된 다음 LAD 예제에서 했던 것과 같이 결과를 평가할 수 있
다. 그림 3-4는 1000 에폭 훈련에 대한 매개변수 값의 추정 내역을 보여준다. alphaHat,
betaHat, thetaHat 모두 약 800 에폭 훈련 후 실제 값으로 수렴된다는 점에 주목하자.
또한 훈련 과정이 계속될 때 참값에서 벗어나는 것처럼 보이지 않는다.

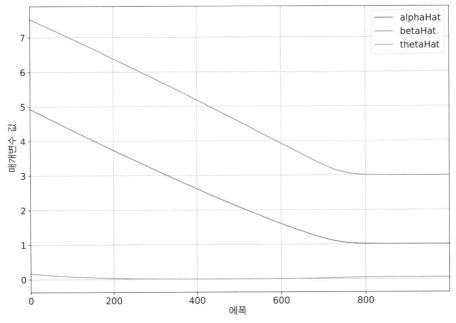

▲ 그림 3-4 1000 에폭 훈련에 대한 매개변수 값 기록

이 외에도 100개 샘플 모두에 대한 추정치를 조사해 결과가 초기화와 데이터에 얼마나 민감한지 확인한다. 각 샘플의 최종 에폭 매개변수 값은 그림 3-5에 히스토그램으로 시각화돼 있다. 그림에서 alphaHat, betaHat 추정치가 각각의 참값을 중심으로 밀집돼 있는 것이 분명하다. thetaHat은 편향되지 않아 보이지만 히스토그램은 theta의 참값을 중심으로 하므로 추정치에 더 많은 분산이 있어 보인다. 이것은 아마도 더 많은 수의 에폭 사용 등으로 훈련 과정을 조정할 수 있다는 것을 시사한다.

LAD 회귀와 부분 선형 회귀를 수행한 것은 TensorFlow가 비선형성을 포함해 임의의 모델을 구성해 훈련할 수 있다는 것을 입증한다. 다음 절에서는 TensorFlow가 이산 종속변수도 처리할 수 있다는 것을 알 수 있다. 그런 다음 결과를 개선하기 위해 훈련 프로세스를 조정할 수 있는 다양한 방법을 논의하면서 3장을 마친다.

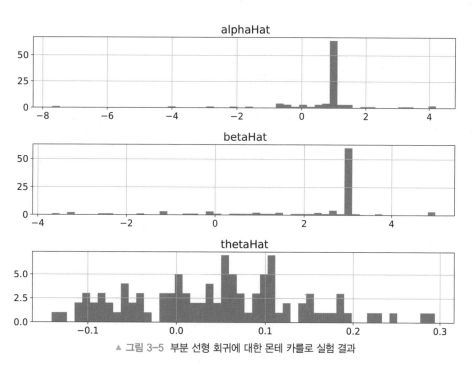

▲ 그림 3-5 부분 선형 회귀에 대한 몬테 카를로 실험 결과

비선형 회귀

앞 절에서 선형과 비선형 구성 요소를 모두 포함한 부분 선형 모델을 살펴봤다. 완전 비선형 모델도 부분 선형 모델과 동일한 작업 흐름을 통해 해결할 수 있다. 먼저 데이터를 생성하거나 로드한 다음 모델과 손실함수를 정의한다. 마지막으로 최적기를 인스턴스화하고 손실함수의 최소화를 수행한다.

앞 예에서와 같이 생성된 데이터를 사용하는 대신 그림 3-6[6]에서와 같이 미국 달러 USD와 영국 파운드 GBP 사이의 환율의 자연 로그를 사용한다.

▲ 그림 3-6 일별 미국 달러-영국 파운드 환율(1970~2020)의 자연 로그. 출처: 연방준비제도이사회

6　원시 데이터는 https://fred.stlouisfed.org/series/DEXUSUK에 있다.

환율은 예측하기 어려우므로 예측 연습에서는 랜덤 워크가 벤치마크 모델로 자주 사용된다. 식 3-13에서 보듯이 랜덤 워크는 다음 기간의 환율을 현재 기간의 환율과 약간의 랜덤 노이즈로 모델링한다.

식 3-13 명목 환율의 랜덤 워크 모델

$$e_t = \alpha + e_{t-1} + \epsilon_t$$

1990년대에 등장한 문헌은 임계 자기 회귀$^{TAR, Threshold\ Auto\ Regressive}$ 모델은 랜덤 워크 모델보다 낫다고 주장한다. 평활화 자기 회귀 모델$^{STAR, Smooth\ Transition\ Autoregressive\ Models}$, 지수 평활화 자기 회귀 모델$^{ESTAR, Exponential\ Smoothed\ Autoregressive\ Models}$ 등 이러한 모델의 여러 변형이 제안됐다.[7] 여기서의 실습은 TensorFlow에서 TAR 모델을 구현하는 데 중점을 두고 실제 환율이 아닌 명목 환율을 사용하기 때문에 문헌과는 조금 다르다. 또한 예측에 초점을 맞춰 통계적 추론 관련 질문에서 다시 추상화할 것이다.

자기 회귀 모델은 시계열의 움직임이 과거 시계열과 노이즈의 과거 값으로 설명된다고 가정한다. 예를 들어 랜덤 워크는 자기 회귀 매개변수가 1인 단일 지연을 포함하므로 1차 자기 회귀 모델이다. 자기 회귀 매개변수는 종속변수의 지연된 값에 대한 계수다.

TAR 모델에서는 매개변수가 미리 정의된 임계값에 따라 달라지는 것을 허용해 자기 회귀를 수정한다. 즉 매개변수는 특정 체제^{regime}에서 고정된 것으로 가정되지만 체제마다 다를 수 있다. 여기서는 식 3-14에 주어진 체제를 사용한다. 2% 이상의 평가절하^{depreciation}가 있는 경우 하나의 자기 회귀 매개변수 값과 관련 있는 하나의 체제에 있는 것이다. 그렇지 않으면 다른 체제에 있다.

식 3-14 두 체제가 있는 임계 자기 회귀(TAR) 모델

$$e_t = \begin{cases} \rho_0 e_{t-1} + \epsilon_t, & \epsilon_{t-1} - \epsilon_{t-2} < -0.02 \\ \rho_1 e_{t-1} + \epsilon_t, & \epsilon_{t-1} - \epsilon_{t-2} \geq -0.02 \end{cases}$$

---

7   STAR와 ESTAR 모델의 개요는 Taylor et al.(2001)에서 볼 수 있다.

TensorFlow 구현의 첫 번째 단계는 데이터를 준비하는 것이다. 그렇게 하기 위해 명목 환율의 로그를 로드하고 지연을 계산하고 지연된 첫 번째 차분을 계산해야 한다. 여기서는 pandas와 numpy에서 데이터를 로드하고 변환한 다음 tf.constant() 객체로 변환한다. 임계 변수의 경우 해당 유형도 불리언에서 32비트 부동 소수점 숫자로 변경해야 한다. 모든 단계는 코드 3-10에 나와 있다.

코드 3-10 미국 달러-영국 파운드 환율의 TAR 모델에 대한 데이터 준비하기

```python
import pandas as pd
import numpy as np
import tensorflow as tf

# 데이터 경로를 정의한다.
data_path = '../data/chapter3/'

# 데이터를 로드한다.
data = pd.read_csv(data_path+'exchange_rate.csv')

# 로그 환율을 numpy 배열로 변환한다.
e = np.array(data["log_USD_GBP"])

# 환율이 2% 이상 감소하는 것을 확인한다.
de = tf.cast(np.diff(e[:-1]) < -0.02, tf.float32)

# 지연된 환율을 상수로 정의한다.
le = tf.constant(e[1:-1], tf.float32)

# 환율을 상수로 정의한다.
e = tf.constant(e[2:], tf.float32)
```

이제 데이터가 준비됐으므로 코드 3-11에서 학습할 수 있는 모델 매개변수 rho0Hat과 rho1Hat을 정의하자.

코드 3-11 미국 달러-영국 파운드 환율의 TAR 모델에 대한 매개변수 정의하기

```
# 변수를 정의한다.
rho0Hat = tf.Variable(0.80, tf.float32)
rho1Hat = tf.Variable(0.80, tf.float32)
```

다음으로 코드 3-12에서 모델과 손실함수를 모두 정의한다. 그런 다음 자기 회귀 계수에 체제에 대한 더미 변수 de를 곱한다. 마지막으로 환율의 지연 le를 곱한다. 편의상 TensorFlow 연산에 평균 절대 손실함수를 사용한다.

코드 3-12 미국 달러-영국 파운드 환율의 TAR 모델 및 손실함수 정의하기

```
# 모델을 정의한다.
def tar(rho0Hat, rho1Hat, le, de):
        # 체제별 예측을 계산한다.
        regime0 = rho0Hat*le
        regime1 = rho1Hat*le
        # 체제 예측을 계산한다.
        prediction = regime0*de + regime1*(1-de)
        return prediction

# 손실을 정의한다.
def maeLoss(rho0Hat, rho1Hat, e, le, de):
        ehat = tar(rho0Hat, rho1Hat, le, de)
        return tf.losses.mae(e, ehat)
```

마지막 단계는 최적화 프로그램을 정의하고 최적화를 수행하는 것이다. 이는 코드 3-13에서 수행한다. 그림 3-7은 훈련 이력을 보여준다. '정상' 체제에서의 자기 회귀 매개변수(전날 급격한 평가절하가 발생하지 않은)는 약 1.0으로 빠르게 수렴한다. 이것은 환율이 평소의 랜덤 워크로 가장 잘 모델링됐다는 것을 시사한다. 하지만 전날 급격한 평가절하가 발생한 사례를 살펴보면 대신 자기 회귀계수가 0.993이라는 것을 알 수 있고 비율은 매우 지속적이지만 영구적으로 낮게 유지되지 않고 평균 방향으로 다시 돌아가는 경향을 보여준다.

```
# 최적기를 정의한다.
opt = tf.optimizers.SGD()

# 최소화를 수행한다.
for i in range(20000):
        opt.minimize(lambda: maeLoss(
        rho0Hat, rho1Hat, e, le, de),
        var_list = [rho0Hat, rho1Hat]
        )
```

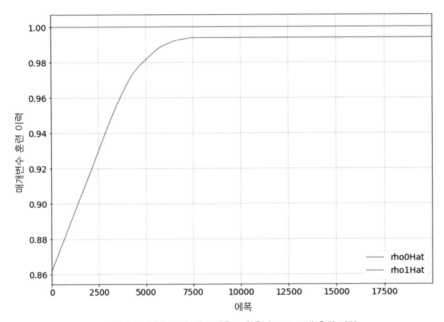

▲ 그림 3-7 미국 달러-영국 파운드 환율의 TAR 모델 훈련 이력

이제 TensorFlow에서 다른 손실함수, 부분 선형 회귀, 비선형 회귀를 사용해 선형 회
귀를 수행하는 방법을 살펴봤다. 다음 절에서는 이산 종속변수가 있는 또 다른 유형의
회귀를 살펴본다.

로지스틱 회귀

머신러닝에서 지도 학습 모델은 일반적으로 종속변수의 이산 또는 연수 여부에 따라 '회귀'와 '분류' 범주로 나뉜다. 앞에서 논의했듯이 여기서는 계량경제학에서의 회귀의 정의를 사용할 것이다. 이러한 정의는 로지스틱 회귀와 같은 분류 모델에도 적용된다.

로지스틱 회귀 또는 '로짓'은 종속변수의 부류를 예측한다. 미시경제학적 설정에서는 로짓을 사용해 두 가지 옵션에 대한 교통 선택을 모델링할 수 있다. 금융 설정에서는 현재 위기에 처했는지 여부를 모델링하는 데 사용될 수 있다.

로지스틱 회귀를 구성하고 훈련하는 과정은 선형, 부분 선형, 비선형 회귀와 동일한 단계를 많이 포함하므로 여기서는 그 차이점에만 집중한다.

첫째, 모델은 특정 함수 형식 즉 식 3-15와 같은 로지스틱 곡선 형태를 취한다.

식 3-15 로지스틱 곡선

$$p(X) = \frac{1}{1 + e^{-(\alpha + \beta_0 X_0 + \ldots + \beta_k X_k)}}$$

모델 출력은 이산이 아닌 연속 확률이다. 확률 범위는 0~1이므로 0.5보다 큰 확률은 종종 결과 1의 예측으로 처리된다. 이러한 함수 형식은 3장에서 전에 다룬 것과 다르지만 TensorFlow에서 동일한 도구와 연산을 모두 사용해 처리할 수 있다. 마지막으로 로지스틱 모델과 3장 전반부에서 정의한 모델의 차이점은 다른 손실함수가 필요하다는 것이다. 특히 식 3-16에 정의된 이진 교차 엔트로피 손실함수를 사용한다.

식 3-16 이진 교차 엔트로피 손실함수

$$\Sigma_i -(Y_i * \log(p(X_i)) + (1 - Y_i) * \log(1 - p(X_i))$$

결과가 불연속이고 예측은 연속이므로 이러한 특정 함수 형식을 사용한다. 이진 교차 엔트로피 손실은 결과 변수의 곱과 각 관측치에 대한 예측 확률의 자연 로그에 대한 합계라는 점에 주목하자. 예를 들어 Y_i의 참 부류가 1이고 모델이 부류 1의 확률을 0.98

로 예측하는 경우 해당 관측 값은 손실에 0.02를 추가한다. 그 대신 예측이 참 분류와 거리가 먼 0.10이라면 손실에 대한 추가는 2.3이 된다.

이진 교차 엔트로피 손실함수 계산은 상대적으로 간단하지만 TensorFlow는 losses. binary_crossentropy() 연산을 제공해 이를 더 단순화한다. 이러한 연산은 첫 번째 인수로 참 레이블을 사용하고 두 번째 인수로 예측 확률을 사용한다.

손실함수

TensorFlow에서 모델을 풀 때마다 손실함수를 정의해야 한다. 최소화 연산은 이러한 함수를 사용해 매개변수 값을 조정하는 방법을 결정한다. 다행스럽게도 항상 사용자 지정 손실함수를 정의할 필요는 없다. 그 대신 TensorFlow에서 제공하는 사전 정의된 손실함수 중 하나를 사용할 수 있다.

현재 TensorFlow에는 tf.losses와 tf.keras.losses의 손실함수를 갖는 두 개의 하위 모듈이 있다. 첫 번째 하위 모듈에는 손실함수의 원래 TensorFlow 구현이 들어 있다. 두 번째 하위 모듈에는 손실함수의 Keras 구현이 들어 있다. Keras는 Python의 독립형 모듈과 TensorFlow의 고급 API로 모두 사용할 수 있는, 딥러닝 수행을 위한 라이브러리다.

TensorFlow 2.3은 tf.losses 하위 모듈에서 15가지 표준 손실함수를 제공한다. 각 손실함수는 tf.loss_function(y_true, y_pred) 형식을 취한다. 즉 종속변수 y_true를 첫 번째 인수로 전달하고 모델의 예측 y_pred를 두 번째 인수로 전달한다. 그런 다음 손실함수 값을 반환한다.

3장 이후에서 TensorFlow의 고급 API로 작업할 때 손실함수를 직접 사용할 것이다. 하지만 저급 TensorFlow 작업을 사용하는 최적화 중심이라는 3장의 목적상 이러한 손실함수는 모델의 학습 가능한 매개변수와 데이터 함수 내에서 랩핑해야 한다. 최적기는 최소화를 수행하는 데 외부 함수를 사용해야 한다.

이산 종속변수

하위 모듈 tf.losses는 회귀 설정에서 이산 종속변수에 대한 두 가지 손실함수 tf.binary_crossentropy(), tf.categorical_crossentropy() 그리고 tf.sparse_categorical_crossentropy()를 제공한다. 앞에서 로지스틱 회귀에 사용되는 이진 교차 엔트로피 함수를 다뤘다. 이것은 경제의 경기침체 여부 관련 지표와 같은 이진 종속변수와 경기침체 가능성과 같은 연속 예측이 있을 때의 손실 척도를 제공한다. 편의상 식 3-17의 이진 교차 엔트로피 공식을 반복한다.

식 3-17 이진 교차 엔트로피 손실함수

$$L(Y, p(X)) = \Sigma_i - (Y_i * \log(p(X_i)) + (1 - Y_i) * \log(1 - p(X_i)))$$

범주형 교차 엔트로피 손실은 단순히 이진 교차 엔트로피 손실을 종속변수에 두 개 이상의 범주가 있는 경우로 확장한 것이다. 일반적으로 이러한 모델은 지하철, 자전거, 자동차, 도보로 통근하기로 결정한 모델과 같은 개별 선택 문제에 사용된다.

머신러닝 내에서 범주형 교차 엔트로피는 세 개 이상의 부류가 있는 분류 문제에 대한 표준 손실함수이며 일반적으로 이미지나 텍스트 분류를 수행하는 신경망에서 사용된다. 범주형 교차 엔트로피 방정식은 식 3-18에 나와 있다. (Y_i == k)는 Y_i가 부류 k이면 1이고 그렇지 않으면 0과 같은 이진 변수라는 점에 주목하자. 또한 $p_k(X_i)$는 모델이 부류 k인 X_i에 할당할 확률이다.

식 3-18 범주형 교차 엔트로피 손실함수

$$L(Y, p(X)) = -\Sigma_i \Sigma_k (Y_i == k) * \log(p_k(X_i))$$

마지막으로 다중 범주에 속한 종속변수 문제는 '다중 레이블' 문제다. 범주형 교차 엔트로피 대신 희소 범주형 교차 엔트로피 손실함수를 사용한다. 일반적인 교차 엔트로피 손실함수는 종속변수가 하나의 부류만 가질 수 있는 것으로 가정한다.

연속 종속변수

연속 종속변수의 경우 가장 일반적인 손실함수는 평균 절대 오차[MAE, Mean Absolute Error]
와 평균 제곱 오차[MSE, Mean Squared Error]다. MAE는 OLS의 LAD와 MSE에서 사용된다.
식 3-19는 MAE 손실함수를 정의하고 식 3-20은 MSE 손실을 정의한다. $\hat{Y}_i$는 관측치
i에 대한 모델의 예측값이라는 것을 기억하자.

식 3-19 평균 절대 오차 손실

$$L\left(Y,\hat{Y}\right)=\frac{1}{n}\sum_i\left|Y_i-\hat{Y}_i\right|$$

식 3-20 평균 제곱 오차 손실

$$L\left(Y,\hat{Y}\right)=\frac{1}{n}\sum_i\left(Y_i-\hat{Y}_i\right)^2$$

tf.losses.mae()와 losses.mse()를 사용해 손실을 계산할 수 있다. 선형 회귀의 일반적
인 다른 손실함수로는 평균 절대 백분율 오차[MAPE, Mean Absolute Percentage Error], 평균 제
곱 로그 오차[MSLE, Mean Squared Logarithmic Error], 후버[Huber] 오차가 있으며 이는 식 3-21,
식 3-22, 식 3-23에 정의돼 있다. 이들 함수는 각각 tf.losses.MAPE(), tf.losses.
MSLE(), tf.losses.Huber()다.

식 3-21 평균 절대 백분율 오차

$$L\left(Y,\hat{Y}\right)=100*\frac{1}{n}\sum_i\left|\left(Y_i-\hat{Y}_i\right)\middle/\hat{Y}_i\right|$$

식 3-22 평균 제곱 로그 오차

$$L\left(Y,\hat{Y}\right)=\frac{1}{n}\sum_i\left(\log(Y_i+1)-\log\left(\hat{Y}_i+1\right)\right)^2$$

식 3-23 후버(Huber) 오차

$$L\left(Y, \hat{Y}\right) = \begin{cases} \dfrac{1}{2}\left(Y_i - \hat{Y}_i\right)^2 & \text{for } \left|Y_i - \hat{Y}_i\right| \leq \delta \\[4mm] \delta\left(\left|Y_i - \hat{Y}_i\right| - \dfrac{1}{2}\delta\right)^2 & \text{그외} \end{cases}$$

그림 3-8은 선택된 손실함수의 비교를 보여준다. 각 손실함수에 대한 손실 값이 오차 값에 대해 도식화된다. MAE 손실은 오차에서 선형적으로 확장된다는 점에 주목하자. 반대로 MSE 손실은 0 근처에서 천천히 증가하지만 0에서 멀어질수록 훨씬 빨리 증가해 이상 값에 상당한 페널티를 적용한다. 마지막으로 후버 손실은 0에 가까운 MSE 손실과 유사하지만 오차의 크기가 증가함에 따라 MAE 손실과 유사해진다.

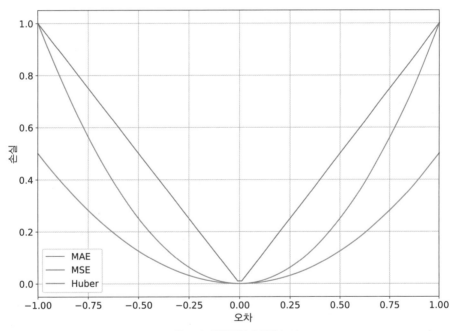

▲ 그림 3-8 일반적인 손실함수 비교

최적화 프로그램

3장에서 고려할 마지막 주제는 TensorFlow에서 최적기를 사용하는 것이다. 이미 선형 회귀 맥락에서 최적기를 적용했을 때 어떻게 작동하는지 살펴봤다. 각각의 경우 간단하고 해석 가능한 확률적 그래디언트 하강 최적기를 사용했지만 이러한 방법은 최근의 머신러닝 작업에서는 일반적으로 덜 사용된다. 이번 절에서는 논의하는 최적화 도구 집합을 확장할 것이다.

확률적 그래디언트 하강법

확률적 그래디언트 하강법은 그래디언트를 사용해 매개변수 값을 갱신하는 최소화 알고리듬이다. 이러한 경우 그래디언트는 각 매개변수에 대한 손실함수의 편도함수의 텐서다.

매개변수 갱신 프로세스는 식 3-24에 나와 있다. 동일한 TensorFlow 작업에서의 호환성을 보장하기 위해 문서에 제공된 정의를 사용한다. θ_t는 반복 t에서의 매개변수 값의 벡터이고 lr은 학습률이며 g_t는 반복 i에서 계산된 기울기다.

식 3-24 TensorFlow에서의 확률적 그래디언트 하강법

$$\theta_t = \theta_{t-1} - lr * g_t$$

SGD가 어떠한 의미에서 '확률적'인지 궁금할 것이다. 확률성은 매개변수를 갱신하는 데 사용되는 샘플링 프로세스에서 발생한다. 이는 전체 샘플이 각 반복에서 사용되는 그래디언트 하강법과는 다르다. 확률적 그래디언트 하강법의 이점은 반복 속도를 높이고 메모리 제약을 완화한다는 것이다.

이제 절편항과 단일 변수($\theta_t = [\alpha_t, \beta_t]$)를 갖는 선형 회귀에서 단일 SGD 단계를 살펴보자. 먼저 반복 0에서 시작해 데이터 배치에 대한 기울기 g_0을 $[-0.25, 0.33]$으로 계산했다고 가정한다. 또한 학습률 lr을 0.01로 설정한다. 이것은 θ_1에 대해 무슨 의미인

가? 식 3-24를 사용해 $\theta_1 = [\alpha_0 + 0.025, \beta_0 - 0.033]$이라는 것을 알 수 있다. 즉 α_0을 0.025로 줄이고 β_0을 0.033으로 증가시킨다.

편도함수가 음일 때는 매개변수 값을 증가시키고 양일 때는 감소시키는 이유는 무엇일까? 편미분은 주어진 매개변수의 변화에 따라 손실함수가 어떻게 변하는지를 알려주기 때문이다. 손실함수가 증가하면 최소값에서 멀어지므로 방향을 바꾸고 싶을 것이다. 하지만 손실함수가 감소하면 최소값으로 이동하고 있으므로 같은 방향으로 계속 진행하고 싶어한다. 또한 손실함수가 증가하거나 감소하지 않는 경우 이는 우리가 최소 수준에 있고 알고리듬이 자연스럽게 종료된다는 뜻이다.

그림 3-9는 절편항에 대한 손실함수의 편도함수를 보여준다. 절편의 참값을 중심으로 좁은 창에 초점을 맞추고 손실함수와 그 미분을 모두 도식화한다. 미분은 처음에는 음수이지만 절편의 참값에서 0으로 증가한다는 것을 알 수 있다. 그런 다음 양수가 돼 증가한다.

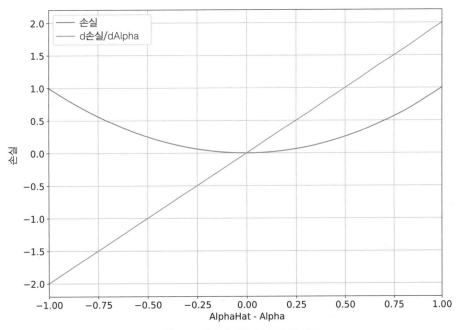

▲ 그림 3-9 절편에 대한 손실함수와 미분

식 3-24로 돌아가 학습률 선택이 매우 중요할 수 있다. 높은 학습률을 선택하면 반복할 때마다 더 큰 단계를 수행할 수 있으므로 최소에 더 빨리 접근할 수 있다. 하지만 더 큰 단계를 취하면 최소 수준을 건너뛰고 완전히 놓칠 수 있다. 학습률을 선택할 때는 이러한 절충안을 고려해야 한다.

마지막으로 우리가 식별하는 '최소'는 지역이므로 글로벌 최소값보다 높을 수 있다. 즉 SGD는 영역의 가장 낮은 지점과 손실함수의 가장 낮은 값을 구분하지 않는다. 결과적으로 항상 동일한 최소값으로 수렴하는지 확인하기 위해 여러 다른 초기 매개변수 값 집합에 대해 알고리듬을 다시 실행하는 것이 바람직하다.

최신 최적화 도구

SGD는 이해하기 쉽지만 머신러닝 응용 프로그램에서는 그 형태 그대로는 거의 사용되지 않는다. 이는 최근의 여러 확장법이 일반적으로 더 많은 유연성과 안정성을 제공하고 벤치마킹 작업에서 더 나은 성능을 발휘하기 때문이다. SGD의 가장 일반적인 확장은 RMSProp^{Root Mean Square Propagation}, 적응 모멘트 추정^{Adam} 및 적응 그래디언트 기법^{Adagrad, Adadelta}이다.

SGD의 최신 확장을 사용하면 몇 가지 이점이 있다. 먼저 가장 오래된 RMSProp부터 시작해 각 매개변수에 별도의 학습률을 적용할 수 있다. 많은 최적화 문제에서 그래디언트의 편도함수 간에 몇 배의 차이가 있을 것이다. 결과적으로 0.001의 학습률을 적용하는 것은 하나의 매개변수에 대해 합리적일 수 있지만 다른 매개변수에는 부적합할 수 있다. RMSProp을 사용하면 이러한 문제점을 해결할 수 있다. 또한 RMSProp은 그래디언트가 미니 배치에 누적되는 '모멘텀^{momentum}'을 사용해 알고리듬이 지역 최소값에서 벗어날 수 있도록 해준다.

Adagrad, Adadelta, Adam은 모두 각 개별 매개변수에 대한 모멘텀과 적응형 갱신 사용에 대한 변형을 제공한다. Adam은 기본 매개변수를 사용하며 많은 최적화 문제에서 잘 작동하는 경향이 있다. Adagrad는 그래디언트 축적과 개별 매개변수에 대한 학습률 조정을 중점으로 한다. 그리고 Adadelta는 누적된 그래디언트가 유지되는 창을 도입해 Adagrad를 수정한다.[8]

모든 경우에 최적화 프로그램의 사용은 익숙한 두 단계 프로세스를 따른다. 먼저 최적화 프로그램을 인스턴스화하고 tf.optimizer 하위 모듈을 사용해 프로세스에서 매개변수 값을 설정한다. 두 번째, 최소화 함수를 반복적으로 적용하고 손실함수를 람다 함수로 전달한다.

두 번째 단계를 여러 번 수행했으므로 코드 3–14의 첫 번째 단계에만 집중해본다. 여기서 SGD, RMSProp, Adagrad, Adadelta 최적기를 인스턴스화했으며 각각의 매개변수 값을 설정하는 방법을 강조했다.

코드 3–14 최적기 인스턴스화하기

```
# 최적화 프로그램을 인스턴스화한다.
sgd = tf.optimizers.SGD(learning_rate = 0.001, momentum = 0.5)
rms = tf.optimizers.RMSprop(learning_rate = 0.001, rho = 0.8, momentum = 0.9)
agrad = tf.optimizers.Adagrad(learning_rate = 0.001, initial_accumulator_value = 0.1)
adelt = tf.optimizers.Adadelta(learning_rate = 0.001, rho = 0.95)
adam = tf.optimizers.Adam(learning_rate = 0.001, beta_1 = 0.9, beta_2 = 0.999)
```

SGD의 경우 학습률과 모멘텀을 설정했다. 지역 최소값이 많을 것으로 걱정된다면 모멘텀을 더 큰 값으로 높일 수 있다. RMSProp의 경우 모멘텀 매개변수를 설정할 뿐만 아니라 그래디언트 관련 정보가 감소하는 속도인 rho도 설정한다. 일정 기간 동안 그래디언트를 유지하는 Adadelta 매개변수도 동일한 감쇠 매개변수 rho를 갖는다. Adagrad의 경우 시간에 따라 그래디언트가 누적되는 강도와 관련 있는 초기 누산기 값을 설정한다. 마지막으로 Adam 최적기의 경우 그래디언트의 평균과 분산 관련 정보 축적 비율의 감쇠를 설정한다. 일반적으로 예제에서는 대규모 최적화 문제에서 잘 수행되는

---

8 최적화 프로그램의 이론적 속성의 자세한 내용은 Goodfellow et al.(2017)를 참조하라.

Adam 최적화 프로그램의 기본 값을 사용했다.

요약

지금까지 이 책에서 전반적으로 사용할 주요 최적기를 소개했다. 모델을 학습할 때 다시 각각 자세히 설명하겠다. SGD의 최신 변형은 수천 개의 매개변수가 있는 대형 모델을 학습할 때 특히 유용하다.

경제학에서 가장 일반적으로 사용되는 경험적 방법은 회귀다. 머신러닝에서 회귀는 연속형 타깃이 있는 지도 학습 모델을 나타낸다. 경제학에서 '회귀'는 더 광범위하게 정의되며 로지스틱 회귀와 같은 이진 또는 범주 종속변수가 있는 경우를 나타낼 수 있다. 이 책의 목적상 여기서는 경제학적 용어를 채택한다.

이 책에서 선형, 부분 선형, 비선형 종류를 포함한 회귀 개념을 소개했다. 예제에서는 TensorFlow에서 이러한 모델을 정의하고 훈련하는 방법을 살펴봤다. 이는 TensorFlow에서 임의의 모델을 해결하는 기초가 될 것이며 3장 이후에서 살펴본다.

마지막으로 훈련 과정의 더 자세한 내용을 설명했다. TensorFlow에서 손실함수를 구성하는 방법과 사용할 수 있는 사전 정의된 손실함수를 알아봤다. 또한 다양한 최적화 루틴으로 최소화를 수행하는 방법도 살펴봤다.

참고문헌

- Chernozhukov, V., D. Chetverikov, M. Demirer, E. Duflo, C. Hansen, W. Newey, and J. Robins, "Double/Debiased Machine Learning for Treatment and Structural Parameters,"(The Econometrics Journal 21 (1), 2017)
- Goodfellow, I., Y. Bengio, and A. Courville, 『Deep Learning』(Cambridge, MA: MIT Press, 2016)

번역서: 『심층학습(제이펍의 인공지능 시리즈 13)』(제이펍, 2018)

- Robinson, P.M., "Root-N-Consistent Semiparametric Regression."(*Econometrica* 56 (4): 931 – 954, 1988)

- Taylor, M.P., D. A. Peel, and L. Sarno, "Nonlinear Mean-Reversion in Real Exchange Rates: Toward a Solution to the Purchasing Power Parity Puzzles." (International Economic Review 42 (4): 1015 – 1042, 2001)

트리

트리 기반 모델은 머신러닝의 예측 작업에 매우 유용한 것으로 입증됐고 최근 경제와 금융 문제에 맞게 적용되고 수정됐다. 트리 기반 모델의 기본 단위는 일련의 데이터 파티션을 사용해 결과를 설명하는 의사결정 트리다. 이러한 모델은 자연스럽게 순서도flowchart로 시각화될 수 있다.

TensorFlow는 딥러닝 문제 해결을 목적으로 개발됐지만 최근 고급 추정기 API에 트리 기반 라이브러리를 추가했다. 4장에서는 이러한 라이브러리를 살펴보고 알래스카 주에 대한 HMDA 데이터에 트리 기반 모델을 적용해 훈련한다.[1]

---

1 HMDA 데이터셋은 소비자금융보호국(CFPB: www.consumerfinance.gov/data-research/hmda/)에서 다운로드할 수 있다. 공개적으로 사용할 수 있으며 많은 모기지 대출기관에서 받은 대출 신청과 그 결정 관련 데이터를 제공한다. 여기서는 2017년 알래스카의 모든 대출 신청을 사용한다.

의사결정 트리

의사결정 트리는 특정 숫자와 범주 임계값이 있는 순서도와 유사하며 일반적으로 Breiman et al.(1984)에서 소개한 알고리듬 제품군을 사용해 구성된다. 이번 절에서는 개념적 수준에서 의사결정 트리를 소개하고 기본 정의와 훈련 프로세스를 집중적으로 살펴본다. 4장 후반부에서는 TensorFlow에서 의사결정 트리를 구현하는 데 중점을 둔다. 경제학에서의 의사결정 트리 사용의 개요는 Athey and Imbens(2016, 2019)를 참조하고 기업 디폴트 예상 관련 사용은 Moscatelli et al.(2020)를 참조하라.

개요

의사결정 트리는 가지와 루트, 내부 노드와 잎 세 가지 유형의 노드로 구성된다. 루트는 첫 번째 샘플 분할이 발생하는 곳이다. 즉 트리에 전체 샘플 데이터를 넣고 루트를 지나면서 분할한다. 각 분할은 가지와 연계되는데 먼저 루트를 내부 노드와 연결하고 잠재적으로 잎 노드와 연결된다. 루트와 마찬가지로 내부 노드에도 샘플을 분할하는 조건이 부과된다. 내부 노드는 추가적인 내부 노드에 연결되거나 가지별로 잎 노드와 연결되며 다시 샘플 분할과 각각 연계된다. 마지막으로 트리는 잎 노드에서 종료되며 범주 관련 예측이나 확률분포를 생성한다. 예제를 수정하기 위해 HMDA 모기지 신청 데이터를 살펴보자.

모기지 신청에서 특징을 가져와 수락할지 거부할지를 예측하는 간단한 분류기를 만들 것이다. 1천 달러 단위의 신청자의 소득, 이러한 한 가지 특징만 있는 트리 모델부터 시작해보자. 여기서의 목표는 모델을 훈련시키고 샘플이 어떻게 분할되는지 확인하는 것이다. 즉 모기지의 규모나 차용자의 신용등급과 같은 다른 조건을 지정하지 않았으므로 수락과 거부 사이의 분할 관련 소득 수준을 알고 싶은 것이다. 그림 4-1은 이러한 차트를 보여준다.

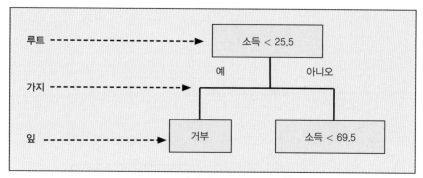

▲ 그림 4-1 HMDA 데이터를 사용하는 단순 의사결정 트리(DT) 모델

4장 후반부에서 설명하겠지만 의사결정 트리의 매개변수 중 하나는 최대 깊이다. 루트와 가장 먼 잎 사이의 가지 수를 세면 나무의 깊이를 측정할 수 있다. 예제의 경우 최대 깊이를 1로 선택했다. 이러한 트리를 '결정 그루터기'라고도 부른다. 이러한 단순 모델은 소득이 25,500달러 미만인 신청자는 거부되는 반면 25,500달러 이상인 신청자는 수락된다. 물론 이러한 모델은 너무 단순해 대부분의 응용에는 유용하지 않다. 하지만 좋은 출발점을 제공한다.

그림 4-2에서는 트리의 최대 깊이를 3으로 늘리고 두 번째 특징인 인구조사 지역 소득 대비 대도시 통계 소득 비율에 100을 곱해 더 확장한다. 그림에서 이러한 특징을 설명하기 위해 '지역 소득^{Area Income}'을 사용했다는 점에 주목하자.

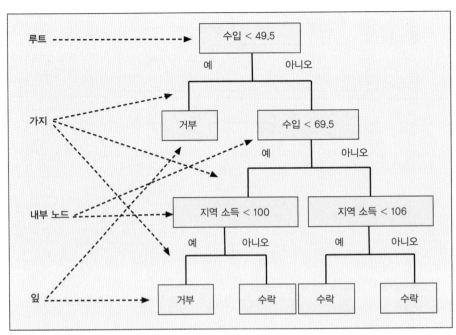

▲ 그림 4-2 두 개의 특징과 깊이 3으로 HMDA 데이터에 대해 학습된 의사결정 트리 모델

루트에서 다시 시작하면 의사결정 트리가 먼저 신청자 소득별로 샘플을 분할하는 것을 볼 수 있다. 저소득 신청자는 거부된다. 그런 다음 나머지 신청자 간에 또 다른 분할을 수행한다. 저소득 가구의 경우 다음 내부 노드는 자신이 거주하는 지역의 소득이 평균 미만인지 확인한다. 그러한 경우 거부되지만 그렇지 않으면 수락된다. 마찬가지로 고소득 가구의 경우 트리는 주거지역의 소득 수준을 확인한다. 하지만 주거지역 수준과 상관 없이 신청이 수락된다.

다이어그램에서 관찰할 가치가 있는 몇 가지 다른 사항이 있다. 첫째, 이제 충분한 깊이가 있으므로 다이어그램에는 '내부 노드'가 있다. 즉 루트나 잎이 아닌 노드다. 둘째, 모든 잎 쌍이 '수락' 또는 '거부' 부류를 모두 포함해야 하는 것은 아니다.

사실 잎의 부류는 잎과 관련 있는 부류의 경험적 분포에 따라 달라진다. 관례적으로 50% 이상의 관측치를 수락하는 잎을 '수락' 잎으로 취급할 수 있다. 또는 잎을 특정 부류와 연결하는 대신 잎에 대한 결과를 분포로 지정할 수 있다.

특징공학

이 책에서 '특징공학'이라는 용어는 자주 사용되지 않는다. TensorFlow는 딥러닝을 위해 설계됐는데 딥러닝은 대부분 특징 추출을 자동으로 수행하기 때문이다. 하지만 의사결정 트리 모델에는 제약 함수 형식이 있으므로 특징공학이 필요하다는 점을 지적해야 한다.

특히 의사결정 트리는 세분화된 샘플 분할을 통해 구성된다. 관계의 함수적 형식이 개별 특징에 대한 임계값으로 포착되지 않으면 트리 기반 모델은 이를 발견하는 데 어려움을 겪는다. 예를 들어 하나의 특징과 종속변수 사이의 선형 관계는 절편과 기울기로 포착할 수 없다. 잠재적으로 수백 개의 임계값으로 구성된 복잡한 단계 함수가 필요하다.

그에 대한 명확한 예는 그림 4-1과 그림 4-2의 HMDA 예에서 신청자 소득을 사용하는 것이다. 어떠한 종류의 모기지를 얻기 위해서는 최소한의 소득이 필요할 수 있지만 작은 모기지의 경우라면 더 낮은 소득이 허용돼야 하는 것은 분명한다. 따라서 실제로 우리가 원하는 것은 대출 결정을 평가하는 데 일반적으로 사용되는 부채 대비 소득 비율이다.

하지만 부채 대비 소득 비율을 계산하지 않고 이를 특징으로 포함시키지 않는다면 의사결정 트리에서는 비율을 통해 취할 수 있었던 일을 달성하기 위해 많은 내부 노드가 필요하다. 이러한 이유로 의사결정 트리는 특징공학 프로세스 정보에 여전히 전문가의 판단에 의존한다.

훈련

이제 의사결정 트리가 재귀적 샘플 분할을 사용한다는 것을 알고 있지만 샘플 분할 자체가 어떻게 선택되는지는 아직 언급하지 않았다. 사실 의사결정 트리 알고리듬은 가장 낮은 지니 불순도^{Gini Impurity} 또는 가장 큰 '정보 이득^{Information Gain}'을 생성하는 변수와 임계값을 순차적으로 선택해 샘플 분할을 수행한다. 지니 불순도는 식 4-1에 나와 있다.

식 4-1 K 부류 종속변수에 대한 지니 불순도

$$G(p) = 1 - \sum_{k \in K} p_k^2$$

지니 불순도는 노드에서의 부류의 경험적 분포를 통해 계산된다. 이러한 값은 분포가 단일 부류에 지배되는 정도를 알려준다. 신청자 소득에 대해 단일 샘플 분할을 수행한 그림 4-1의 모델을 살펴보자. 앞에서 말하진 않았지만 소득이 25,500달러 미만인 신청자 중 수락 확률은 0.656, 거절 확률은 0.344였다. 이것은 0.451이라는 지니 불순도 측정값을 얻는다. 소득이 25,500달러 이상인 경우 거절은 0.075, 수락은 0.925로 지니 불순도는 0.139.2다.[2] 만약 분할이 신청자를 거부와 수락으로 완벽히 나눴다면 각 그룹의 지니 불순도는 0이 될 것이다. 즉 우리는 낮은 지니 불순도를 원하고 알고리듬은 분할 후 각 노드 내에서 이질성을 감소시키는 경향이 있는 분할을 수행해 이러한 목적을 달성한다.

다음으로 분할 품질을 측정하는 일반적인 또 다른 척도인 정보 이득을 살펴보자. 지니 불순도와 유사하게 정보 이득은 샘플을 노드로 분할한 결과 발생하는 혼돈 수준의 변화를 측정한다. 정보 이득을 이해하기 위해서는 먼저 식 4-2에서 정의한 정보 엔트로피 개념을 이해해야 한다.

식 4-2 K 부류 경우의 정보 엔트로피

$$E(p) = -\sum_{k \in K} p_k \log_2 p_k$$

---

2   1-(0.656**2+0.344**2)를 계산해 0.451을 얻고 1-(0.075**2+0.925**2)를 계산해 0.139라는 지니 불순도를 얻는다.

지니 불순도의 예로 돌아가보자. 잎에서 수락이 0.656이고 거절이 0.344인 경험 확률을 갖는다면 정보 엔트로피는 0.929가 된다. 마찬가지로 수락과 거절 확률이 0.075와 0.925인 다른 잎의 경우는 0.384.3이 된다. 여기서 목표는 데이터의 엔트로피를 줄이는 것이므로 '정보 이득' 척도를 사용한다. 정보 이득은 샘플 분할을 수행해 시스템에서 제거된 엔트로피의 양을 측정한다. 식 4-3에서 정보 이득은 부모 노드의 엔트로피와 자식 노드의 가중치 엔트로피 간의 차이로 정의된다.

식 4-3 정보 이득

$$IG = E\left(p_p\right) - \sum_k w_k E\left(p_{ck}\right)$$

가지로 연결된 모든 노드 사이에서 '자식' 노드는 분할에서 발생하는 '부모' 노드의 하위 샘플이다. 식 4-3에서는 이미 두 자식 노드의 엔트로피를 0.929와 0.384로 계산했다.[3]

노드 w_k에 대한 가중치는 전체 샘플에 대한 상대적 지분이다. 첫 번째 잎에는 10% 관측치가 있고 두 번째 잎에는 나머지 90%가 포함돼 있다고 가정해보자. 이러한 경우 자식 노드 엔트로피의 가중치 합은 0.4385가 된다. 정보 이득을 계산하기 전에 먼저 부모 노드의 엔트로피를 계산해야 한다. 설명 편의상 루트 노드에서의 관측치가 거부될 확률은 0.25이고 수락될 확률이 0.75라고 가정해보자. 이러한 경우 부모 노드의 엔트로피는 0.811로 계산된다. 따라서 정보 이득이나 엔트로피 감소는 0.3725(0.811 − 0.4385)다.

TensorFlow는 분할 알고리듬을 유연하게 선택할 수 있다. 하지만 TensorFlow 구현의 세부 사항 논의는 '랜덤 포레스트' 절에서 다룬다. 이는 현재의 TensorFlow는 추가 개념을 도입해야 하는 그래디언트 부스트 랜덤 포레스트만 지원하기 때문이다.

---

3 정보 엔트로피 값을 첫 번째 잎에서 $-(0.656 * \log_2 0.656 + 0.344 * \log_2 0.344)$로 계산하고 두 번째 잎에서는 $-(0.075 * \log_2 0.075 + 0.925 * \log_2 0.925)$로 계산한다.

회귀 트리

앞 절에서 설명한 의사결정 트리는 순서도와 같은 구조를 사용해 범주형 결과로 프로세스를 모델링한다. 하지만 대부분의 경제와 금융 응용 프로그램은 연속 종속변수를 가지므로 의사결정 트리를 사용할 수 없다. 이러한 문제의 경우 그 대신 '회귀 트리'를 사용할 수 있는데 이때 '회귀'는 머신러닝 문맥에서 사용되며 연속 종속변수를 나타낸다.

회귀 트리는 의사결정 트리의 구조와 거의 동일하다. 유일한 차이점은 잎 노드다. 잎을 부류나 부류에 대한 확률분포와 연관시키는 대신 잎의 관측치에 대한 종속변수의 평균값과 연관된다.

여기서는 Athey와 Imbens(2019)에 제공된 회귀 트리 방법을 따르지만 HMDA 데이터셋을 사용한다. 단일 특징 X_i와 연속 종속변수 Y_i가 있다고 가정한다. 특징으로는 신청자의 소득을 1천 달러 단위로 사용한다. 종속변수는 대출 규모를 1천 달러 단위로 사용한다. 제곱오차 합을 손실함수로 사용하면 식 4-4에서와 같이 첫 번째 분할 이전에 루트에서의 손실을 계산할 수 있다.

식 4-4 루트에서의 제곱오차의 초기 합

$$SSE = \sum_i \left(Y_i - \bar{Y} \right)^2$$

즉 샘플을 분할하지 않으므로 모든 관측값이 동일한 잎에 있다. 해당 잎에 대한 예측값은 단순히 $\bar{Y}$로 표시되는 종속변수 값의 평균이다. Athey와 Imbens(2019)의 표기법을 사용해 l은 '왼쪽' 가지, r은 분할의 오른쪽 가지를 나타내고 c는 임계값을 나타낸다. 이제 신청자 소득 변수에 대해 루트에서 분할을 한 번 수행하기로 결정했다고 가정해보자. 제곱오차의 합은 식 4-5를 사용해 계산할 수 있다.

식 4-5 한 번 분할 후의 제곱오차의 합

$$SSE = \sum_{i:X_i \le c} \left(Y_i - \bar{Y}_{l,r} \right)^2 + \sum_{i:X_i > c} \left(Y_i - \bar{Y}_{c,r} \right)^2$$

이제 두 개의 잎이 있다. 즉 각 잎에 대해 하나씩 모두 두 개의 제곱오차 합을 계산해야 한다는 뜻이다. 왼쪽 가지에 연결된 잎에서 시작해 잎의 모든 관측치 평균을 계산한다. 이는 $\bar{Y}_{l,r}$로 표시된다. 그런 다음 잎의 각 관측치와 잎 평균간 차이의 제곱을 합하고 여기에 동일한 방식으로 계산된 오른쪽 잎에 대한 차이 제곱의 합과 더한다.

의사결정 트리와 마찬가지로 추가 분할을 위해 나무의 최대 깊이와 같은 모델 매개변수 선택에 따라 이러한 프로세스를 반복할 수 있다. 하지만 일반적으로 대부분 회귀나 의사결정 트리를 분리해 사용하진 않는다. 그보다 다음 절에서 설명할 랜덤 포레스트의 문맥에서 사용한다. 하지만 단일 트리를 독립적으로 사용하면 몇 가지 이점이 있다. 한 가지 분명한 이점은 트리 해석 가능성이다. 신용 모델링과 같은 일부의 경우 해석 가능성이 법적 요건이 될 수 있다.

Athey와 Imbens(2019)가 설명한 회귀 트리 사용의 또 다른 이점은 우수한 통계적 속성이다. 트리의 출력은 평균이며 이에 대한 신뢰 구간을 계산하는 것은 비교적 간단하다. 하지만 그들은 평균이 반드시 편향되지 않은 것은 아니지만 Athey와 Imbens(2016)의 절차를 사용해 표본 분할로 편향을 교정할 수 있다고 설명한다.

랜덤 포레스트

개별 의사결정과 회귀 트리를 사용하면 몇 가지 이점이 있지만 대부분의 머신러닝 응용 프로그램에서는 일반적이지 않다. 주로 Breiman(2001)에 소개된 랜덤 포레스트의 예측 효능과 관련 있기 때문이다. 이름에서 알 수 있듯이 랜덤 포레스트는 하나가 아닌 다수의 트리로 구성된다.

Athey와 Imbens(2019)는 랜덤 포레스트와 의사결정 트리의 두 가지 차이점을 지적한다. 첫째, 회귀 트리와 달리 랜덤 포레스트의 개별 트리는 샘플의 일부만 사용한다. 즉 각 개별 트리에 대해 고정된 수의 관측치를 복원을 동반한 무작위 추출에 의해 표본이 부트스트랩된다. 이러한 프로세스를 '배깅bagging'이라고 부른다. 두 번째는 분할을 위해 각 단계에서 임의의 특징 집합이 선택된다는 것이다. 이러한 점은 모델의 모든 특징을 최적화하는 회귀 트리와 다르다.

일반적으로 머신러닝 분야에서 랜덤 포레스트가 고급의 예측 정확도를 갖는다는 것을 알게 됐다. 랜덤 포레스트는 문헌, 머신러닝 대회, 산업 응용 프로그램에서 잘 수행된다. Athey와 Imbens(2019)는 랜덤 포레스트가 계산된 평균에 부드러움을 추가함으로써 회귀 트리보다 개선됐다고 지적한다.

랜덤 포레스트는 대부분 예측에만 사용되지만 최근 연구는 가설 검정과 통계적 추론을 수행하는 데 사용하는 방법을 보여줬다. 예를 들어 Wager와 Athey(2017)는 잎-수준 평균(모델 예측)이 점근적으로 정규이고 편향되지 않은 조건을 보여줬고 모델 예측을 위해 신뢰 구간을 구성하는 방법도 보여줬다.

그림 4-3은 랜덤 포레스트 모델을 사용한 예측 프로세스다. 첫 번째 단계에서는 특징 집합이 개별적인 각각의 결정 또는 회귀 트리에 전달된다. 그런 다음 트리 자체 구조에 따라 달라지는 일련의 임계값이 적용된다. 특징 선택과 관측치 선택 모두에서 훈련 과정에 무작위성이 있으므로 트리는 동일한 구조를 갖지 않는다.

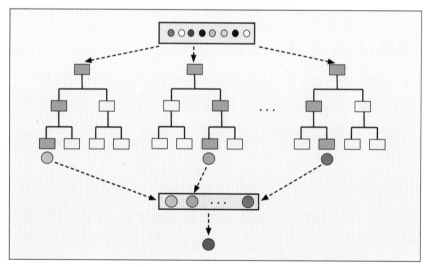

▲ 그림 4-3 랜덤 포레스트 모델에서의 예측 생성

랜덤 포레스트의 각 트리는 예측을 생성한다. 그런 다음 일부 함수를 사용해 예측이 집계된다. 분류 트리에서는 포레스트의 분류를 결정하기 위해 각 트리의 예측에 대해 다수결을 사용하는 것이 일반적이다. 회귀 트리에서는 일반적으로 트리의 예측을 평균해 집계한다.

마지막으로 랜덤 포레스트의 트리는 동시에 훈련되고 집계 목적으로만 사용되는 개별 트리의 가중치는 훈련 프로세스에서 갱신되지 않는다. 다음 절에서는 몇 가지 방법으로 랜덤 포레스트를 수정하는데 가장 중요한 것은 TensorFlow에서 구현하는 그래디언트 부스트 트리를 살펴보는 것이다.

그래디언트 부스트 트리

TensorFlow는 회귀 트리, 의사결정 트리 또는 랜덤 포레스트를 위한 고급 API를 제공하지 않지만 그래디언트 부스트 트리를 훈련하기 위한 기능을 제공한다. 그래디언트 부스트 트리와 랜덤 포레스트는 다음과 같은 두 가지 차이점이 있다.

1. **강한 학습자 대 약한 학습자**: 랜덤 포레스트는 중간 노드가 많을 수 있는 완전 성장 트리를 사용하는 반면 그래디언트 부스팅은 중간 노드가 거의 없는 얕은 트리인 '약한 학습자'를 사용한다. 경우에 따라 그래디언트 부스팅은 단순히 루트와 단일 분할이 있는 '결정 그루터기'를 사용한다.

2. **순차 대 병렬 훈련**: 랜덤 포레스트에서 각 트리는 병렬로 훈련되며 트리에 대한 가중치 체제는 훈련 프로세스에 종속되지 않는다. 그래디언트 부스팅에서 각 트리는 순서대로 훈련되며 이전에 훈련된 트리가 주어지면 모델의 결함을 설명할 수 있다.

그래디언트 부스팅 프로세스는 트리 기반 모델에 익숙하지 않은 경제학자에게도 친숙한 기술을 사용한다. 이러한 모델이 어떻게 구성되는지 명확히 하기 위해 손실함수로 최소 제곱을 사용하는 예제를 단계별로 살펴보자. 먼저 i번 반복한 다음 모델의 타깃값

Y에 대한 예측을 산출하는 함수 $G_i(X)$를 정의하는 것으로 시작하자. 이와 관련해 i번째 반복에서 $G_i(X)$를 개선하고 $G_{i+1}(X)$에 대한 기여자로 도입할 트리 기반 모델 $T_i(X)$를 정의할 것이다. 함수 간의 관계는 식 4-6에 요약돼 있다.

식 4-6 트리와 그래디언트 부스팅의 예측 기능 관계

$$G_{i+1}(X) = G_i(X) + T_i(X)$$

$G_{i+1}(X)$는 특징에서 예측을 산출하는 모델이므로 식 4-7과 같이 목표 변수 Y와 예측 오차 또는 잔차 ϵ의 항으로 작성할 수 있다.

식 4-7 모델 잔차를 정의한다.

$$Y = G_i(X) + T_i(X) + \epsilon$$
$$\rightarrow \epsilon = Y - G_i(X) - T_i(X)$$

$Y - G_i(X)$는 i번째 반복에서는 고정된다는 점에 주목하자. 따라서 트리 모델 $T_i(X)$의 매개변수를 조정하면 잔차 ϵ에 영향을 미친다. 제곱오차의 합 $\epsilon'\epsilon$를 최소화하는 식으로 $T_i(X)$를 훈련시킬 수 있다. 또는 다른 손실함수를 사용할 수도 있다. $T_i(X)$가 훈련되면 예측 함수 $G_{i+1}(X)$를 갱신한 다음 다른 반복에서 프로세스를 반복해 다른 트리를 추가할 수 있다.

각 단계에서 이전 반복의 잔차를 목표로 사용한다. 예를 들어 첫 번째 트리가 연속 타깃값 문제에서 긍정으로 편향된 경우 두 번째 트리는 첫 번째 트리와 결합될 때 모델 편향을 감소시키는 음 편향으로 개발될 가능성이 크다.

분류 트리

TensorFlow에서 그래디언트 부스트 결정 트리를 구현하는 예를 살펴보자. 여기서는 HMDA 데이터를 사용한다. 의사결정 트리를 사용하기 때문에 이산 종속변수가 필요하며 결과값은 수락 또는 거부 중 하나가 될 수 있다.

코드 4-1에서는 pandas와 tensorflow를 임포트해 프로세스를 시작한다. 그런 다음 pandas를 사용해 HMDA 데이터를 로드하고 pandas DataFrame hmda에 할당한다. 다음으로 feature_column.numeric_column() 연산을 사용해 특징 열이라는 데이터를 보관할 컨테이너를 정의한다. 포함될 변수와 일치하도록 이름을 applicationIncome과 areaIncome으로 지정한다. 그런 다음 두 특징 열을 feature_list라는 단일 리스트로 결합한다.

코드 4-1 그래디언트 부스트 분류 트리에서 사용할 데이터 준비하기

```
import pandas as pd
import tensorflow as tf

# 데이터 경로를 정의한다.
data_path = '../chapter4/hmda.csv'

# Pandas를 사용해 hmda 데이터를 로드한다.
hmda = pd.read_csv(data_path+"hmda.csv")

# 신청자 소득 특징 열을 정의한다.
applicantIncome = tf.feature_column.numeric_ column("applicantIncome")

# 신청자 msa 상대 소득을 정의한다.
areaIncome = tf.feature_column.numeric_column("areaIncome")

# 특징을 리스트로 결합한다.
feature_list = [applicantIncome, areaIncome]
```

코드 4-2에 제시된 다음 단계는 훈련 데이터의 입력 함수를 정의하는 것이다. 이러한 함수는 특징과 레이블을 반환하고 나중에 train 연산에 전달된다. 일반적으로 훈련과 평가 프로세스에 대해 별도의 함수를 정의하고 싶지만 이러한 예제의 목적상 가능하면 간단히 유지한다.

이러한 함수의 최소 버전으로 정의했으므로 인수는 사용하지 않는다. 개인소득과 해당 지역의 중간소득에 대한 변수를 사용하는 features라는 딕셔너리를 구성한다. 그런

다음 hmda 데이터셋에서 허용된 것을 사용해 레이블을 정의한다.

이제 모델을 정의하고 훈련시킬 수 있다. 코드 4-3으로 수행한다. 여기서는 먼저 고급 추정기 API에서 BoostedTreesClassifier를 사용해 모델을 정의한다. 최소한 특징 열 리스트인 feature_columns와 샘플이 분할된 배치 수 n_batches_per_layer를 제공해야 한다. 데이터셋이 단일 배치로 처리할 수 있을 만큼 충분히 작으므로 두 번째 매개변수를 1로 설정한다.

코드 4-2 입력 데이터 함수를 생성하는 함수 정의하기

```
# 입력 데이터 함수를 정의한다.
def input_fn():
        # 특징 사전을 정의한다.
        features = {"applicantIncome": hmda['income'],
        "areaIncome": hmda['area_income']}

        # 레이블을 정의한다.
        labels = hmda['accepted'].copy()

        # 특징과 레이블을 반환한다.
        return features, labels

# 부스트 트리 분류기를 정의한다.
model = tf.estimator.BoostedTreesClassifier(
        feature_columns = feature_list,
        n_batches_per_layer = 1)

# 100 에폭을 사용해 모델을 훈련시킨다.
model.train(input_fn, steps=100)
```

마지막으로 모델을 훈련시키기 위해 앞에서 정의한 입력 함수와 함께 train 연산을 사용한다. 편의상 훈련 에폭 수를 결정하는 steps 매개변수만 100으로 설정한다. 훈련 과정이 완료되면 입력 함수와 단계 수를 인수로 해 evaluate 연산을 적용할 수 있다. 앞에서 정의한 것과 동일한 입력 함수를 사용하므로 내표본에서 평가된다. 일반적으

로 이러한 방식은 권장되는 방법은 아니지만 최소한의 예제를 제공하기 위해 수행한다. 평가를 수행하고 결과를 출력하는 프로그램이 코드 4-4에 나와 있다.

코드 4-4 부스트된 트리 분류기 평가하기

```
# 샘플에서 모델을 평가한다.
result = model.evaluate(input_fn, steps = 1)

# 결과를 출력한다.
print(pd.Series(result))

accuracy                 0.635245
accuracy_baseline        0.598804
auc                      0.665705
auc_precision_recall     0.750070
average_loss             0.632722
label/mean               0.598804
loss                     0.632722
precision                0.628028
prediction/mean          0.598917
recall                   0.958663
global_step            100.000000
dtype: float64
```

콘솔 출력에서 손실, 정확한 예측 비율(정확도) 및 곡선 아래 영역[AUC, Area Under the Curve]을 포함한 다양한 성능 측정을 볼 수 있다. 여기서는 이러한 측정 항목을 자세히 다루지 않지만 evaluate 연산에 의해 자동으로 생성된다는 점을 알아둬야 한다.

회귀 트리

연속 종속변수의 경우 분류 트리가 아닌 그래디언트 부스트 회귀 트리를 사용해야 한다. 대부분의 코드는 동일하지만 몇 가지 변경 사항이 있다. 예제를 수정하기 위해 이제 신청 결과가 아니라 1천 달러 단위로 대출 금액을 예측하고 싶은데 여전히 동일한 두 특징을 사용하고 싶다고 가정해보자. 이렇게 하기 위해서는 분류기가 아닌 데이터 입력 함수를 수정하고 `BoostedTreesRegressor`를 정의하기만 하면 된다. 두 단계 모두 코드 4-5에 나와 있다.

코드 4-5 부스트 트리 회귀자 정의 및 훈련하기

```
# 입력 데이터 함수를 정의한다.
def input_fn():
        features = {"applicantIncome": data['income'],
        "msaIncome": data['area_income']}
        targets = data['loan_amount'].copy()
        return features, targets


# 모델을 정의한다.
model = tf.estimator.BoostedTreesRegressor(
        feature_columns = feature_list,
        n_batches_per_layer = 1)
```

다른 모든 단계가 동일하므로 evaluation 연산 결과의 출력으로 건너뛴다. 이는 코드 4-6에 나와 있다.

코드 4-6 부스트 트리 회귀자 평가하기

```
# 내표본에서 모델을 평가한다.
result = model.evaluate(input_fn, steps = 1)

# 결과를 출력한다.
print(pd.Series(result))


average_loss        8217.281250
label/mean           277.759064
loss                8217.281250
prediction/mean      277.463928
global_step          100.000000
dtype: float64
```

이제 코드 4-6에 다른 척도 집합이 있다는 점에 유의하자. 이는 범주형 레이블이 아닌 연속 타깃이기 때문이다. 정확도와 AUC와 같은 척도는 이러한 맥락에서 더 이상 의미가 없다.

모델 튜닝

마지막으로 모델 튜닝을 살펴보면서 4장을 마무리한다. 모델 튜닝은 모델 매개변수를 조정해 훈련 결과를 개선하는 과정이다. 여기서는 그래디언트 부스트 분류와 회귀 트리에 공통적인 다섯 가지 모델 매개변수에 초점을 맞춘다.

1. **트리 개수**: n_trees 매개변수로 지정하며 훈련 프로세스에서 생성될 개별 트리 개수를 결정한다. 기본 값은 100이지만 모형이 데이터를 과소 적합하는 경우 증가하거나 과적합하는 경우에 감소할 수 있다.

2. **트리 최대 깊이**: max_depth 매개변수로 설정하며 기본 값은 6이다. 트리 최대 깊이는 루트와 가장 먼 잎 노드 사이의 가지 수를 측정한다. 일반적으로 그래디언트 부스트 트리는 랜덤 포레스트 또는 개별 결정 트리보다 낮은 값을 사용한다. 과적합이 문제가 되면 트리 최대 깊이를 줄일 수 있다.

3. **학습률**: 그래디언트 부스트 트리는 최소 제곱 손실함수를 사용해 훈련할 수 있으므로 확률적 그래디언트 하강법이나 그러한 변형 중 하나를 사용해 최적화를 수행할 수 있다. 결과적으로 학습률을 설정해야 하며 기본 값은 0.1이다. 수렴이 어려운 응용에서는 learning_rate 매개변수를 낮추고 에폭 수를 늘릴 수 있다.

4. **규제화**: 과적합이 우려된다면 트리에 규제화를 적용해 트리가 깊고 노드가 많을 때 페널티를 줄 수 있다. l1_regularization 매개변수를 설정하면 노드에 적용된 가중치의 절대값에 페널티가 적용되는 반면 l2_ regularization은 제곱 가중치에 페널티를 준다. 또한 tree_complexity 매개변수를 사용해 잎의 개수에 페널티를 줄 수도 있다.

5. **가지치기 모드**^{Pruning mode}: 기본적으로 트리는 TensorFlow의 그래디언트 부스팅 알고리듬에 의해 가지치기되지 않는다. 가지치기를 적용하기 위해서는 `tree_complexity` 매개변수에 양수 값을 설정한 다음 `pruning_mode`를 pre 또는 post로 설정해야 한다. 가지치기 임계값에 도달하면 트리의 성장이 종료되므로 사전 가지치기가 더 빠르다. 사후 가지치기는 먼저 트리를 성장시킨 다음 정리해야 하므로 더 느리지만 그렇지 않으면 식별할 수 없는 추가적인 유용한 관계를 알고리듬이 발견할 수 있다.

일반적으로 가지치기를 적용할 때의 주요 관심사는 과적합을 완화하는 것이다. 샘플에서 데이터를 잘 예측하는 모델을 훈련시키고 싶지만 샘플을 외우게 해선 안 된다. 이번 절에서 정의한 다섯 개의 매개변수 값을 조정하면 이러한 목표를 달성하는 데 도움이 된다.

요약

4장에서는 트리 기반 모델 개념을 소개했다. 분류 목적으로 사용되는 결정 트리와 연속 타깃값을 예측하는 데 사용되는 회귀 트리가 있다는 것을 확인했다. 일반적으로 트리는 대부분 개별적으로 분리돼 사용되지 않고 랜덤 포레스트에서 결합되거나 그래디언트 부스팅을 사용한다. 랜덤 포레스트는 병렬로 훈련된 '완전히 자란' 트리를 사용하고 개별 트리 출력을 평균해 예측하거나 과반수 투표를 적용한다. 그래디언트 부스트 트리는 이전 반복의 모델 잔차를 최소화해 순차적으로 훈련된다. 이러한 프로세스는 최소 제곱 손실함수를 사용할 수 있으며 확률적 그래디언트 하강법이나 일부 변형을 사용해 훈련할 수 있다.

TensorFlow는 딥러닝을 중심으로 구성됐으므로 원래의 결정이나 분류 트리를 포함한 다른 유형의 머신러닝 모델을 훈련하는 데 부적합했다. 이러한 상황은 고급 추정기 API와 TensorFlow 2가 도입되면서 변경됐다. 이제 TensorFlow는 그래디언트 부스트 트리를 학습하고 평가하기 위한 강력한 양산 품질의 연산을 제공한다. 이외에도 과적합 및 과소 적합을 방지하기 위해 모델을 조정할 수 있는 다양하고 유용한 매개변수를 제공한다. 일반적으로 학습, 평가, 튜닝 단계를 반복해 이를 수행한다.

참고문헌

- Athey, S., and G. W. and Imbens, "Recursive Partitioning for Heterogeneous Causal Effects."(*Proceedings of the National Academy of Sciences* 27 (113): 7353 – 7360, 2016)

- Athey, S., and G. W. Imbens, "Machine Learning Methods Economists Should Know About."(*arXiv*, 2019)

- Breiman, L., "Random forests."(*Machine Learning* 45 (1): 5 – 32, 2001)

- Breiman, L., J. Friedman, C. J Stone, and R. A. Olshen, "Classification and Regression Trees."(CRC Press, 1984)

- Moscatelli, M., F. Parlapiano, S. Narizzano, and G. Viggiano, "Corporate Default Forecasting with Machine Learning."(*Expert Systems with Applications* 161, 2020)

- Wager, S., and S. Athey, "Estimation and Inference of Heterogeneous Treatment Effects Using Random Forests."(*Journal of the American Statistical Association* 1228 – 1242, 2017)

이미지 분류

이미지 분류는 한때 도메인 전문지식을 갖추고 해당 문제에 맞는 특화 모델을 사용해야 하는 작업이었다. 이러한 점은 컴퓨터 비전의 예측 작업을 위한 범용 모델링 기법으로서 딥러닝이 등장하면서 많이 바뀌었다. 머신러닝 문헌과 이미지 분류 대회는 이제 도메인 전문지식이 필요하지 않은 딥러닝 모델이 지배하고 있다. 이러한 모델은 특징을 자동으로 식별하고 추출해 특징공학이 필요가 없기 때문이다.

최근 학계의 경제학자가 머신러닝 방법을 받아들이기 시작했지만 이미지 분류에 광범위하게 사용되는 딥러닝 부분의 이용은 뒤처졌다. 이미지 데이터와 관련 있는 경제학의 대부분의 기존 작업은 전처리된 야간 광도 값을 사용한다.

이러한 데이터는 경제 변수의 대체값[1], 지리적으로 다양한 수준에서의 생산 성장 측정[2], 인프라 투자의 영향 평가[3] 등에 사용할 수 있다. 이러한 문헌 관련 개요는 Donaldson과 Storeygard(2016), Gibson et al.(2020)을 참조하라.

---

[1] Chen과 Nordhaus(2011), Nordhaus와 Chen(2015), Addison과 Stewart(2015) 참조

[2] Henderson et al.(2012), Bluhm과 Krause(2018), Bickenbach et al.(2016), Goldblatt et al.(2019) 참조

[3] Mitnik et al.(2018) 참조

이미지 데이터셋은 경제와 금융 연구에서 여전히 잘 사용되지 않고 있다. 하지만 최근 주목할 만한 몇 가지 응용 프로그램이 있다. Naik et al.(2017)은 컴퓨터 비전 기술을 사용해 이웃의 시각적 모양 변화를 측정한다. 그런 다음 미래의 외관 개선과 관련 있는 이웃 특성을 찾아내 도시경제학 이론을 테스트한다. Borgshulte et al.(2019)은 딥러닝을 사용해 스트레스 이벤트가 CEO의 외모 연령에 미치는 영향을 측정한다. 그들은 대불황으로 인한 스트레스가 CEO의 외모 연령이 약 1년 증가하는 것과 관련 있다는 것을 입증했다.

학문적 연구를 넘어 컴퓨터 비전 응용(특히 딥러닝)은 산업 환경에서 보편화됐다. 또한 이미지 데이터셋의 확산과 기성 모델의 품질 향상으로 학계와 민간산업 모두에서 사용이 증가할 가능성이 있다. 5장에서는 이미지 데이터 관련 광범위한 개요를 제공하고 경제와 금융 분야에서의 잠재적 사용을 알아본다. 여기서는 이미지를 분류하고 TensorFlow, Keras, Estimator를 포함한 고급 API에서 이미지를 구현하는 데 특화된 심층 신경망 개발에 초점을 맞춘다. 또한 사전 훈련된 모델을 사용하고 성능 향상을 위해 세부 튜닝하는 방법도 설명한다.

이미지 데이터

방법과 모델을 논의하기 전에 이미지가 무엇인지부터 정의해보자. 우리가 사용하는 이미지는 픽셀 강도 값을 갖는 k-텐서다. 예를 들어 크기가 600×400인 회색조 이미지는 600개의 행과 400개의 열이 있는 행렬이다. 행렬의 각 요소는 0~255 사이의 정수 값으로 값은 픽셀의 강도에 해당한다. 0 값은 검은 색에 해당하고 255 값은 흰색에 해당한다. 컬러 이미지를 나타낼 수 있는 몇 가지 텐서 표현 방법이 있지만 이 책에서는 그중 가장 일반적인 것 하나만 사용하는데 바로 3-텐서다. 이러한 이미지는 빨강, 초록, 파랑RGB, Red, Green, and Blue 세 가지 색상 채널에 대해 동일한 차원의 행렬을 가지므로 3-텐서다. 각 행렬은 그림 5-1과 같이 각 색상의 픽셀 강도 값을 갖고 있다.

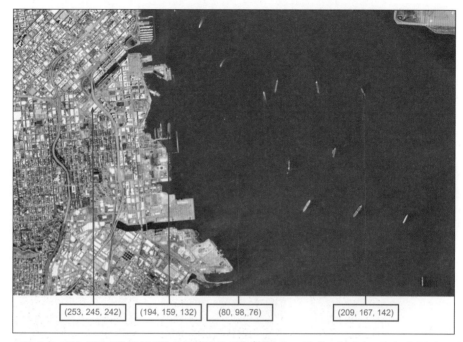

(253, 245, 242) (194, 159, 132) (80, 98, 76) (209, 167, 142)

▲ 그림 5-1 RGB 이미지의 각 픽셀은 3-텐서의 요소에 해당한다. 그림에는 네 가지 요소가 레이블돼 있다.
출처: www. kaggle.com/rhammell/ships-in-satellite-imagery/data

5장에서는 Kaggle [4]에서 다운로드할 수 있는 '선박 위성사진^{Ships in Satellite Imagery}' 데이터셋의 이미지를 사용한다. 여기에는 더 큰 이미지로부터 추출한 $80 \times 80 \times 3$ 픽셀 컬러 이미지가 있다. 하위 이미지에 선박이 있는 경우에는 1, 그렇지 않은 경우에는 0으로 표시된다. 비 선박 이미지에는 건물, 초목, 물을 포함해 다양한 지형이 있다. 그림 5-2는 이러한 데이터셋에서 선택한 무작위 이미지를 보여준다.

경제와 금융 응용 분야에서 선박의 위성 이미지를 사용하는 방법은 여러 가지다. 5장에서는 선박의 위성 이미지를 사용해 분류기를 만든다. 이러한 분류기는 관심 위치에서 선박 교통량을 계산하는 데 사용할 수 있다. 나날이 위성 데이터의 가용성이 증가

---

4 데이터셋은 Kaggle(www.kaggle.com/rhammell/ships-in-satellite-imagery/data)에서 다운로드할 수 있다. 여기에는
레이블이 있는 메타데이터가 포함된 JSON 파일과 선박과 비 선박 이미지가 포함된 폴더가 있다.

함에 따라 공식 통계보다 더 잦은 빈도로 무역 흐름을 추정하는 데 사용될 수 있다.

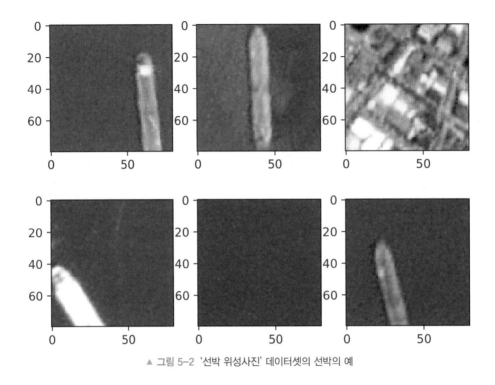

▲ 그림 5-2 '선박 위성사진' 데이터셋의 선박의 예

먼저 코드 5-1로 데이터를 로드하고 준비하는 것부터 시작하자. 첫 단계는 관련 모듈을 가져오는 것이다. 여기에는 이미지를 로드하고 조작하는 데 사용할 matplotlib.image as mpimg, 이미지를 텐서로 변환하는 numpy as np, 운영 체제를 사용해 다양한 작업을 수행하는 데 사용할 os도 포함된다. 그런 다음 다운로드한 이미지가 있는 디렉터리에 listdir()을 적용해 파일 이름 리스트를 생성한다.

이제 각 파일의 경로를 구성할 수 있으므로 이미지를 로드하고 numpy 배열로 변환해 두 개의 리스트에 저장하라. 하나는 선박 이미지용이고 또 하나는 선박을 포함하지 않는 이미지용이다. 리스트 컴프리헨션을 사용해 각 이미지의 경로를 구성하고 각 파일 이름의 첫 번째 문자를 사용해 해당 이미지에 배가 있는지 여부를 식별해 수행한다.

0__20150718_184300_090b__122.35324421973536_37.772113980272394.g 파일에는 배가 포함돼 있지 않지만 1__20180708_180908_0f47__118.15328750044623_33.735783554733885.png에는 포함돼 있다.

코드 5-1 TensorFlow에서 사용할 이미지 데이터 준비하기

```
import matplotlib.image as mpimg
import numpy as np
import os

# 이미지 디렉터리를 설정한다.
data_path = '../data/chapter5/shipsnet/'

# 파일 리스트를 생성한다.
images = os.listdir(image_path)

# 선박 이미지 리스트를 만든다.
ships = [np.array(mpimg.imread(image_path+image))
for image in images if image[0] == '1']

# 선박이 없는 이미지 리스트를 만든다.
noShips = [np.array(mpimg.imread(image_path+image))
for image in images if image[0] == '0']
```

이제 데이터를 리스트에 로드했으니 코드 5-2를 살펴보자. 먼저 matplotlib.pyplot을 plt로 가져와 이미지를 그리는 데 사용할 수 있다. 그런 다음 선박에 있는 항목 중 형태 하나를 출력한다. 그 결과 튜플(80, 80, 3)을 반환하는데 이는 이미지가 3-텐서 픽셀이라는 것을 의미한다. 텐서에서 좌표를 선택해 임의의 픽셀을 출력할 수도 있다. 마지막으로 그림 5-3에 표시된 이미지를 렌더링하기 위해 imshow() 함수를 사용한다.

코드 5-2 이미지 데이터 탐색하기

```
import matplotlib.pyplot as plt

# 선박 리스트 항목을 출력한다.
```

```
print(np.shape(ships[0]))
```

```
(80, 80, 3)
```

```
# [0,0] 위치의 픽셀 강도를 출력한다.
print(ships[0][0, 0])
```

```
[0.47058824 0.47058824 0.43137255]
```

```
# 배의 이미지를 보여준다.
plt.imshow(ships[0])
```

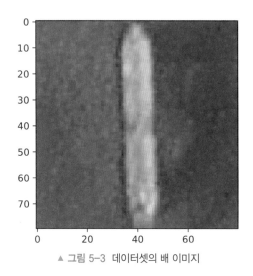

▲ 그림 5-3 데이터셋의 배 이미지

특정 픽셀에 대한 색상 채널을 출력할 때의 값은 0~255 사이의 정수가 아니다. 오히려 0~1 사이의 실수였다. 이는 텐서의 모든 요소를 255로 나눠 정규화했기 때문이다. 일반적으로 이미지 처리 작업을 하기 위해 설계된 신경망 모델에 대한 입력으로 이미지를 사용하기 전에 이러한 작업을 수행해야 한다. 일반적으로 [0, 1] 또는 [−1, 1] 범위의 입력이 필요하기 때문이다.

신경망

이미지 분류 모델을 구성하고 훈련할 목적으로 설계된 TensorFlow의 고급 API를 소개하기 전에 먼저 신경망을 살펴본다. 5장에서 고려하는 모든 모델이 신경망의 일부 변형이 될 것이기 때문이다. 그림 5-4는 입력 계층, 은닉 계층, 출력 계층을 갖는 신경망을 보여준다.[5] 입력 계층에는 여덟 개의 '노드' 또는 입력 특징이 포함된다. 이러한 노드는 다이어그램 선으로 표시돼 있는 가중치로 곱해진다. 곱셈 단계가 적용된 다음 출력 결과는 비선형 '활성화 함수'를 사용해 변환된다. 이것은 입력과 출력 계층과 같이 관찰되지 않으므로 은닉 계층hidden layer이라는 '노드'의 다음 계층을 생성한다. 입력 계층과 마찬가지로 은닉 계층에 가중치를 곱한 다음 활성화 함수를 적용해 출력 계층을 생성한다.

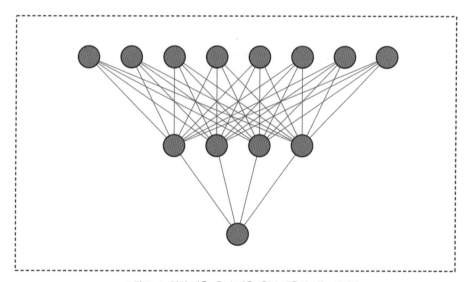

▲ 그림 5-4 입력 계층, 은닉 계층, 출력 계층이 있는 신경망

---

5 그림은 LeNail(2019)로 생성되고 내가 수정했다. https://doi.org/10.21105/joss.00747를 참조하라.

출력 계층은 예측이라는 점에 주목하자. 이진 분류 문제(예: 선박 또는 선박 없음)에서 출력은 이미지에 선박이 포함돼 있을 확률로 해석할 수 있으므로 0~1 사이의 실수가 된다. 연속 목표값을 갖는 문제의 출력 계층은 예측을 실수로 생성한다.

신경망과 달리 선형 회귀 모델은 활성화 기능을 적용하거나 은닉된 계층이 없다. 비교를 위해 친숙한 선형 회귀 모델의 다이어그램을 그림 5-5에 나타냈다. 선형 회귀의 입력 계층과 출력 계층은 신경망과 다르지 않다.

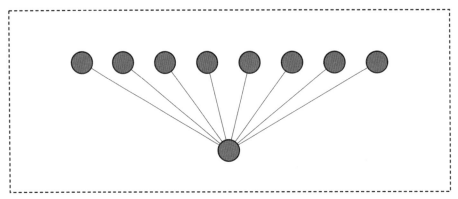

▲ 그림 5-5 선형 회귀 모델

신경망과 선형 회귀 도면의 또 다른 유사점은 연속된 두 계층의 모든 노드 사이에 선분이 연결돼 있다는 것이다. 선형 회귀에서 계층은 두 개뿐이고 입력 계층에 가중치(계수)를 곱하면 출력 계층(적합 값)이 생성된다는 것을 알고 있다. 신경망에서는 '밀집dense' 또는 '완전 연결' 계층을 사용할 때마다 유사한 작업을 수행한다. 즉 가중치 행렬에 노드 관련 값을 곱한다.

예시를 위해 그림 5-4에 표시된 경우를 살펴보자. 먼저 주어진 특징 집합에 대한 예측을 계산하는 프로세스인 '순방향 전파' 단계부터 수행해보자. 입력 계층에서 시작해 첫 번째 연산은 특징 X_0에 가중치 w_0을 곱한다. 그런 다음 활성화 함수 $f()$를 적용해 노드의 다음 계층인 X_1을 생성한다. 다시 한 번 다음 가중치 집합 w_1을 곱하고 다른 활성화 함수를 적용해 출력 Y를 산출한다. 이러한 방식이 식 5-1에 나와 있다.

$$X_1 = f(X_0 w_0)$$

$$Y = f(X_1 w_1)$$

함수를 중첩하면 식 5-2와 같이 이러한 식을 한 줄로 쓸 수 있다.

식 5-2 순방향 전파의 간결 식

$$Y = f\big(f(X_0 w_0)w_1\big)$$

이때 X_0, w_0, X_1는 어떠한 모양이어야 할까? N개 관측치가 있다면 8개 특징이 있으므로 X_0의 모양은 $N \times 8$이 된다. 즉 행렬 곱셈을 수행하기 위해서는 w_0의 행 수가 X_0의 열 수와 같아야 하므로 w_0에는 8개 행이 있어야 한다는 의미가 된다. 또한 X_0과 w_0의 곱 모양은 X_0의 행 수(N)와 열 수(w_0)와 같다. 다음 계층에 네 개의 노드가 있다는 것을 알고 있으므로 w_0은 8×4여야 한다. 마찬가지로 X_1은 $N \times 4$이고 Y는 $N \times 1$이므로 w_1은 4×1이어야 한다.

밀집 계층은 신경망에 사용되는 계층 유형 중 하나일 뿐이라는 점에 유의하자. 예를 들어 이미지 분류 모델로 작업할 때는 종종 컨볼루션convolution 계층과 같은 특수 계층을 사용한다. 5장 후반부에서 TensorFlow에서 이러한 망을 구현할 때까지 논의를 미루자.

Keras

TensorFlow 2는 고급 API를 더 긴밀히 통합한다. 이제 Keras는 TensorFlow의 하위 모듈이지만 전에는 TensorFlow를 백엔드로 선택적으로 사용할 수 있는 독립형 모듈이었다. 이번 절에서는 TensorFlow의 Keras 하위 모듈을 사용해 신경망을 정의하고 훈련하는 방법을 설명한다.

Keras에서 모델을 정의할 때마다 '순차적' API 또는 '함수적' API 중 하나를 사용해 수행할 수 있다. 순차적 API는 구문이 단순하지만 유연성이 제한된다. 함수적 API는 매우 유연하지만 구문이 더 복잡하다. 먼저 순차적 API를 사용해 그림 5-4의 신경망을 정의하는 것부터 시작해보자.

순차적 API

그림 5-4의 신경망은 입력 계층, 은닉 계층, 출력 계층으로 구성된다. 또한 계층 i의 각 노드를 계층 $i+1$의 각 노드에 연결하는 선분으로 표시한 것과 같이 밀집 계층을 사용해 구성됐다. Keras API의 첫 번째 데모로서 코드 5-3에서 이러한 간단한 신경망을 구성한다.

먼저 tensorflow를 tf로 임포트하는 것부터 시작한다. 그런 다음 tf.keras.Sequential() 을 사용해 Keras에서 순차 모델을 정의한다. 순차 모델을 정의하고 나면 add() 메서드를 사용해 계층을 추가할 수 있다. 먼저 tf.keras.Input()를 사용해 8개의 특징 열이 있는 입력 계층을 추가한다. 그런 다음 은닉 계층을 정의해 그림 5-4에 표시된 것과 같이 네 개의 출력 노드를 갖도록 지정한다. 또한 tf.keras.layers.Dense()를 사용해 밀집 계층을 구성하고 입력과 가중치의 곱에 비선형 변환을 적용하는 활성화 함수를 지정해야 한다. 이러한 경우 sigmoid 변환을 사용했다.

마지막으로 add() 메서드를 다시 사용해 단일 출력 노드가 있고 sigmoid 활성화 함수를 사용하는 또 다른 밀집 계층을 모델에 추가한다. 이러한 활성화 함수를 선택한 결과로 모델 출력은 0~1 사이의 예측 확률이 된다. 이산 목표값이 아닌 연속 목표값이었다면 선형 활성화 함수를 대신 사용해 선형 예측을 할 수도 있다.

코드 5-3 Keras로 간단한 신경망 구현하기

```
import tensorflow as tf

# 순차 모델을 정의한다.
```

```python
model = tf.keras.Sequential()

모델 = tf.keras.Sequential ()

# 입력 계층을 추가한다.
model.add(tf.keras.Input(shape=(8,)))

# 은닉 계층을 정의한다.
model.add(tf.keras.layers.Dense(4, activation="sigmoid"))

# 출력 계층을 정의한다.
model.add(tf.keras.layers.Dense(1, activation="sigmoid"))
```

선박이 분류와 같이 더 의미 있는 문제를 고려하고 싶다고 가정해보자. 어느 곳을 수정하면 될까? 최소한 모양이 다르므로 입력 계층을 변경해야 한다. 데이터셋의 이미지는 $80 \times 80 \times 3$ 픽셀이다. 밀집 계층만 있는 네트워크에 대한 입력으로 사용하기 위해서는 이미지 모양을 변경해야 한다. 19,200 픽셀(즉 $80 \times 80 \times 3$)이 있으므로 입력 계층에 19,200개의 노드가 있어야 한다.

코드 5-1에서 이미지를 로드해 numpy 배열로 변환하고 ships와 noShips의 두 리스트에 저장했다. 코드 5-4에서는 리스트 컴프리헨션을 사용해 $80 \times 80 \times 3$ 텐서를 19,200개 요소 벡터로 재구성할 것이다. 또한 labels라는 해당 종속변수를 만들고 1차원화한 특징을 numpy 배열에 쌓을 것이다.

네트워크를 훈련시키기 위해서는 아직 두 단계가 남아 있다. 첫 번째는 데이터를 랜덤으로 섞은 다음 훈련과 테스트 샘플로 분할하는 것이다. 섞으면 확률적 경사 하강법을 사용해 학습하는 데 어려움을 줄 수 있는, 한군데에 많이 뭉친 선박 또는 선박 없음의 덩어리 그룹이 없을 것이 보장된다. 또한 테스트 샘플을 분리하는 것은 모델 학습에 사용된 것과 동일한 관측치로 모델 적합도를 평가하지 않도록 하는 데 사용되는 기계 학습의 표준적인 관행이다. 이를 통해 과적합이 발생하는 것을 식별할 수 있다.

코드 5-4 밀집 계층이 있는 신경망에서 사용하기 위한 이미지 모양 변경하기

```python
import numpy as np

# 선박 이미지 리스트를 재구성한다.
ships = [ship.reshape(19,200,) for ship in ships]

# 선박이 없는 이미지 리스트를 재구성한다.
noShips = [noShip.reshape(19,200,) for noShip in noShips]

# 클래스 레이블을 정의한다.
labels = np.vstack([np.ones((len(ships), 1)), np.zeros((len(noShips), 1))])

# 1차원으로 펼친 이미지를 numpy 배열에 쌓는다.
features = np.vstack([ships, noShips])
```

코드 5-5에서 sklearn의 model_selection 서브 모듈을 사용해 첫 번째 단계를 처리한다. 해당 모듈에서 train_test_split을 사용해 레이블, 특징, 테스트 샘플에 있어야 하는 관측치의 공유, 재현성을 보장하기 위한 랜덤 시드를 지정할 수 있다. 기본 설정에서 매개변수 shuffle은 True로 설정돼 있으므로 조정할 필요가 없다.

샘플이 섞이고 분할되면 마지막 단계는 네트워크를 수정해 입력 계층에서 19,200개의 노드를 허용하도록 만드는 것이다. 코드 5-6은 수정된 네트워크 아키텍처를 보여준다. 이는 현재 고려 중인 문제에는 이상적이지 않지만 신경망을 구성하고 훈련하고 평가하는 방법을 이해하는 데 도움이 된다는 점에 주목하자.

코드 5-5 데이터를 훈련하고 테스트 샘플로 섞고 분할하기

```python
from sklearn.model_selection import train_test_split

# 섞기 및 분할 샘플
X_train, X_test, y_train, y_test = \
        train_test_split(features, labels,
        test_size = 0.20, random_state=0
)
```

학습 프로세스를 시작하기 전에 모델의 개략적인 요약을 얻고 싶을 수 있다. 코드 5-7에 표시된 것과 같이 summary() 메서드를 사용해 개략적인 요약을 얻는 것을 수행할 수 있다. 출력에서 알 수 있듯이 모델에는 76,809개의 매개변수가 있다. 이는 이미 모델이 과적합될 것이라는 우려를 주지만 머신러닝은 이러한 문제를 처리하는 많은 전략을 제공한다는 것을 알게 될 것이다.

또한 대부분의 매개변수가 은닉 계층에 있는 것을 볼 수 있다. 은닉 계층은 19,200개의 입력 노드에 가중치가 곱해지는 곳이다. 즉 $N \times 19,200$ 행렬 입력을 $N \times 4$ 행렬로 변환할 수 있는 가중치 행렬이 필요하다. 결과적으로 76,800개의 매개변수인 $19,200 \times 4$ 모양을 가져야 한다. 나머지 네 개의 매개변수를 '편향'이라고 부르는데 이는 회귀의 상수항과 동일하다. 은닉 계층의 각 노드마다 하나의 편향이 있다. 마찬가지로 출력 계층의 경우 $N \times 4$ 행렬을 $N \times 1$ 행렬로 변환해야 한다. 이러한 행렬에는 가중치의 4×1 행렬과 하나의 편향항이 필요하므로 총 다섯 개의 추가 매개변수가 필요하다.

요약 출력에서 알 수 있는 또 다른 점은 매개변수가 '학습 가능한 매개변수'와 '학습할 수 없는 매개변수' 두 가지 범주로 나뉜다는 것이다. Keras에는 매개변수를 고정[freeze]시켜 훈련되지 못하게 만드는 옵션을 제공하기 때문이다. 여기서는 그러한 기능을 사용하지 않지만 나중에 다시 살펴본다.

코드 5-6 입력 모양에 맞게 신경망 수정하기

```
import tensorflow as tf

# 순차 모델을 정의한다.
model = tf.keras.Sequential()

# 입력 계층을 추가한다.
model.add(tf.keras.Input(shape=(19,200,)))

# 은닉 계층을 정의한다.
model.add(tf.keras.layers.Dense(4, activation="sigmoid"))
```

```
# 출력 계층을 정의한다.
model.add(tf.keras.layers.Dense(1, activation="sigmoid"))
```

코드 5-7 Keras에서의 모델 요약 출력하기

```
print(model.summary())
```

Layer (type)	Output Shape	Param #
===		
dense (Dense)	(None, 4)	76804
dense_1 (Dense)	(None, 1)	5
===		
Total params: 76,809		
Trainable params: 76,809		
Non-trainable params: 0		

이제 Keras에서 모델을 정의하고 아키텍처를 해석하는 방법을 살펴봤다. 다음 단계는 학습 도중 계산할 손실함수, 최적화 도구와 척도를 지정해 모델을 '컴파일compile'하는 것이다. 코드 5-8에서 이러한 작업을 수행하고 binary_crossentropy 손실, adam 최적기, accuracy 척도(예: 올바른 예측 비율)를 선택한다.

이제 모델에 fit() 메서드를 적용하면 훈련 프로세스를 시작한다. epoch 수와 batch_size를 지정해야 한다. epoch 수는 훈련 프로세스가 전체 샘플을 반복해야 하는 횟수에 해당하지만 batch_size 매개변수는 루프의 각 증분에 사용되는 관측치 수를 결정한다.

코드 5-8 Keras에서의 모델 컴파일 및 훈련시키기

```
# 모델을 컴파일한다.
model.compile(loss='binary_crossentropy', optimizer='adam', metrics=['accuracy'])

# 모델을 훈련시킨다.
model.fit(X_train, y_train, epochs=100, batch_size=32, validation_split = 0.20)
```

선택적 매개변수인 validation_split도 0.20으로 설정한다는 점에 주목하자. 이렇게 하면 추가적으로 샘플의 20%가 분리돼 모델 학습에 사용되지 않는다. 훈련 과정에서 훈련과 검증 샘플 모두에서 모델의 척도 성능을 비교한다. 만약 둘이 벌어진다면 모델이 과적합돼 학습 프로세스를 종료하거나 모델의 매개변수를 튜닝해야 할 수도 있다는 것을 나타낸다.

각 에폭에서 모델은 훈련 및 검증 샘플 모두에서 손실값과 예측의 정확성을 출력한다. 정확도 척도에 의하면 모델은 학습과 검증 샘플 모두에서 관측치의 75%를 정확히 예측해 매우 잘 수행되는 것으로 보인다. 모델을 전혀 튜닝하지 않았기 때문에 검증 샘플의 정확도가 훈련과 모델 매개변수의 선택에 따라 부풀려지는 것은 걱정할 필요가 없다. 따라서 테스트 샘플을 평가하는 것은 꼭 필요한 것은 아니지만 설명을 위해 코드 5-9에서 수행해보자.

코드 5-9 테스트 샘플에서의 모델 평가하기

```
# 모델을 평가한다.
model.evaluate(X_test, y_test)

loss: 0.5890 accuracy: 0.7262
```

정확도가 약간 낮지만 과적합을 염려할 정도는 아니다. 마지막으로 확인할 성능 측정이 하나 있는데 바로 혼동 행렬이다. 혼동 행렬은 0을 1로 잘못 분류하는지, 1을 0으로 잘못 분류하는지를 나타내 정확도를 향상시킨다. 코드 5-10은 혼동 행렬을 계산하기 위한 코드다.

먼저 sklearn.metrics에서 confusion_matrix를 임포트한다. 그런 다음 모델을 사용해 테스트 샘플 레이블에 대한 예측을 수행한다. 예측은 확률이지만 0.5의 임계값을 사용해 이미지에 선박이 포함돼 있다고 모델이 예측했다는 것을 나타낸다. 그런 다음 실제 레이블 y_test와 예측 y_pred를 confusion_ matrix()에 전달한다. 결과 행렬에는 행에는 참값, 열에는 예측이 있다. 예를 들어 행 0, 열 1 요소는 참값은 0이었지만 1로 분류된 관측치 수를 나타낸다.

혼동 행렬은 모든 예측이 0이라는 것을 나타낸다. 즉 선박이 아니라 예측했다. 따라서 학습, 검증, 테스트 샘플에서 성능이 좋았는데도 불구하고 모델은 데이터에서 패턴을 학습하려고 시도하는 대신 관측치의 75%가 0이라는 것을 알아차린 다음 모두에 대해 0을 예측했다.

코드 5-10 혼동 행렬 평가하기

```python
from sklearn.metrics import confusion_matrix

# 예측을 생성한다.
y_pred = model.predict(X_test)>0.5

# 혼동 행렬을 출력한다.
print(confusion_matrix(y_test, y_pred))

array([[581, 0],
       [219, 0]])
```

안타깝게도 이는 신경망을 훈련할 때 일반적으로 흔히 직면하는 문제다. 신경망 훈련 샘플은 종종 균형이 맞지 않는다. 75% 분류 정확도를 얻는 것이 어렵기 때문에 모델은 의미 있는 추상화를 배우는 대신 가장 일반적인 클래스를 예측하는 것으로 빠르게 수렴된다. 이러한 문제를 피할 두 가지 방법이 있다. 첫째는 noShips에서 관측치를 랜덤으로 제거해 표본 균형을 맞추는 것이고 둘째는 ships 클래스 인스턴스의 기여도를 높이는 손실함수에 가중치를 적용하는 것이다. 여기서는 코드 5-11에 구현된 두 번째 접근 방식을 채택한다.

먼저 ships와 noShips 클래스의 가중치를 계산하는 것으로 시작한다. 이를 위해서는 각 클래스에 대한 곱셈 상수를 설정해 클래스 가중치와 관측치 수의 곱이 모든 클래스에 대해 동일하게 만들어야 한다. 예제에 1,000개의 선박과 3,000개의 비 선박 이미지가 있다. 선박 이미지는 1로 코딩되고 비 선박 이미지는 0으로 코딩된다. y_train의 평균을 계산하면 표본에서 1의 비율인 0.25가 된다.

noShips, cw_0의 가중치로 0.25를 설정해 손실에 대한 기여도를 축소한다. 그런 다음 선박의 무게인 cw_1을 $1.0 - cw_0$ 또는 0.75로 설정할 수 있다. $0.25 \times 3,000 = 0.75 \times 1,000 = 750$이므로 선택한 체제가 유효하다. 마지막으로 클래스(0 또는 1)를 키로 사용하고 가중치를 값으로 사용하는 딕셔너리 class_weights를 정의한다. 그런 다음 이를 fit()의 class_weight 매개변수에 전달한다.

코드 5-11 클래스 가중치로 모델 훈련시키기

```
# 클래스 가중치를 계산한다.
cw0 = np.mean(y_train)
cw1 = 1.0 cw0
class_weights = {0: cw0, 1: cw1}

# 클래스 가중치를 사용해 모델을 훈련시킨다.
model.fit(X_train, y_train, epochs=100,
        class_weight = class_weights,
        batch_size=32,
        validation_split = 0.20)
```

이번에는 훈련, 검증 및 테스트 샘플에서 모델 예측 정확도가 0.87 이상으로 향상됐다. 이는 모델이 단순히 가장 일반적인 부류를 예측할 가능성을 배제하기에 충분히 높다. 하지만 이러한 문제를 해결하기 위해 가중치 방법이 얼마나 잘 작동하는지를 알아보기 위해 혼동 행렬을 다시 확인해보자.

혼동 행렬은 코드 5-12에 나와 있다. 대각선 요소는 올바른 예측을 보여준다. 대각선에서 벗어난 요소는 잘못된 예측을 보여준다. 모델이 0(비 선박)을 더 이상 과도하게 예측하지 않는 것으로 보인다. 오히려 대부분의 분류 오류는 현재 비 선박으로 잘못 분류된 선박에 대한 것이다.

이제 밀집 신경망을 사용해 이미지 분류를 수행하는 방법을 살펴봤고 훈련과 평가 프로세스에서 직면할 일반적인 많은 문제를 해결해봤다. 다음 절에서는 모델 성능을 더 향상시키기 위해 다른 계층을 적용하고 훈련 프로세스에 다른 수정을 가하는 방법을 알아본다.

코드 5-12 혼동 행렬에 대한 클래스 가중치의 영향 평가하기

```
# 예측을 생성한다.
y_pred = model.predict(X_test)>0.5

# 혼동 행렬을 출력한다.
print(confusion_matrix(y_test, y_pred))

[[487  94]
 [  5 214]]
```

함수적 API

Keras의 순차 API는 모델 구축을 단순화하지만 함수적 API는 유연성은 있지만 복잡성이 약간 증가한다. 함수적 API가 어떻게 작동하는지 보기 위해 코드 5-6의 모델을 재정의하되 함수적 API를 사용하는 것으로 시작하자. 코드는 5-13에 나와 있다.

먼저 tf.keras.Input() 메서드와 모양을 지정하고 입력 계층을 정의한다. 그런 다음 tf.keras.layers.Dense()를 사용해 밀집 계층을 정의한다. 입력 계층을 그 뒤 밀집 계층의 인수로 전달한 것에 주목하자. 마찬가지로 밀집 계층을 다시 사용하고 이전 계층을 인수로 다시 전달해 출력 계층을 정의한다. 마지막 단계는 입력 계층과 출력 계층을 지정해 모델을 정의하는 것이다.

이제 순차 API를 사용해 지정한 모델과 다르지 않은 모델을 얻었다. 이 모델을 컴파일하고 요약해본 다음 똑같은 방법으로 훈련시킬 수 있다. 얼핏 생각하기에 함수적 API의 사용상 이점이 분명해 보이지 않을 수 있다. 여기서는 함수적 API로 단순히 순차적

API가 한 일을 그대로 재현했을 뿐이며 오히려 더 많은 코드 라인을 사용했기 때문이다. 함수적 API가 언제 유용한지를 확인하기 위해서는 모델에는 포함하고 싶지만 이미지 네트워크 자체에서는 분리하고 싶은 추가 입력 집합이 있는 경우를 생각해보라.

코드 5-13 함수적 API를 사용한 Keras에서의 모델 정의하기

```
import tensorflow as tf

# 입력 계층을 정의한다.
inputs = tf.keras.Input(shape=(19,200,))

# 밀집 계층을 정의한다.
dense = tf.keras.layers.Dense(4, activation="sigmoid")(inputs)

# 출력 계층을 정의한다.
outputs = tf.keras.layers.Dense(1, activation="sigmoid")(dense)

# 입력과 출력을 사용해 모델을 정의한다.
model = tf.keras.Model(inputs=inputs, outputs=outputs)
```

선박 탐지 예에서는 경도와 위도와 같은 선박의 위치에 메타데이터를 사용할 수 있었다. 모델이 특정 위치에서 선박을 관찰할 가능성을 학습할 수 있다면 이를 이미지에서 추출한 특징과 결합해 클래스 확률을 할당할 수 있다.

순차 API로는 이러한 작업을 수행할 수 없다. 계층을 서로 위에 쌓을 수만 있기 때문이다. 반면 여기서의 목표는 출력 노드 위 또는 어딘가에 결합된 두 개의 병렬 네트워크를 만드는 것이다. 코드 5-14는 함수적 API로 이를 수행하는 방법을 보여준다. 이미지 입력과 메타데이터 입력의 20가지 특징이 있다고 가정하고 두 개의 분리된 입력 계층인 img_inputs와 meta_inputs를 정의한다. 그런 다음 이러한 입력을 별도의 네트워크로 분리한다. 그러지 않으면 모델이 19,200 픽셀 값과 혼합된 20개의 특징을 사용할 것인지 최선의 방법을 판단하기 어려울 것이다. 여기서는 img_dense와 meta_density라는 별도의 밀집 계층에 전달해 수행한다. 다시 말하지만 계층간 연결을 명시적으로 정

의해야 하므로 순차 API로는 불가능하다는 점에 유의하자.

코드 5-14 함수적 API를 사용한 Keras에서의 다중 입력 모델 정의하기

```
import tensorflow as tf

# 입력 계층을 정의한다.
img_inputs = tf.keras.Input(shape=(19,200,))
meta_inputs = tf.keras.Input(shape=(20,))

# 밀집 계층을 정의한다.
img_dense = tf.keras.layers.Dense(4, activation="sigmoid")(img_inputs)
meta_dense = tf.keras.layers.Dense(4, activation="sigmoid")(meta_inputs)

# 계층을 연결한다.
merged = tf.keras.layers.Concatenate(axis=1)([ img_dense, meta_dense])

# 출력 계층을 정의한다.
outputs = tf.keras.layers.Dense(1, activation="sigmoid")(merged)

# 입력과 출력을 사용해 모델을 정의한다.
model = tf.keras.Model(inputs= [img_inputs, meta_inputs], outputs=outputs)
```

그런 다음 tf.keras.layers.Concatenate() 연산을 사용해 두 개의 밀집 계층의 출력을 병합한다. 이렇게 하면 처음에 분리된 네트워크를 단일 네트워크로 재결합해 이미지에서 네 개의 특징을 가져오고 메타데이터에서 네 개의 특징을 가져온다. 그런 다음 출력 계층으로 전달돼 전체 모델을 정의할 수 있는데 이제 두 개의 입력 계층 리스트가 필요하다. 다중 입력 모델을 정의하는 것 외에도 함수 API를 사용하면 다중 출력 모델을 정의할 수 있다.

예를 들어 메타데이터를 입력으로 사용하는 대신 모델을 학습해 이를 출력에서 예측할 수 있다. 이미지 입력과 함께 모델을 사용해 부류 레이블(선박 또는 비 선박)과 GPS 좌표 둘 다 예측할 수 있다. 경제학에서 다중 입력 모델을 사용하는 예는 Grodecka와 Hull(2019)을 참조하라.

추정기

4장에서는 추정기 API를 언급했다. TensorFlow도 추정기 API를 사용해 신경망을 학습하고 예측할 수 있다. 일반적으로 양산 환경에서 작업하고 고급의 유연성보다 안정성이 필요하고 오류 가능성을 최소화하기 위한 경우라면 Keras보다 추정기 API를 사용하는 것을 고려해볼 수 있다.

추정기 API를 사용하면 적은 수의 매개변수를 사용하는 신경망 구조를 완전히 지정할수 있다. 심층 신경망 분류기의 예를 살펴보자. 먼저 이미지를 포함할 특징 열을 정의하고 이를 코드 5-15의 features_list로 저장한다. 그런 다음 학습 과정에서 사용할 특징과 레이블을 반환하는 입력 함수를 정의한다. 그런 다음 tf.estimator. DNNClassifier()의 인스턴스를 정의해 특징 열과 은닉 유닛 수 리스트를 입력으로 지정한다. 설명 편의상 256, 128, 64, 32 노드가 있는 네 개의 은닉 계층을 사용하는 아키텍처를 선택한다.

여기서는 의도적으로 DNNClassifier를 위한 필수 매개변수 값만 설정했다는 점에 유의하라. 다른 모든 경우에는 기본 값을 사용했다. 이러한 예제는 단 네 개의 은닉 계층으로 DNNClassifier를 정의하고 훈련하는 것이 간단하다는 것을 보여주기 위한 것이다. 또한 코드 5-16의 구문을 사용해 모델을 평가할 수 있다.

코드 5-15 추정기를 사용한 심층 신경망 분류기 정의하기

```
# 이미지에 대한 숫자 특징 열을 정의한다.
features_list =
        [tf.feature_column.numeric_column("image",
        shape=(19,200,))]

# 입력 특징을 정의한다.
def input_fn():
        features = {"image": X_train}
        return features, y_train

# 심층 신경망 분류기를 정의한다.
```

```
model = tf.estimator.DNNClassifier(
feature_columns=features_list,
hidden_units=[256, 128, 64, 32])

# 모델을 훈련시킨다.
model.train(input_fn, steps=20)
```

코드 5-16 추정기를 사용한 심층 신경망 분류기 평가하기

```
# 내표본에서 모델을 평가한다.
result = model.evaluate(input_fn, steps = 1)
```

마지막으로 여기에 나열한 것 외에도 DNNClassifier에는 모델의 아키텍처나 학습 프로 세스를 수정하기 위해 조정할 수 있는 다른 매개변수가 있다. 아래에 여섯 가지를 설명했다.

1. **부류 수**: 기본적으로 부류 수는 2로 설정된다. 하지만 다중 부류 문제의 경우 n_classes 매개변수를 다른 값으로 설정할 수 있다.

2. **가중치 열**: 앞에서 고려한 예와 같이 샘플의 균형이 맞지 않는 경우 손실함수 에서 부류에 적절한 가중치가 적용되도록 가중치 열을 지정해야 한다. DNNClassifier는 weight_column 매개변수를 통해 이를 받는다.

3. **최적기**: 기본적으로 DNNClassifier는 Adagrad 최적기를 사용한다. 다른 최적 기를 사용하려는 경우 optimizer 매개변수를 사용해 지정할 수 있다.

4. **활성화 함수**: DNNClassifier는 모든 계층에 동일한 활성화 함수를 적용한다. 기 본적으로 ReLU^Rectified Linear Unit 활성화를 사용한다. 하지만 activation_fn 매 개변수를 사용하면 tf.nn.sigmoid 같은 대안을 제공할 수 있다.

5. **드롭아웃**^Dropout: 매개변수가 많은 모델에서는 드롭아웃을 사용해 과적합을 방지할 수 있다. dropout 매개변수를 통해 0~1 사이의 숫자를 설정한다. 이 러한 값은 훈련 과정에서 모델의 주어진 노드가 무시될 확률이다. 일반적인 선택 범위는 0.10~0.50이다. 기본 설정에서는 드롭아웃이 적용되지 않는다.

6. **배치 정규화:** 많은 응용에서 배치 정규화는 교육 시간을 단축시켜 준다. 이러
한 방식은 각 미니-배치 내에서 관측치의 평균과 분산을 정규화해 작동한다.
batch_norm을 True로 설정해 일괄 정규화를 사용할 수 있다.

tf.estimator.DNNClassifier() 외에도 추정기 API에는 연속 목표값인 tf.estimator.
DNNRegressor() 모델도 있다. 또한 Cheng et al.(2016)에 소개된 심층 네트워크와 같은
특수 모델도 있고 경제학에서는 Grodecka와 Hull(2019)에서 적용됐다. 이러한 모델은
고정효과와 같은 원-핫 인코딩된 변수와 연속 특징을 위한 심층 신경망을 통합하는 데
사용할 수 있는 선형 모델을 결합한다. 이들은 tf.estimator.DNNLinearCombined
Classifier(), tf.estimator.DNNLinearCombinedRegressor()로 구현돼 있다.

컨볼루션 신경망

이미지 분류를 수행하기 위해 밀집 계층이 있는 신경망을 훈련하는 것으로 5장을 시작
했다. 이러한 접근 방식에 문제가 있는 것은 아니지만 일반적으로 대체 신경망 아키텍
처가 더 보편적이다. 컨볼루션^{convolution} 계층이 있는 네트워크는 일반적으로 정확도가
증가하고 모델 크기가 감소한다. 이번 절에서는 컨볼루션 신경망^{CNN, Convolutional Neural}
^{Networks}을 소개하고 하나를 사용해 이미지 분류기를 훈련한다.

컨볼루션 계층

컨볼루션 신경망은 이미지 데이터를 처리하도록 설계된 컨볼루션 계층을 사용한다.
그림 5-6은 이러한 계층이 어떻게 작동하는지를 보여준다. 편의상 그림에서 분홍색으
로 표시된 것과 같이 4×4 픽셀 회색조 이미지로 작업한다고 가정한다. 컨볼루션 계층
은 필터와 이미지 세그먼트의 요소별 곱셈을 수행해 파란색으로 표시된 것과 같은 필
터를 적용한다. 그런 다음 결과 행렬의 요소를 합산한다. 이러한 경우 필터는 2×2이
며 이미지의 빨간색 부분에 먼저 적용돼 스칼라 값 0.7이 생성된다. 그런 다음 필터가

오른쪽으로 이동해 이미지의 다음 2×2 세그먼트에 적용돼 0 값이 생성된다. 이러한 프로세스는 이미지의 모든 2×2 세그먼트에 대해 반복돼 노란색으로 표시된 3×3 행렬을 생성한다.

그림 5-7은 컨볼루션 계층이 컨볼루션 신경망에 어떻게 들어가는지를 보여준다.[6] 첫 번째 계층은 입력 계층으로 모양(64, 64, 3)의 컬러 이미지 텐서를 수용한다. 다음으로 16개의 필터가 있는 컨볼루션 계층이 적용된다. 각 필터는 색상 채널 전체에 적용돼 64×64×16의 출력을 생성한다. 그림 5-7에 설명된 곱 단계를 수행하는 것 외에도 계층은 출력의 각 요소에 활성화 함수를 적용하는데 이는 모양을 변경하지 않는다. 이러한 계층의 작업에서 생성된 16개의 64×64 행렬을 각각 '특징 맵feature map'이라고 한다.

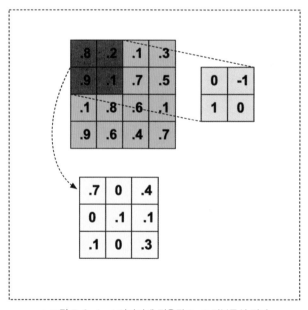

▲ 그림 5-6 4×4 이미지에 적용된 2×2 컨볼루션 필터

---

6   그림은 LeNail(2019)에 의해 생성됐으며 내가 수정했다. https://doi.org/10.21105/joss.00747을 참조하라.

컨볼루션 계층의 출력은 '최대값 풀링max pooling' 계층으로 전달된다. 최대값 풀링은 요소 그룹의 최대값을 출력하는 필터 유형이다. 이러한 경우 각 특징 맵의 각 2×2 블록에서 최대 요소를 가져온다. 여기서는 2의 '스트라이드stride'를 사용한다. 즉 각각을 적용한 다음 최대 풀링 필터의 두 요소만큼 오른쪽(또는 아래쪽)으로 이동한다. 이러한 계층은 64×64×16 크기의 입력을 받아 32×32×16으로 줄인다.

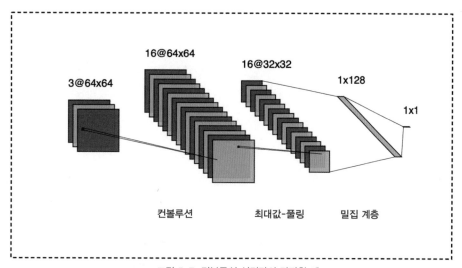

▲ 그림 5-7 컨볼루션 신경망의 간단한 예

다음으로 32×32×16 최대 풀링 계층 출력을 펼친 다음 32×32×16×1(16,384, 1) 벡터로 만들고 128×1 밀집 계층에 전달한다. 이러한 계층은 5장 전반부에서 설명한 대로 작동한다. 마지막으로 밀집 계층의 출력을 출력 노드에 전달해 예측된 부류의 확률을 산출한다.

컨볼루션 신경망 훈련하기

5장 전반부에서 선박과 비 선박 이미지의 데이터셋을 소개했다. 그런 다음 신경망을 밀집 계층으로 구성하고 데이터셋을 사용해 선박 분류기를 훈련했다. 앞에서 말했듯

밀집 신경망을 사용해 이미지 분류기를 훈련하는 것은 픽셀 값과 특징 위치의 공간적 상관을 포함한 이미지 구조를 활용하지 않기 때문에 비효율적이다.

이러한 하위 절에서는 동일한 분류 문제에 컨볼루션 신경망을 정의하기 위해 TensorFlow의 고급 Keras API를 사용한다. 이는 효율성을 크게 향상시킨다. 모델 매개변수 수가 감소할 뿐만 아니라 실제로 모델의 정확도도 향상된다. 코드 5–17은 문제와 일치하도록 설계된 아키텍처를 사용해 컨볼루션 신경망을 정의한다. 평소처럼 `tf.keras.Sequential()`을 사용해 순차 모델을 정의하는 것으로 시작한다. 그런 다음 모양(80, 80, 3)의 이미지를 받아들이고 kernel_size가 3(즉 3×3)인 여덟 개의 필터가 있는 컨볼루션 계층을 적용하는 입력 계층을 추가한다. 또한 계층이 출력의 각 요소에 relu 활성화 함수를 적용하도록 지정한다. relu 활성화는 단순히 특징 맵의 값을 임계값으로 지정하는 함수 `max(0, x)`를 적용하는 것이다.

두 번째 계층도 컨볼루션이다. 네 개의 필터, 3의 kernel_size 및 relu 활성화 함수가 있다. 최종 은닉 계층은 컨볼루션 계층의 특징 맵 출력을 벡터로 평탄화^{Flattening}해 변환한다. 평탄화를 사용하면 밀집 벡터 입력이 필요한 출력 계층에 특징 맵을 전달할 수 있다. 평소와 같이 두 부류로 분류를 수행하므로 출력 계층에서 sigmoid 활성화 함수를 사용한다.

코드 5–17 컨볼루션 신경망 정의하기

```
import tensorflow as tf

# 순차 모델을 정의한다.
model = tf.keras.Sequential()

# 첫 번째 컨볼루션 계층을 추가한다.
model.add(tf.keras.layers.Conv2D(8,
        kernel_size=3, activation="relu",
        input_shape=(80, 80, 3)))

# 두 번째 컨볼루션 계층을 추가한다.
```

```
model.add(tf.keras.layers.Conv2D(4,
        kernel_size=3, activation="relu"))

# 특징 맵을 평탄화한다.
model.add(tf.keras.layers.Flatten())

# 출력 계층을 정의한다.
model.add(tf.keras.layers.Dense(1,
        activation='sigmoid'))
```

그런 다음 summary() 메서드를 사용해 모델의 아키텍처를 확인한다. 이것은 입력이 이미지라는 사실을 이용해 모델의 크기를 얼마나 줄일 수 있었는지를 알아보는 데 도움이 될 것이다. 코드 5-18에 나와 있다. 매개변수 수가 75,000개에서 23,621개로 줄어든 것에 주목하자. 또한 23,621개의 매개변수 중 23,105개가 밀집 계층에 있다. 컨볼루션 계층에는 총 516개의 매개변수만 있다. 이는 밀집 계층에서 컨볼루션 계층으로 전환해 효율성을 크게 향상시킬 수 있다는 뜻이다.

모델을 훈련시키기 전에 데이터를 준비해야 한다. 이번에는 밀집 신경망에서 했던 것과 같이 이미지를 평탄화하는 대신 이미지 자체를 입력으로 사용한다. 코드 5-19는 데이터를 로드하고 준비하고 분할해 학습과 테스트 샘플로 만든다. 또한 부류 가중치를 계산한다. 코드 5-18은 목록 5-1의 끝에서 시작된다는 점에 유의하자.

코드 5-18 모델 아키텍처 요약하기

```
# 모델 아키텍처의 요약을 출력한다.
print(model.summary())
```

Layer (type)	Output Shape	Param #
conv2d_9 (Conv2D)	(None, 78, 78, 8)	224
conv2d_10 (Conv2D)	(None, 76, 76, 4)	292
flatten_3 (Flatten)	(None, 23104)	0

dense_3 (Dense)	(None, 1)	23105

```
=========================================================
Total params: 23,621
Trainable params: 23,621
Non-trainable params: 0
```

이제 데이터가 로드돼 준비되고 모델이 정의됐으므로 다음 단계는 이를 컴파일하고 훈련하는 것이다. 코드 5–20은 이러한 프로세스와 평가 단계를 보여준다. 여기서 테스트 데이터셋에 대한 모델 예측의 정확성을 컴파일한다.

단 25 에폭에서 컨볼루션 신경망 모델은 0.96의 훈련 정확도와 0.95의 검증 정확도를 달성한다. 또한 테스트 데이터셋을 사용해 모델을 평가할 때 다시 0.95의 정확도를 보인다. 이러한 네트워크는 전적으로 밀집 계층으로 구성된 네트워크보다 더 적은 매개변수를 가졌지만 이미지 구조를 활용했기 때문에 더 적은 훈련 에폭에서도 더 높은 정확도를 달성할 수 있었다.

코드 5–19 컨볼루션 신경망에서의 훈련을 위한 이미지 데이터 준비하기

```python
# 클래스 레이블을 정의한다.
labels = np.vstack([np.ones((len(ships), 1)),
                np.zeros((len(noShips), 1))])

# 평탄화 이미지를 numpy 배열에 쌓는다.
features = np.vstack([ships, noShips])

# 섞기와 샘플 분할
X_train, X_test, y_train, y_test = \
        train_test_split(features, labels,
        test_size = 0.20, random_state=0
)

# 부류 가중치를 계산한다.
w0 = np.mean(y_train)
```

```
w1 = 1.0 - w0
class_weights = {0: w0, 1: w1}
```

코드 5-20 모델 훈련시키기 및 평가하기

```
# 모델을 컴파일한다.
model.compile(loss='binary_crossentropy',
optimizer='adam', metrics=['accuracy'])

# 부류 가중치를 사용해 모델을 훈련시킨다.
model.fit(X_train, y_train, epochs = 10,
class_weight = class_weights,
batch_size = 32,
validation_split = 0.20)

# 모델을 평가한다.
model.evaluate(X_test, y_test)
```

사전 훈련된 모델

대부분의 경우 최첨단 아키텍처를 사용해 컨볼루션 신경망을 훈련시키기에는 이미지 데이터가 충분하지 않다. 다행스럽게도 컨볼루션 신경망의 '컨볼루션 기반'(컨볼루션 및 풀링 계층)을 사용하면 이미지에서 일반 특징을 추출해 다른 클래스를 사용하는 모델을 포함해 다양한 모델에서 사용하기 위해 용도를 변경할 수 있기 때문에 반드시 그러한 것은 아니다. 일반적으로 사전 훈련된 모델을 사용해 특징 추출과 미세 조정 두 가지 작업을 수행한다. 특징 추출은 모델의 컨볼루션 계층을 사용해 이미지의 일반적인 특징을 식별한 다음 밀집 계층으로 공급되고 이미지 데이터셋에 대해 학습된다. 일반적으로 이러한 방식은 모델이 원래 학습된 것과 다른 부류 집합에 학습하려는 경우에 사용한다. 분류기를 학습한 다음에는 낮은 학습률로 컨볼루션 기반을 포함해 전체 모델을 학습하는 '미세 조정'을 선택적으로 수행할 수 있다. 이렇게 하면 분류 작업에 더 잘

맞도록 모델의 비전 필터가 약간 수정된다.

데이터셋에서 모델을 완전히 학습하지 않아도 될 때의 한 가지 이점은 ResNet, Xception, DenseNet, EfficientNet 같은 최신 모델을 이용해 더 정교한 아키텍처를 사용할 수 있다는 것이다. 또한 적은 수의 이미지에 대해 훈련된 컨볼루션 계층을 사용하는 대신 ImageNet 같은 대규모 데이터셋에서 훈련된 최첨단 일반 비전 필터를 사용할 수 있다.

특징 추출

먼저 사전 학습된 모델을 특징 추출기로 사용하는 방법을 살펴보자. 첫 번째 단계는 사전 학습된 모델을 로드하는 것이다. Keras의 applications 하위 모듈이나 TensorFlow Hub를 사용해 수행할 수 있다. 예제에서는 Keras를 사용한다.

코드 5-21에서는 TensorFlow를 사용해 ResNet50 모델을 정의하는데 weights 매개변수를 imagenet으로 설정한다. 이렇게 하면 ImageNet 데이터셋을 사용해 훈련된 모델 버전의 가중치 집합과 함께 ResNet50 모델 아키텍처가 로드된다. 또한 include_top 매개변수를 False로 지정해 분류를 수행하는 데 사용되는 최종 밀집 계층을 제거한다. 여기서는 ImageNet 클래스를 사용하지 않기 때문에 필요없다.

코드 5-21 Keras applications를 사용해 사전 훈련된 모델 로드하기

```
# 모델을 로드한다.
model = tf.keras.applications.resnet50.ResNet50(
        weights='imagenet',
        include_top=False
        )
```

모델이 로드되면 summary() 메서드를 적용해 아키텍처를 탐색한다. 이렇게 하면 두 가지를 알 수 있다. 첫째, 많은 계층과 2천 5백만 개 이상의 매개변수가 있다. 또한 대부분의 매개변수가 '학습 가능한 매개변수'의 범주에 속한다. 즉 모델을 컴파일하고 fit()

메서드를 적용하면 해당 매개변수가 학습된다. 둘째, 일부 계층은 낯설어 보일 수 있다.

다음으로 로드한 모델의 일부를 학습할 수 없도록 컨볼루션 베이스base로 설정해야 한다. 이는 코드 5-22에서 수행한다. 이렇게 하면 분류 헤드만 훈련하고 나머지 모델은 입력 이미지에서 특징을 추출하는 데 사용된다. 그런 다음 학습 가능한 매개변수가 있는 계층이 아니기 때문에 training 매개변수를 False로 설정해 모델에 전달할 입력 계층을 정의한다. 이제 모델은 모양 (80, 80, 3)의 이미지 텐서를 수용하고 특징 맵 집합을 출력할 수 있다.

모델이 특징 맵이 아닌 예측된 부류 확률을 산출하는 것을 원하므로 특징 맵을 벡터로 재구성해야 한다. 앞에서 설명한 최대값 풀링 작업과 유사하지만 최대값이 아닌 평균을 계산하는 전역 평균 풀링 계층을 사용해 수행할 수 있다. 이제 입력 이미지를 받아들이고 부류 확률을 출력하는 함수적 모델과 밀집 출력 계층을 정의할 수 있다. 마지막으로 모델을 컴파일하고 적합화할 것이다.

코드 5-22 Keras에서 사전 훈련된 모델의 분류 헤드 훈련시키기

```
# 훈련할 수 없는 컨볼루션 베이스를 설정한다.
model.trainable = False

# 입력 계층을 정의한다.
inputs = tf.keras.Input(shape=(80, 80, 3))
x = model(inputs, training=False)

# 풀링 및 출력 계층, 모델을 정의한다.
x = tf.keras.layers.GlobalAveragePooling2D()(x)
outputs = tf.keras.layers.Dense(1)(x)
model = tf.keras.Model(inputs, outputs)

# 모델을 컴파일하고 훈련시킨다.
model.compile(loss='binary_crossentropy', optimizer="adam",
metrics=['accuracy'])

model.fit(X_train, y_train, epochs = 10,
```

```
            class_weight = class_weights,
            batch_size = 32,
            validation_split = 0.20)
```

컨볼루션 베이스에서 했던 것과 같이 summary() 메서드를 전체 모델에 적용할 수 있다. 그렇게 하면 총 매개변수는 비슷하지만 훈련 가능한 매개변수 수가 2천 5백만 개에서 2천 개를 약간 초과한다는 것을 알 수 있다. 이를 통해 학습할 이미지가 많지 않고 매우 정확한 분류기를 훈련할 수 있다. 또한 학습 가능한 모델의 크기를 크게 줄여 과적합을 방지한다.

모델 미세 조정

마지막 선택적 단계는 모델 미세 조정을 수행하는 것이다. 미세 조정의 목적은 컨볼루션 필터를 약간 조정해 분류 문제와 더 관련 있는 특징을 캡처하는 것이다. 모델 미세 조정 단계는 비교적 간단하며 코드 5-23에서와 같이 컨볼루션 베이스 학습이 가능하도록 설정하고 모델을 다시 컴파일한 다음 낮은 학습률로 훈련하는 작업이다.

마지막으로 모델에 summary() 메서드를 적용하면 이제 학습 가능한 매개변수가 2천 3백만 개가 넘는 것을 볼 수 있다. 이러한 이유로 사전 훈련된 컨볼루션 필터를 크게 변경해 모델이 과적합되는 것을 방지하기 위해 낮은 학습률로 훈련해야 한다. 이러한 수정은 사전 훈련된 매개변수에 포함된 정보를 저하시키거나 '학습 해제'할 수도 있다.

코드 5-23 Keras에서 사전 훈련된 모델 미세 조정하기

```
# 컨볼루션 베이스를 훈련 가능하도록 설정한다.
model.trainable = True

# 낮은 학습률로 모델을 컴파일한다.
model.compile(loss='binary_crossentropy',
        optimizer=tf.keras.optimizers.Adam(
        learning_rate=1e-5),
        metrics=['accuracy'])
```

```
# 미세 조정을 수행한다.
model.fit(X_train, y_train, epochs = 10,
        class_weight = class_weights)
```

요약

한때 컴퓨터 비전은 정교한 모델과 도메인 지식을 사용해야 했지만 이제는 표준 아키
텍처를 갖는 컨볼루션 신경망을 사용해 수행할 수 있다. 또한 컨볼루션 신경망이 특징
공학에 의존하는 모델을 능가하는 경향이 있는 지점까지 도달해 대부분의 작업에서
컨볼루션 신경망을 마스터하면 충분하다.

이미지 분류의 사용은 경제학과 금융학에서는 잘 활용되지 않았지만 경제 응용 분야
에서 광범위하게 사용됐다. 5장에서는 선박을 식별하기 위해 위성 이미지를 사용하는
예를 제공했는데 이는 고빈도로 항구에서 선박 교통량을 측정하는 데 사용할 수 있다.
고속도로 교통량을 측정하고 쇼핑몰에 주차된 차량 수를 계산하고 건물의 건설 속도를
측정하고 토지 피복의 변화를 식별하는 데도 동일한 접근 방식을 사용할 수 있다.

5장에서는 다양한 회귀 및 분류 작업에 사용할 수 있는 밀집 계층을 사용하는 신경망
을 구성하는 방법을 시연했다. 또한 이미지의 속성을 활용하는 특수 계층을 사용하는
컨볼루션 신경망을 정의하고 훈련하는 방법도 논의했다. 그 결과 밀집 계층만 있는 모
델에 비해 필요한 매개변수의 수가 상당히 감소하는 것을 확인했다.

마지막으로 사전 훈련된 모델을 로드하고 분류 문제에 적용해봤다. ImageNet 데이터
를 사용해 사전 훈련된 ResNet50 모델을 사용해 선박 이미지에서 특징을 추출했다.
그런 다음 이러한 특징을 사용해 밀집 분류기 계층을 훈련했다. 마지막 단계로 낮은
학습률로 컨볼루션 계층을 훈련해 전체 네트워크를 미세 조정하는 방법도 보여줬다.

참고문헌

- Addison, D., and B. Stewart, "Night time lights revisited: The use of night time lights data as a proxy for economic variables."(*World Bank Policy Research Working Paper No. 7496*, 2015)

- Bickenbach, F., E. Bode, P. Nunnenkamp, and M. Soder, "Night lights and regional GDP."(*Review of World Economics* 152 (2): 425 – 447, 2016)

- Bluhm, R., and M. Krause, "Top lights – bright cities and their contribution to economic development."(*CESifo Working Paper No. 7411*, 2018)

- Borgshulte, M., M. Guenzel, C. Liu, and U. Malmendier, "CEO Stress and Life Expectancy: The Role of Corporate Governance and Financial Distress."(*Working Paper*, 2019)

- Chen, X., and W. Nordhaus, "Using luminosity data as a proxy for economic statistics."(*Proceedings of the National Academy of Sciences* 108 (21): 8589 – 8594, 2011)

- Cheng, H.T., and et al., "Wide & Deep Learning for Recommender Systems."(*arXiv*, 2016)

- Donaldson, D., and A. Storeygard, "The view from above: Applications of satellite data in economics."(*Journal of Economic Perspectives* 30 (4): 171 – 198, 2016)

- Gibson, J., S. Olivia, and G. Boe-Gibson, "Night Lights in Economics: Sources and Uses *CSAE Working Paper Series 2020-01*."(Centre for the Study of African Economies, University of Oxford, 2020)

- Goldblatt, R., K. Heilmann, and Y. Vaizman, "Can medium resolution satellite imagery measure economic activity at small geographies? Evidence from Landsat in Vietnam."(*The World Bank Economic Review* Forthcoming, 2019)

- Grodecka, A., and I. Hull, "The Impact of Local Taxes and Public Services on Property Values."(*Sveriges Riksbank Working Paper Series No. 374*, 2019)

- Henderson, V., A. Storeygard, and D. Weil, "Measuring economic growth from outer space."(*American Economic Review* 102 (2): 994 – 1028, 2012)

- LeNail, A, "NN-SVG: Publication–Ready Neural Network Architecture Schematics."(*Journal of Open Source Software* 4 (33), 2019)

- Mitnik, O.A., P. Yanez-Pagans, and R. Sanchez, "Bright investments: Measuring the impact of transport infrastructure using luminosity data in Haiti."(*IZA Discussion Paper No. 12018*, 2018)

- Naik, N., S. D. Kominers, R. Raskar, E. L. Glaeser, and C. A. Hidalgo, "Computer vision uncovers urban change predictors."(*Proceedings of the National Academy of Sciences* 114 (29): 7571 – 7576, 2017)

- Nordhaus, W., and X. Chen, "A sharper image? Estimates of the precision of night time lights as a proxy for economic statistics."(*Journal of Economic Geography* 15 (1): 217 – 246, 2015)

텍스트 데이터

일반적으로 경제와 금융 분야는 비정형 데이터 형태를 통합하는 것을 꺼려왔다. 한 가지 예외는 다양한 경험적 문제에 적용되는 텍스트다. 이는 부분적으로는 중앙은행의 발표문을 사용해 그러한 경험적 가치를 입증한 Romer와 Romer(2004) 같이 초기에 경제학에서 성공적으로 적용한 결과로부터 기인했을 수도 있다. 텍스트가 더 널리 채택된 것은 아마도 경제나 금융 분야에서의 여러 자연스러운 응용 때문일 것이다.

예를 들어 신문에서는 경제 정책의 불확실성[1], SNS에서는 소비자 인플레이션 기대지수(Angelico, et al., 2018), 중앙은행이나 사기업의 공시나 보고서로부터의 감정^{sentiment} 등을 추출해 잠재 변수를 추출하는 데 사용할 수 있다.[2]

---

[1] 경제 정책 불확실성(EPU) 지수의 구성과 현재의 문헌 상태에 대해서는 Baker et al.(2016)과 Bloom et al.(2019)를 참조하라. 다른 나라의 EPU 지수는 www.policyuncertainty.com에 게시돼 있다.

[2] 중앙은행의 공시와 재무자료에서 감정을 측정하는 것은 경제학에서 텍스트 기반 데이터의 가장 일반적인 두 가지 용도다. Loughran과 McDonald(2011)는 재무 보고자료를 활용한 최초의 응용 중 하나였다. 그들의 작업 부산물로 중앙은행의 문제를 포함해 경제와 금융 분야에서 널리 사용되는 금융 감정 사전이 도입됐다. Apel과 Blix Grimaldi(2014)는 훗날 중앙은행 관련 용어를 사용한 감정 사전을 도입했다.

또한 텍스트는 은행의 곤경을 예측하거나(Cerchiello et al., 2017) 비즈니스 사이클에 대한 뉴스 미디어의 영향 측정(Chahrour et al., 2019), 소비자 금융 민원에서의 가짜 탐색(Bertsch et al., 2020), 금융안정성 분석(Born et al., 2013; Correa et al., 2020), 경제 변수 예측(Hollrah et al., 2018; Kalamara et al., 2020), 중앙은행 의사결정 연구 등에 쓰일 수 있다.[3] 로버트 쉴러Robert Shiller[4]가 '내러티브 경제학Narrative Economics'(Shiller, 2017)이라는 제목으로 미국 경제협회에서 회장단 연설을 하자 경제학에서 텍스트 데이터에 대한 관심이 새롭게 부각됐다.

그는 경제학과 금융 분야의 학문적 연구는 내러티브 자체가 틀린 경우에도 거시경제와 금융 변동성을 주도할 능력을 갖춘 대중적 내러티브의 증가나 감소를 설명하지 못했다고 주장했다. 그런 다음 그는 해당 분야가 텍스트 기반 데이터셋과 기법을 탐색해 이러한 결함을 수정하는 장기 프로젝트를 시작할 것을 제안했다.

6장에서는 경제와 금융 맥락에서 텍스트를 준비해 적용하는 방법을 설명한다. 전체적으로 TensorFlow를 모델링 목적으로 사용하지만 데이터를 전처리하기 위해서는 자연어 툴킷NLTK, Natural Language Toolkit도 사용할 것이다. 또한 경제와 금융 분야의 많은 텍스트 분석 주제와 관련 있는 포괄적 개요를 제공하는 Gentzkow et al.(2019)에서의 방법을 자주 참조해 사용한다.

데이터 정리 및 준비

텍스트 분석 프로젝트의 첫 단계는 데이터를 정리해 준비하는 것이다. 회사 관련 신문기사를 사용해 주식시장의 실적을 예측하는 경우 신문기사 모음이나 '말뭉치corpus'를 수집한 다음 해당 기사의 텍스트를 숫자 형식으로 변환해야 한다.

---

3   관련 예시는 Hansen과 McMahon(2016), Hansen et al.(2018), Acosta(2019), Armelius et al.(2020)을 참조하라.

4   노벨경제학상을 수상한 미국 예일대 경영대학원 금융학과 교수다.

텍스트에서 숫자로 변환하는 방식에 따라 수행할 수 있는 분석 유형이 결정된다. 이러한 이유로 데이터 정리와 준비 단계는 프로젝트 파이프라인의 중요한 부분이 된다. 여기서는 자연어 툴킷을 사용한 구현에 중점을 두고 이번 절에서 살펴본다.

먼저 NLTK 설치부터 시작한다. 그런 다음 임포트하고 모델과 데이터셋을 다운로드한다. `nltk.download('book')`를 사용해 책 관련 데이터를 다운로드하고 `nltk.download('popular')`를 사용해 가장 인기 있는 패키지를 다운로드하거나 `nltk.download('all')`를 사용해 사용 가능한 모든 데이터셋과 모델을 다운로드할 수 있다. 이것이 코드 6-1에서 하는 일이다.

코드 6-1 NLTK 설치, 임포트 및 준비하기

```
# nltk를 설치한다.
!pip install nltk

# nltk를 임포트한다.
import nltk

# 모든 데이터셋과 모델을 다운로드한다.
nltk.download('all')
```

이제 NLTK를 설치하고 모든 데이터셋과 모델을 다운로드했으니 기본 데이터 정리와 준비 도구를 사용할 수 있다. 하지만 그 전에 데이터셋을 준비하고 몇 가지 표기법을 도입해야 한다.

데이터 수집

여기서 사용할 데이터는 미국 증권거래위원회^{SEC, Securities and Exchange Commission} 문서에서 가져온 것이며 온라인 시스템인 EDGAR을 통해 얻을 수 있다.[5] 그림 6-1에 표시

---

5 www.sec.gov/edgar/search-and-access에 접속하면 EDGAR에서 쿼리를 수행하거나 파일을 다운로드할 수 있다.

된 EDGAR 인터페이스를 통해 사용자는 다양한 쿼리를 할 수 있다. 먼저 회사 신고서류^{filing}를 위한 인터페이스를 표시한다. 여기서는 문서를 회사 이름으로 검색하거나 해당 기준에 맞는 모든 회사 관련 문서를 반환하는 검색 매개변수를 지정할 수 있다. 금속광산업의 SEC 보고서를 모니터링하는 프로젝트를 만들고 싶다고 가정해보자. 이러한 경우 표준 산업 분류^{SIC, Standard Industrial Classification} 코드로 검색한다.

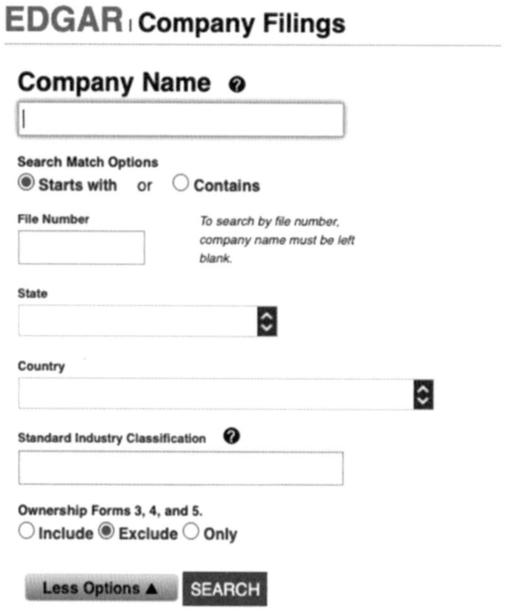

▲ 그림 6-1 회사 보고서 EDGAR 검색 인터페이스. 출처: SEC.gov

SEC의 SIC 코드 목록을 가져오면 금속광산업이 코드 1000에 할당됐고 그림 6-2에 표시된 것과 같이 에너지교통국 산하에 있다는 것을 알 수 있다. 이제 1000 SIC 코드를 사용하는 회사별로 모든 신고서를 검색해 그림 6-3과 같은 결과를 얻을 수 있다. 각 페이지에는 기업, 신고서 관련 주 및 국가, 신고인과 기업을 식별하는 데 사용할 수 있는 중앙 색인 키^{CIK, Central Index Key}가 나열된다.

우리의 경우 '미국 금은회사^Americas Gold and Silver Corp' 관련 신고서류를 선택한다. 이는 CIK 필드에서 0001286973을 검색해 찾을 수 있다. 여기서 2020-05-15의 6-K 재무 신고서에서 Exhibit 99.1의 텍스트를 볼 수 있다.[6] 이 파일의 제목과 일부 텍스트는 그림 6-4에 나와 있다.

Division of Corporation Finance:
Standard Industrial Classification (SIC) Code List

The Standard Industrial Classification Codes that appear in a company's disseminated EDGAR filings indicate the company's type of business. These codes are also used in the Division of Corporation Finance as a basis for assigning review responsibility for the company's filings. For example, a company whose business was Metal Mining (SIC 1000) would have its filings reviewed by staffers in the Office of Energy & Transportation.

SIC Code	Office	Industry Title
100	Office of Life Sciences	AGRICULTURAL PRODUCTION-CROPS
200	Office of Life Sciences	AGRICULTURAL PROD-LIVESTOCK & ANIMAL SPECIALTIES
700	Office of Life Sciences	AGRICULTURAL SERVICES
800	Office of Life Sciences	FORESTRY
900	Office of Life Sciences	FISHING, HUNTING AND TRAPPING
1000	Office of Energy & Transportation	METAL MINING
1040	Office of Energy & Transportation	GOLD AND SILVER ORES
1090	Office of Energy & Transportation	MISCELLANEOUS METAL ORES
1220	Office of Energy & Transportation	BITUMINOUS COAL & LIGNITE MINING
1221	Office of Energy & Transportation	BITUMINOUS COAL & LIGNITE SURFACE MINING
1311	Office of Energy & Transportation	CRUDE PETROLEUM & NATURAL GAS
1381	Office of Energy & Transportation	DRILLING OIL & GAS WELLS
1382	Office of Energy & Transportation	OIL & GAS FIELD EXPLORATION SERVICES
1389	Office of Energy & Transportation	OIL & GAS FIELD SERVICES, NEC

▲ 그림 6-2 SIC 분류 코드의 일부 목록. 출처: SEC.gov

그림 6-4에서 보듯이 2020년 1분기에 해당하며 회사 가치를 평가하는 데 유용할 수 있는 정보가 포함된 것으로 보인다. 예를 들어 회사 인수 관련 정보가 있다는 것을 알

---

6 6-K와 Exhibit 99.1 둘 다 미국 증권위원회에 신고해야 하는 서류 양식의 명칭이다.

수 있다. 또한 특정 사이트의 채굴 생산 계획 관련 설명도 있다. EDGAR 시스템에서 신고서류 정보를 검색하는 방법을 알아봤고 관심 있는 특정 신고서류도 찾았으니 이제 이러한 텍스트 정보를 설명하는 표기법을 도입해보자. 그런 다음 NLTK에서 정리 ^{cleaning} 및 준비 작업으로 돌아간다.

Companies for SIC 1000 - METAL MINING
Click on CIK to view company filings

Items 1 - 40

CIK	Company	State/Country
0000825171	37 CAPITAL INC	A1
0001011903	ABACUS MINERALS CORP	A1
0001071832	ACCORD VENTURES INC	A6
0001194506	ACREX VENTURES LTD	
0001171008	ADAMANT DRI PROCESSING & MINERALS GROUP	F4
0001050602	ADASTRA MINERALS INC	X0
0000830821	Advanced Mineral Technologies, Inc	ID
0001318196	ALASKA GOLD CORP.	NV
0001360903	Alaska Pacific Resources Inc	NV
0001142462	ALBERTA STAR DEVELOPMENT CORP	A1
0001484457	Alderon Iron Ore Corp.	A1
0001015647	ALMADEN MINERALS LTD	A1
0001442999	ALTEROLA BIOTECH INC.	CA
0001402279	AMCA RES0URCES, INC.	A6
0001576873	AMERICAN BATTERY METALS CORP	NV
0001072019	American Bonanza Gold Corp.	A1
0000948341	AMERICAN BULLION MINERALS LTD	A1
0000891713	AMERICAN CONSOLIDATED MANAGEMENT GROUP INC	SC
0001282613	AMERICAN EAGLE ENERGY Corp	CO
0000949055	AMERICAN GEM CORP	MT
0001356371	AMERICAN LITHIUM MINERALS, INC.	NV
0001137239	AMERICAS ENERGY Co - AECO	TN
0001286973	Americas Gold & Silver Corp	A6

▲ 그림 6-3 금속 채굴 회사 검색 결과의 일부 목록. 출처: SEC.gov

Operational and First Quarter Financial Highlights

- Relief Canyon continues to ramp-up following first gold pour in February and the Company is focused on achieving commercial production by late Q2-2020 or early Q3-2020.
- Subsequent to Q1-2020, the Company closed a bought deal public offering for gross proceeds of approximately C$28.75 million which provides the Company with available capital to address working capital needs including bringing Relief Canyon into commercial production, particularly in the COVID-19 environment.
- As a result of Relief Canyon being in pre-commercial production, the Cosalá Operations producing for less than a month during the quarter, and the exclusion of operating metrics from the Galena Complex during the Galena recapitalization plan ("Recapitalization Plan"), Q1-2020 revenue was $7.3 million resulting in a net loss of $4.1 million or ($0.03) per share.
- Cosalá production for the first 26 days of Q1-2020 yielded 420 gold equivalent ounces[1] or 0.3 million silver equivalent ounces[2] at cost of sales of $7.19/oz equivalent silver, by-product cash cost[3] of negative ($11.32/oz) silver, and all-in sustaining cost[3] of negative ($0.83/oz) silver.
- The Galena Recapitalization Plan is proceeding better than expected with the Company seeing both increased production and encouraging exploration results.
- Outlook for 2021 continues to be 90,000 to 110,000 gold equivalent ounces at expected all-in sustaining costs[4] of $900 to $1,100 per gold equivalent ounce.
- At March 31, 2020, the Company had a cash balance of approximately $16.4 million.
- The Company has chosen not to host a conference call to discuss the Q1-2020 results given the limited production and the extensive operations update released on May 4, 2020. The Company will resume the quarterly conference calls following its Q2-2020 results.

▲ 그림 6-4 금속 채굴 회사의 6-K 재무신고서의 일부. 출처: SEC.gov

텍스트 데이터 표기법

여기서 사용할 표기법은 Gentzkow et al.(2019)를 따른다. D는 N개 문서 모음 또는 '말뭉치'를 나타낸다. C는 각 문서 $D_j \in D$에서 K개 특징에 대한 관측치를 갖는 숫자 배열을 나타낸다. 경우에 따라 C를 사용해 결과 V를 예측하거나 2단계 인과 추론 문제에서 적합치 $\hat{V}$를 사용한다. NLTK를 적용해 데이터를 정리하고 준비하기 전에 먼저 다음 두 가지 질문에 답해야 한다.

1. D는 무엇인가?
2. D의 어떠한 특징이 C에서 구현돼야 하는가?

6-K 신고서류 하나만 사용하는 경우 D_j는 해당 서류의 문단이나 문장일 수 있다. 또는 6-K 문서가 많은 경우 D_j는 단일 문서를 나타낼 가능성이 크다. 예제에서는 D가 단일 6-K 서류의 문장 모음 즉 앞에서 논의한 문장 모음이라고 가정한다.

그렇다면 C는 무엇인가? C는 문서의 각 문장에서 추출하려는 특징 또는 '토큰^{token}'에 따라 다르다. 많은 경우에서 단어의 등장 빈도를 특징으로 사용한다. 이러한 예제에서도 그렇게 할 것이다. 일반적으로 '문서-특징' 또는 '문서-용어' 행렬이라는 C의 식은 식 6-1에 나와 있다.

식 6-1 문서-특징 행렬

$$C = \begin{pmatrix} c_{11} & \cdots & c_{1k} \\ \vdots & \ddots & \vdots \\ c_{n1} & \cdots & c_{nk} \end{pmatrix}$$

각 요소 c_{ij}는 단어 j가 문장 i에 등장하는 빈도다. 여기서 자연스러운 질문은 어떠한 단어가 행렬에 포함되는가다. 주어진 사전에 모든 단어를 포함시켜야 할까? 또는 말뭉치에서 한 번 이상 나타난 단어로 제한해야 할까?

데이터 준비

실제로는 특정 필터링 기준에 따라 최대 단어 수 K를 선택한다. 이외에도 일반적으로 정리와 데이터 준비 프로세스 과정에 숫자와 구두점과 같이 단어가 아닌 기호는 모두 제거한다. 이러한 과정은 일반적으로 4단계로 구성되는데 다음과 같이 요약될 수 있고 NLTK를 사용해 예제로 직접 구현해볼 것이다.

1. **소문자로 변환**: 텍스트 데이터는 본질적으로 차원이 높기 때문에 가능하면 차원 축소 전략을 사용해야 한다. 이를 수행할 간단한 방법은 대·소문자를 무시하는 것이다. 'Gold'와 'gold'를 별도의 특징으로 처리하지 말고 모든 문자를 소문자로 변환해 동일한 단어로 처리한다.

2. **불용어^{stop words}와 희소 단어 제거**: 관사, 접속사, 전치사 등의 여러 단어는 의미 있는 내용을 담고 있지 않다. 이 때문에 대부분 정리 과정에서 텍스트에서 제거될 '불용어' 목록을 구성한다. C 행렬이 단어 빈도 수로 구성된 경우 'the'와 'and'가 몇 번 사용됐는지 알더라도 관심 주제에 대한 유용한 정보를 주지 않는다. 마찬가지로 문서–용어 행렬에서 단어를 제외할 때 모델이 그러한 의미를 식별할 수 있을 만큼 자주 나타나지 않는 희귀 단어는 종종 제외된다.

3. **어간^{Stem} 또는 표제어 추출^{lemmatize}**: 데이터의 차원을 더 줄여야 할 필요성 때문에 종종 '어간 추출'이나 '표제어 추출'을 수행한다. 어간 추출이란 단어를 어간으로 변환하는 것이다. 즉 동사 'running'을 'run'으로 맵핑할 수 있다. 많은 단어가 동일한 어간에 맵핑되므로 소문자로 변환하는 것과 같이 문제의 차원이 줄어든다. 단어의 어간을 제거하면 비 단어가 될 수 있으며 프로젝트의 목적이 해석 가능한 결과물을 산출하는 것이라면 바람직하지 않을 수 있다. 이러한 경우 많은 단어를 하나로 맵핑하지만 어간이 아닌 '기본' 또는 '사전' 버전을 사용하는 표제어 추출^{lemmatization}을 대신 사용하는 것이 좋다.

4. **비 단어 요소 제거**: 접하게 될 대부분의 경제나 금융 문제에서 구두점, 숫자, 특수문자, 기호 등을 활용하는 것은 사실상 불가능하다. 따라서 문서 용어

행렬에 포함시키지 않고 삭제한다.

이제 NLTK에서 이러한 정리 및 준비 단계를 해보자. 완벽을 기하기 위해 코드 6–2의 urllib과 BeautifulSoup을 사용해 SEC 웹사이트에서 6-K 문서를 다운로드하는 것으로 시작하자. 6장 나머지 부분을 이해하기 위해 이러한 라이브러리를 알 필요는 없다.

코드 6–2 HTML 다운로드 및 텍스트 추출하기

```
from urllib.request import urlopen
from bs4 import BeautifulSoup

# URL 문자열을 정의한다.
url = 'https://www.sec.gov/Archives/edgar/
data/1286973/000156459020025868/d934487dex991.htm'

# GET 요청을 보낸다.
html = urlopen(url)

# HTML 트리를 구문 분석한다.
soup = BeautifulSoup(html.read())

# 모든 단락을 식별한다.
paragraphs = soup.findAll('p')

# 단락의 텍스트 속성 리스트를 만든다.
paragraphs = [p.text for p in paragraphs]
```

코드 6–2의 내용을 간략히 설명하면 먼저 urllib.request에서 urlopen을 가져오고 bs4에서 BeautifulSoup을 가져왔다. urlopen 서브 모듈을 사용하면 서버에서 파일을 요청하는 방법인 GET 요청을 보낼 수 있다. 예제에서는 지정된 URL에 있는 HTML 문서를 요청했다. 그런 다음 BeautifulSoup을 사용해 HTML에서 구문 분석 트리를 만들었으므로 해당 구조를 사용해 태그로 검색할 수 있다. 그런 다음 'p' 또는 단락 태그의 모든 인스턴스를 검색했다. 리스트 컴프리헨션을 사용해 각 인스턴스를 단계별로 살펴보고 문자열 리스트에서 수집할 텍스트 속성을 반환한다.

분석 단위를 단락이 아닌 문장으로 사용하기로 결정한 것을 기억하라. 즉 단락을 단일 문자열로 결합한 다음 해당 문자열 내에서 문장을 식별하는 방법을 결정해야 한다. 코드 6-3의 단락을 병합하고 출력하는 것부터 시작한다.

코드 6-3 단락을 단일 문자열로 결합하기

```
# 단락을 단일 문자열로 결합한다.
corpus = " ".join(paragraphs)

# 내용을 출력한다.
print(corpus)
```

```
Darren Blasutti VP, Corporate Development & Communications President and CEO Americas
Gold and Silver Corporation Americas Gold and Silver Corporation 416-874-1708
Cautionary Statement on Forward-Looking Information: This news release contains
"forward-looking information" within\n the meaning of applicable securities laws.
Forward-looking information includes,\n ...
```

말뭉치를 출력하면 정리가 필요하다는 것을 알 수 있다. 말뭉치에는 구두점, 불용어, 줄바꿈, 특수문자가 포함돼 있으며 문서 특징 행렬을 계산하기 전에 모두 제거해야 한다. 이제 정리 단계를 시작하고 싶겠지만 그렇게 하면 텍스트에서 문장을 구성하는 단위에 대한 표시자가 제거된다. 이러한 이유로 먼저 텍스트를 문장으로 분할한다.

마침표 위치에 따라 분할을 수행하는 함수를 별도로 작성할 수 있지만 이러한 특징은 이미 NLTK 도구 상자에 구현돼 있다. 코드 6-4에서 NLTK를 임포트해 텍스트를 개별 문장으로 분할하는 '문장 토큰화기tokenizer'를 인스턴스화한 다음 이전 단계에서 구성한 말뭉치에 적용한다.

```
import nltk

# 문장 토큰화기를 인스턴스화한다.
sentTokenizer = nltk.sent_tokenize

# 문장을 식별한다.
sentences = sentTokenizer(corpus)

# 문장 수를 출력한다.
print(len(sentences))

50

# 문장을 출력한다.
print(sentences[7])

The Company continues to target commercial production by late Q2-2020 or early Q3-2020
and will be providing more regular updates regarding the operation between now and
then.
```

다음 단계는 앞에서 설명한 정리 작업을 수행하는 것이다. 일반적으로 이러한 목적을 위해 단일 함수를 정의하는 것이 합리적이지만 명확성을 위해 3단계로 나눌 것이다. 모든 문자를 소문자로 변환하고 코드 6-5에서 불용어를 제거하는 것으로 시작한다. 지금은 말뭉치에 희귀 단어를 남길 것이다.

코드 6-5 문자를 소문자로 변환하고 불용어 제거하기

```
from nltk.corpus import stopwords

# 모든 문자를 소문자로 변환한다.
sentences = [s.lower() for s in sentences]

# 불용어를 집합으로 정의한다.
stops = set(stopwords.words('english'))
```

```
# 단어 토큰화기를 인스턴스화한다.
wordTokenizer = nltk.word_tokenize

# 말뭉치를 리스트의 리스트로 나눈다.
words = [wordTokenizer(s) for s in sentences]

# 불용어를 제거한다.
for j in range(len(words)):
        words[j] = [w for w in words[j] if
        w not in stops]

# 첫 번째 문장에서 첫 다섯 단어를 출력한다.
print(words[0][:5])

['americas', 'gold', 'silver', 'corporation', 'reports']
```

다음 단계에서는 데이터셋에 어간 찾기를 적용해 각 단어를 어간으로 압축해 차원을 줄인다. 코드 6-6에서 포터^{Porter} 어간 추출기(Porter 1980)를 가져와 인스턴스화한 다음 각 문장의 각 단어에 적용한다. 다시 첫 번째 문장의 첫 다섯 단어를 출력한다. 형태소 분석기가 'corporate'를 'corpor'로, 'reports'를 'report'로 맵핑한 것을 볼 수 있다. 단어의 어간이 항상 단어가 되는 것은 아니다.

코드 6-6 단어를 어간으로 바꾸기

```
from nltk.stem.porter import PorterStemmer

# 포터 어간 추출기를 인스턴스화한다.
stemmer = PorterStemmer()

# 포터 어간 추출기를 적용한다.
for j in range(len(words)):
        words[j] = [stemmer.stem(w) for w in words[j]]

# 첫 번째 문장에서 첫 다섯 단어를 출력한다.
print(words[0][:5])
```

```
['america', 'gold', 'silver', 'corpor', 'report']
```

정리 과정의 마지막 단계는 특수문자, 마침표, 숫자를 제거하는 것이다. 일반적으로 'regexes'라는 정규식을 사용해 이러한 작업을 수행한다. 정규식은 텍스트에서 식별할 수 있는 패턴을 인코딩하는 짧은 문자열이다. 예제의 경우 문자열은 [^a-z]+다. 대괄호는 패턴이 문자 범위 즉 알파벳의 모든 문자에 있다는 것을 나타낸다. 캐럿^{caret} 기호 ^를 사용해 이러한 패턴을 부정^{negate}한다. 이는 정규식에 포함되지 않은 문자와만 일치해야 한다는 것을 나타낸다. 물론 여기에는 특수기호, 구두점, 숫자가 포함된다. 마지막으로 + 기호는 이러한 기호가 시퀀스에서 반복될 수 있다는 것을 나타낸다.

코드 6-7은 정리 과정의 이러한 마지막 단계를 구현한다. 먼저 정규식을 구현하는 데 사용되는 라이브러리 re를 임포트한다. 그런 다음 각 문장의 각 단어를 반복하고 패턴 일치를 빈 문자열로 대체한다. 그러면 각 단어 목록으로 분류된 문장 목록이 남는다. 그러한 과정에서 일부 빈 문자열이 남았을 것이므로 각 문장의 단어를 다시 결합할 것이다. 또한 문장의 시작과 끝에서 공백을 제거한다.

코드 6-7 특수문자를 제거하고 단어를 문장으로 결합하기

```
import re

# 특수문자, 구두점, 숫자를 제거한다.
for j in range(len(words)):
        words[j] = [re.sub('[^a-z]+', ' ', w)
        for w in words[j]]

# 단어를 문장으로 다시 결합한다.
for j in range(len(words)):
        words[j] = " ".join(words[j]).strip()

# 문장을 출력한다.
print(words[7])


compani continu target commerci product late q earli q provid regular updat regard oper
```

동일한 문장을 다시 출력하면 이제 원래 형태와 매우 달라 보인다. 문장이 아니라 어간 모음처럼 보인다. 실제로 다음 절에서는 문서를 단어 모음으로 취급하고 나타나는 순서를 무시하는 텍스트 분석 양식을 적용한다. 흔히 이를 '단어 주머니^{BoW, Bag of Words} 모델이라고 부른다.

단어 주머니 모델

앞 절에서 문서 용어^{DT, Document Term} 행렬 C의 가능한 구성 중 하나는 단어의 빈도 수를 특징으로 사용하는 것이라고 했다. 이러한 표현 방법은 문법이나 단어의 순서는 설명할 수 없지만 단어의 빈도를 포착할 수 있게 해준다. 경제와 금융 분야에는 이러한 제약하에서도 목표를 달성할 수 있는 많은 문제가 있다.

앞에서 설명한 모델을 '단어 주머니' 모델이라고 하는데 Salton과 McGill(1983)의 정보 검색 논문에 소개됐다. 단어 주머니라는 용어는 Harris(1954)에서 언어적 맥락에서 유래한 것으로 보인다.

> "우리는 각각 특정 요소의 특정 조합인 발화^{utterances} 모음을 구축했다. 그리고 이러한 요소의 조합은 하나의 요인이 된다. 언어는 단순한 단어의 묶음이 아니라 사용하는 과정에서 만들어진 특정 속성을 갖는 도구이기 때문이다."

이번 절에서는 앞 절에서 정리하고 준비한 데이터로 단어 주머니 모델을 구성하는 방법을 살펴본다. NLTK 외에도 sklearn의 하위 모듈을 사용해 문서 용어 행렬을 구성한다. NLTK에도 이러한 작업을 수행하는 루틴이 있지만 코어 모듈의 일부가 아니므로 일반적으로 효율성이 떨어진다.

words에 금속 채굴 회사의 6-K에서 추출한 50개 문장이 포함돼 있다는 것을 기억하자. 이러한 리스트의 리스트를 사용해 코드 6-8의 문서-용어 행렬을 구성할 것이다. 코드는 sklearn.feature_extraction에서 텍스트를 가져오는 것으로 시작한다. 그런 다음 CounterVectorizer()를 인스턴스화해 각 문장의 단어 빈도를 계산한 다음 매개변수로 설정할 수 있는 몇 가지 제약 조건을 기반으로 C 행렬을 구성한다. 설명 편의상 max_features를 10으로 설정한다. 이러한 설정은 문서 용어 행렬의 최대 열 수를 10개 이하로 제한한다. 그런 다음 단어에 fit_transform()을 적용해 문서-용어 행렬 C로 변환한다. C는 많은 문제에서 용량이 크므로 sklearn은 이를 희소 행렬로 저장한다. toarray() 메서드를 사용하면 배열로 변환할 수 있다. 또한 vectorizer()의 get_feature_names()를 적용해 각 열에 해당하는 용어를 복구할 수도 있다.

코드 6-8 문서 용어 행렬 구성하기

```
from sklearn.feature_extraction import text

# vectorizer를 인스턴스화한다.
vectorizer = text.CountVectorizer(max_features = 10)

# C 행렬을 구성한다.
C = vectorizer.fit_transform(words)

# 문서 용어 행렬을 출력한다.
print(C.toarray())
[[3 1 0 2 0 0 1 0 2 2]
 [1 2 0 1 0 0 0 0 0 1]
    ...
    ...
    ...
 [0 1 0 0 0 1 0 0 0 0]
 [0 0 0 0 0 0 0 1 1 0]]

# 특징 이름을 출력한다.
print(vectorizer.get_feature_names())

['america', 'compani', 'cost', 'gold', 'includ',
'inform', 'oper', 'product', 'result', 'silver']
```

문서 용어 행렬과 특징 이름을 출력해보면 서로 다른 10개의 특징에 대한 빈도 수를 구한 것을 알 수 있다. 이러한 것은 설명을 위해서는 유용했지만 일반적으로 실제 응용 프로그램에서 훨씬 더 많은 특징을 사용하려고 한다. 하지만 더 많은 특징을 허용하면 덜 유용한 특징이 포함될 수 있으므로 필터링을 사용해야 한다. Sklearn은 필터링을 수행할 수 있는 두 가지 추가 매개변수 max_df와 min_df를 제공한다. max_df 매개변수는 용어 행렬에서 용어가 제거되지 않고 남아 있을 수 있는 문서의 최대 수 또는 비율을 결정한다. 마찬가지로 최소 임계값은 min_df로 제공된다. 두 경우 모두 정수값(예: 3)을 지정하면 문서 수를 나타내는 반면 부동 소수점(예: 0.25)을 지정하면 문서 비율을 나타낸다.

최대 임계값에 지정하는 값은 의미 있는 변화를 제공하기에는 너무 자주 나타나는 용어를 모두 제거하기 위한 것이다. 예를 들어 50% 이상의 문서에 등장하는 용어를 제거하기 위해서는 max_df를 0.50으로 지정하면 된다. 코드 6-9에서 문서 용어 행렬을 다시 계산하지만 이번에는 최대 1,000개의 용어를 허용하고 필터링을 적용해 문서의 50% 이상 또는 5% 미만으로 나타나는 용어를 제거한다.

C 행렬의 모양을 출력해보면 109개의 특징 열만 반환됐으므로 문서-용어 행렬은 최대 특징 제한인 1,000의 제약을 받지 않은 것으로 보인다. 이는 최대 문서 빈도와 최소 문서 빈도 매개변수를 선택한 결과일 수 있으며 여기서의 목적에 유용하지 않을 것 같은 용어를 제거한다. 필터링을 수행하는 또 다른 방법은 용어-빈도 역-문장 빈도(td-idf) 척도이며 식 6-2에 나와 있다.

식 6-2 열 j의 용어 빈도 역 문서 빈도 계산

$$tfidf_j = \sum_i c_{ij} * log\left(\frac{N}{\sum_i 1_{[c_{ij} > 0]}}\right)$$

tf-idf는 문서 용어 행렬 C의 각 특성 j에 대해 계산된다. 과정은 두 가지 성분의 곱으로 이뤄지는데 (1) 말뭉치의 모든 문서에서 j라는 용어가 나타나는 빈도인 $\sum_i c_{ij}$, (2) 문서의 전체 개수 N을 용어 j가 단 한 번이라도 등장한 문서의 개수로 나눈 다음 로그를 취한 값 $N / \sum_{i} 1_{[c_{ij}>0]}$으로 구성된다. 문장이 전체 말뭉치에서 많이 등장할수록 tf-idf 값은 올라가고 j가 등장하는 문서가 많을수록 그 값은 줄어든다. 즉 j가 자주 사용되지 않거나 너무 많은 문서에서 사용되면 tf-idf 점수는 낮아질 것이다.

코드 6-9 CountVectorizer()의 매개변수 조정하기

```
# vectorizer를 인스턴스화한다.
vectorizer = text.CountVectorizer(
        max_features = 1,000,
        max_df = 0.50,
        min_df = 0.05
)

# C 행렬을 구성한다.
C = vectorizer.fit_transform(words)

# C 행렬의 모양을 출력한다.
print(C.toarray().shape)

(50, 109)

# 용어를 출력한다.
print(vectorizer.get_feature_names()[:10])

['abil', 'activ', 'actual', 'affect', 'allin', 'also',
'america', 'anticip', 'approxim', 'avail']
```

코드 6-10에서는 코드 6-8과 같은 단계를 반복하지만 CountVectorizer() 대신 TfidfVectorizer()를 사용한다. 이를 통해 역 문서 빈도 점수를 포함한 idf_ 매개변수에 접근할 수 있다. 그런 다음 tf-idf 점수가 특정 임계값 미만인 열을 삭제해 필터링을 선택적으로 수행할 수 있다.

```
# vectorizer를 인스턴스화한다.
vectorizer = text.TfidfVectorizer(max_features = 10)

# C 행렬을 구성한다.
C = vectorizer.fit_transform(words)

# 역 문서 빈도를 출력한다.
print(vectorizer.idf_)

[2.36687628 1.84078318 3.14006616 2.2927683 2.44691898
2.22377543 1.8873032 2.22377543 2.22377543 2.2927683]
```

일부 응용 프로그램에서는 개별 단어[unigrams]가 아닌 시퀀스의 여러 단어[n-gram]를 특징으로 사용할 수 있다. TfidfVectorizer() 또는 CountVectorizer()의 ngram_range 매개변수를 설정해 이를 수행할 수 있다. 코드 6-11에서는 매개변수를 (2, 2)로 설정했다. 즉 두 단어 시퀀스(바이그램)[bigram]만 허용한다. 튜플의 첫 번째 값은 최소 단어 수이고 두 번째 값은 최대값이다. 반환된 특징 이름 집합은 이제 코드 6-9에서 생성한 유니그램과 다르다는 것을 알 수 있다.

일반적으로 단어 주머니 모델을 적용하고 문서 용어 행렬을 계산하는 것은 자연어 처리 프로젝트의 첫 단계일 뿐이다. 하지만 그러한 행렬을 계량경제학의 표준 도구와 결합해 분석을 수행하는 방법은 간단하다. SEC 신고서 제출일과 같은 날의 회사 주식 수익률 등과 같이 각 문서 관련 종속변수가 있는 경우 두 가지를 결합해 예측 모델을 훈련시키거나 가설을 검정할 수 있다.

코드 6-11 유니그램 및 바이그램에 대한 문서 용어 행렬 계산하기

```
# vectorizer를 인스턴스화한다.
vectorizer = text.TfidfVectorizer(
        max_features = 10,
        ngram_range = (2,2)
)
```

```
# C 행렬을 구성한다.
C = vectorizer.fit_transform(words)

# 특징 이름을 출력한다.
print(vectorizer.get_feature_names())

['america gold', 'cosal oper', 'forwardlook inform', 'galena
complex', 'gold silver', 'illeg blockad', 'oper result',
'recapit plan', 'relief canyon', 'silver corpor']
```

사전 기반 방법

앞 절에서는 데이터를 정리하고 준비한 다음 단어 주머니 모델을 사용해 탐색했다. 이를 통해 각 문서에 대한 단어 빈도 수로 구성된 N×K 문서 용어 행렬 C를 만들었다. 텍스트에서 찾으려는 특징을 알 수 없는 특정 단어는 문서-용어 행렬에서 걸러냈다.

이러한 접근 방식의 대안은 미리 선택된 단어 '사전'을 사용하는 것이다. 사전은 텍스트의 잠재적 특징을 포착하기 위해 구성된 것이다. 이러한 접근 방식은 종종 '사전 기반 방법'이라고 부르며 경제학에서 가장 일반적으로 사용되는 텍스트 분석 형식이다. 경제학에서 사전 기반 방법이 적용된 초기에는 뉴스와 주식시장 성과의 관계를 연구하기 위해 월스트리트 저널 기사의 잠재 '감정'을 사용했다(Tetlock, 2007).

이후 Loughran과 McDonald(2011), Apel과 Blix Grimaldi(2014) 등의 연구에서 특정 잠재 변수를 측정하도록 설계된 사전을 도입해 문헌에서 널리 사용됐다. Loughran과 McDonald(2011)는 10-K 재무 파일링 사전을 도입했으며 이는 궁극적으로 여러 상황에서 부정적, 긍정적 감정을 측정하는 데 사용됐다. Apel과 Blix Grimaldi(2014)는 중앙은행 커뮤니케이션에서 '매파성hawkishness'과 '비둘기성dovishness'을 측정하는 사전을 소개했다.

Gentzkow et al.(2019)은 경제학과 사회과학이 텍스트 분석을 수행하는 데 사용하는 도구 집합을 확장할 것을 주장했다. 사전 기반 방법을 기본 선택으로 사용하는 대신 다음 두 가지 기준이 충족될 때만 고려돼야 한다.

1. 잠재 변수에 대해 갖고 있는 사전 정보와 텍스트에서 표현된 방식은 강하고 신뢰할 수 있어야 한다.
2. 텍스트에서 잠재 변수 관련 정보는 약하고 확산된다.

이에 대한 이상적인 예는 Baker et al.(2016)에서 도입한 경제 정책 불확실성[EPU, Economic Policy Uncertainty] 지수다. 그들이 측정하려는 잠재 변수는 이론적 대상이었고 경제, 정책, 불확실성을 언급하는 단어의 결합 사용을 식별해 텍스트로 포착했다. 그러한 대상에 대한 사전을 지정하지 않으면 모델에서 공통 특징이나 주제로 나타날 가능성은 거의 없다. 또한 사전을 지정한 다음 EPU 지수 점수와 동일한 신문기사에 대한 사람의 평가를 비교해 기저 이론적 대상을 포착했다는 것을 입증했다.

딕셔너리 기반 기법은 구현이 간단하고 TensorFlow를 사용할 필요가 없으므로 LM[Loughran-McDonald] 사전 관련 단일 예제를 통해 작동 방식을 시연해본다. pandas를 사용해 코드 6-12에서 LM 사전을 로드하는 것으로 시작하자.[7] Pandas의 read_excel 서브 모듈을 사용하고 파일 경로와 시트[sheet] 이름을 지정한다. 예제에서는 '긍정' 단어 사전만 사용하므로 시트를 'Positive'로 지정했다.

코드 6-12 긍정 감정에 대한 Loughran-McDonald 측정 값 계산하기

```
import pandas as pd

# 데이터 디렉터리 경로를 정의한다.
data_path = '../data/chapter6/'

# Loughran-McDonald 사전을 로드한다.
```

---

7 LM 사전은 https://sraf.nd.edu/textual-analysis/resources/#LM%20Sentiment%20Word%20Lists에서 다운로드할 수 있다.

```
lm = pd.read_excel(data_path+'LM2018.xlsx',
        sheet_name = 'Positive',
        header = None)

# Series를 DataFrame으로 변환한다.
lm = pd.DataFrame(lm.values, columns = ['Positive'])

# 소문자로 변환한다.
lm = lm['Positive'].apply(lambda x: x.lower())

# DataFrame을 리스트로 변환한다.
lm = lm.tolist()

# 긍정 단어 리스트를 출력한다.
print(lm)

['able',
 'abundance',
 'abundant',
        ...
 'innovator',
        ...
 'winners',
 'winning',
 'worthy']
```

그런 다음 Pandas Series를 DataFrame으로 변환하고 딕셔너리에서 열 헤더가 'Positive'인 것을 사용한다. 그런 다음 LM 사전에는 모든 단어가 대문자이므로 람다 함수를 사용해 모든 단어를 소문자로 변환한다. 마지막으로 DataFrame을 리스트 객체로 변환한 다음 출력한다. 마지막 세 가지 용어를 살펴보면 winners와 winning 둘 다 동일한 어간을 가졌을 가능성이 있다는 것을 알 수 있다.

일반적으로 대부분 사전과 말뭉치 둘 다 어간만 뽑거나 둘 다 그냥 둔다. 여기서는 이미 말뭉치(6-K 채우기의 문장)의 어간만 뽑았으므로 사전도 어간만 뽑아 중복 어간은 삭제한다. 이는 코드 6-13에서 수행한다.

```
from nltk.stem.porter import PorterStemmer

# Porter 어간 추출기를 인스턴스화한다.
stemmer = PorterStemmer()

# Porter 어간 추출기를 적용한다.
slm = [stemmer.stem(word) for word in lm]

# 리스트의 길이를 출력한다.
print(len(slm))

354

# 집합으로 변환해 중복을 삭제한다.
slm = list(set(slm))

# 리스트의 길이를 출력한다.
print(len(slm))

151
```

6장 전반부에서 수행한 단계에 따라 먼저 포터 어간 추출기를 인스턴스화한 다음 리스트 컴프리헨션을 사용해 사전의 각 단어에 적용한다. 원래 리스트에는 354개 단어가 포함돼 있다. 그런 다음 해당 리스트를 집합으로 변환하면 중복 어간이 삭제돼 사전 용어 수가 151개로 줄어든다.

다음 단계는 문서에서 추출한 50개 문장이 포함된 words 리스트를 가져오는 것이다. 그리고 긍정 단어 어간의 등장 횟수를 계산한다. 문장의 각 단어를 정리하고 어간을 정리한 다음 문자열로 저장한다는 것을 기억하자. 각 긍정 단어가 나타나는 횟수를 세면서 코드 6-14에서 이를 수행한다.

```
# 개수를 저장할 빈 배열을 정의한다.
counts = []

# 모든 문장을 반복한다.
for w in words:
        # 초기 카운트를 0으로 설정한다.
        count = 0
        # 모든 사전 단어를 반복한다.
        for i in slm:
                count += w.count(i)
        # 카운트를 추가한다.
        counts.append(count)
```

코드 6-14에서는 개수를 저장할 빈 리스트를 정의하는 것으로 시작했다. 그런 다음 외부 루프의 단어 리스트에 포함된 모든 문자열을 반복했다. 새 문장을 시작할 때마다 긍정 단어 수를 0으로 설정한다. 그런 다음 내부 루프를 통과해 어간 LM 사전의 모든 단어를 반복해 문자열에 나타나는 횟수를 세고 합계에 추가했다. 개수를 셀 각 문장에 그 합계를 추가했다.

그림 6-5는 긍정 단어 개수의 히스토그램을 보여준다. 대부분의 문장에는 아무 것도 없는 반면 한 문장에는 10개 이상 있다는 것을 알 수 있다. 일반적으로 문서 수준에서 이러한 분석을 수행하면 대부분의 6-K 신고서류에서 0이 아닌 값을 찾을 수 있다.

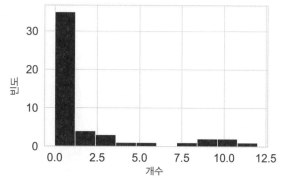

▲ 그림 6-5 6-K 신고서류에서의 문장 전체의 긍정 단어 수 분포

이론적으로 긍정 개수를 가져와 그대로 회귀의 특징으로 포함시킬 수도 있지만 실제로는 개수 변수를 더 자연스러운 해석이 가능하도록 변환을 사용한다. 개수가 모두 0이 아니라면 개수의 자연 로그를 사용해 추정된 효과를 긍정의 백분율 변화에 대한 영향으로 해석할 수 있다. 또는 모든 단어에 대한 긍정 단어의 비율을 사용할 수 있다.

마지막으로 경제학과 금융 응용 분야에서는 식 6-3에 표시된 것과 같이 일반적으로 긍정과 부정 또는 '매파'와 '비둘기파'를 결합한 순지수로 사용한다. 종종 긍정과 부정 단어 수의 차이를 취한 다음 정규화 인자로 나눈다. 이러한 인자는 문서의 총 단어 수 또는 긍정과 부정 용어의 합계일 수 있다.

식 6-3 순 긍정 지수

$$\text{순 긍정} = \frac{(\text{긍정} - \text{부정})}{\text{정규화 인자}}$$

단어 임베딩

지금까지 단어를 숫자로 표현하기 위해 원-핫 인코딩(더미 변수)을 사용했다. 이러한 접근 방식의 한 가지 잠재적 단점은 각 단어 쌍이 직교일 것을 묵시적으로 가정한다는 것이다. 예를 들어 '인플레이션'과 '가격'이라는 단어는 서로 관계가 없는 것으로 간주된다. 단어를 특징으로 사용하는 대안은 임베딩을 사용하는 것이다. 고차원의 희소 표현을 갖는 단어 벡터와 달리 단어 임베딩은 저차원의 밀집 표현을 사용한다. 이러한 밀집 표현을 통해 단어의 관련도를 식별할 수 있다.

그림 6-6은 원-핫 인코딩 단어와 밀집 단어 임베딩의 단순 비교를 보여준다. "중앙은행 발표에 나올 만한 … 인플레이션이 급상승inflation rose sharply…"이라는 문장은 두 가지 접근 방식을 사용해 인코딩할 수 있다. 다이어그램의 왼쪽에 표시된 원-핫 인코딩 방식은 각 단어를 희소 고차원 벡터로 변환한다. 그리고 각 벡터는 다른 모든 벡터와 직교한다. 반면 임베딩을 사용하는 경우 각 단어는 그림 6-6의 오른쪽에 표시된 것과

같이 더 저차원의 밀집 표현으로 나타낸다. 이러한 두 벡터의 관계는 측정 가능한데 내적을 사용해 캡처할 수 있다. 차원이 n인 두 벡터 x와 z의 내적이 식 6-4에 나와 있다.

식 6-4 두 벡터 x와 z의 내적

$$x^T z = x_0 z_0 + \ldots + x_n z_n$$

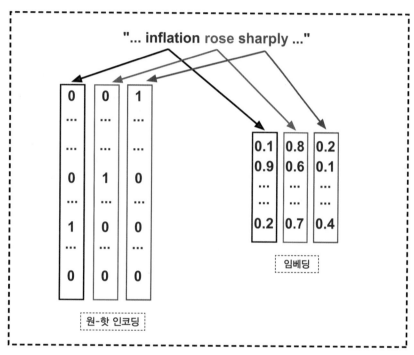

▲ 그림 6-6 원-핫 인코딩과 단어 임베딩 비교

내적은 두 단어 사이의 단순 요약을 해주지만 두 단어의 관계, 두 임베딩 벡터가 어떻게 관련돼 있는지에 대한 더 자세한 정보는 제공하지 않는다. 이를 위해 한 쌍의 벡터에 대해 동일한 위치에 있는 요소를 직접 비교해볼 수 있다. 이러한 요소는 동일한 특징에 대한 척도를 제공한다. 기본 특징이 무엇인지 식별할 수 없더라도 동일한 위치에 비슷한 값이 있다면 해당 차원을 따라 두 단어가 관련이 있다는 것을 알 수 있다. 여기서는 원-핫 인코딩이 아니라 지도나 비지도의 방법으로 임베딩을 훈련시킬 것이다.

임베딩은 단어의 의미와 단어의 관계를 포착해야 하므로 종종 스스로 훈련하는 것은 말이 안 된다. 무엇보다 임베딩 계층은 분석을 수행하는 언어를 학습해야 하며 제공하는 말뭉치는 대부분 해당 작업에 불충분할 것이다. 이러한 이유로 종종 사전 훈련된 단어 임베딩을 사용한다. 일반적으로 Word2Vec(Mikolov et al., 2013)와 단어 표현을 위한 글로벌 벡터(Pennington et al., 2014)를 사용한다. 단어 임베딩과 컨볼루션 계층 사이에는 강한 유사점이 있다. 컨볼루션 계층에는 일반적인 비전 필터가 포함돼 있다고 말했다. 이때문에 수백만 개의 이미지로 사전 훈련된 모델의 컨볼루션 계층을 사용하는 것이 합리적이었다. 또한 특정 이미지 분류 작업에 대한 로컬 성능 향상을 위해 이러한 모델의 훈련을 '미세 조정'할 수 있다고 말했다. 단어 임베딩도 마찬가지다.

주제 모델링

주제[topic] 모델링의 목적은 말뭉치에 잠재된 주제 집합을 발견해 해당 주제가 개별 문서에 존재하는 정도를 결정하는 것이다. 첫 번째 주제 모델인 잠재 디리클레 할당[LDA, Latent Dirichlet Allocation]은 Blei et al.(2003)의 기계학습 문헌에 소개됐다. 이후 경제와 금융을 포함한 많은 분야에서 응용 분야를 발견했다. TensorFlow가 표준 구현을 제공하진 않지만 정교한 많은 주제 모델에서 선택되는 프레임워크다. 일반적으로 주제 모델은 딥러닝을 사용하는 경우 TensorFlow에서 구현될 가능성이 더 크다.

경제학에서 주제 모델링 사용이 증가하고 있으므로 TensorFlow를 사용하지 않지만 이번 절에서 간략히 소개한다. 먼저 정적 LDA 모델(Blei et al., 2003)의 이론적 개요부터 시작하고 *sklearn*을 사용해 구현하고 조정하는 방법에 대한 설명이 이어진다. 여기서는 최근 도입된 모델 변형 관련 논의로 절을 마친다. Blei et al.(2003)에서는 LDA 모델을 다음과 같이 설명한다.

"말뭉치의 생성 확률 모델. 기본 아이디어는 문서가 잠재된 주제에 대해 랜덤으로 혼합된 것으로 표현되며 각 주제는 단어에 대한 분포로 특징지을 수 있다는 것이다."

여기서 몇 가지 살펴볼 개념이 있다. 이러한 개념은 6장과 이 책 전체에 다시 등장한다. 첫째, 모델은 문서 분류 학습과 같은 차별적인 작업을 수행하는 대신 새로운 출력(주제 분포)을 생성하므로 '생성적'이다. 둘째, 모델은 확률 이론에 명시적인 기반을 두고 있고 확률을 산출하므로 '확률적'이다. 셋째, 주제는 명시적으로 측정되거나 레이블이 지정되지 않고 문서의 기저 특징으로 간주된다는 점에서 '잠재적'이다.

LDA 모델의 해결 방법은 자세히 설명하지 않지만 Blei et al.(2003)에 모델의 기초가 되는 가정이 간략히 요약돼 있다. 먼저 표기법부터 살펴보자. 첫째, 길이가 V인 고정 어휘에서 단어가 추출되고 원-핫 인코딩된 벡터를 사용해 표현된다고 가정한다. 그런 다음 문서를 N 단어의 시퀀스로 정의한다. $w = (w_1, w_2, ..., w_N)$. 마지막으로 말뭉치를 문서 모음으로 정의한다. $D = \{w_1, w_2, ..., w_M\}$. 모델은 말뭉치 D에 문서 w를 생성하는 기본 과정에 대해 세 가지 가정을 한다.

1. 각 문서 w의 단어 수 N은 포아송^{Poisson} 분포를 따른다.
2. 잠재 주제는 디리클레 분포($\theta: \theta \sim \text{Dir}(\alpha)$)의 k 차원의 확률 변수에서 추출된다.
3. 단어에 n에 대해 주제, z_n은 θ에 조건화된 다항 분포에서 추출된다. 그런 다음 단어 자체는 주제 z_n에 따라 다항 분포에서 추출된다.

저자는 단어 개수의 포아송 분포 가정은 중요하지 않으며 더 현실적인 가정을 사용하는 것이 낫다고 주장한다. 디리클레 분포를 선택하면 θ는 $(k\text{-}1)$차원 심플렉스^{simplex}로 제한된다. 또한 베타 분포의 다변량 일반화가 돼 양의 가중치 θ로 구성된 k-벡터로 매개변수화된다. Blei et al.(2003)에서는 다음과 같은 세 가지 이유로 디리클레 분포를 선택했다.

"… 지수군에 속하고 충분한 유한 차원의 통계량을 가지며 다항 분포에 결합된다."

그들은 이것이 추정과 추론 알고리즘에서의 적합성을 보장할 것이라고 주장했다. 주제 분포 θ의 확률밀도는 식 6-5와 같다.

식 6-5 주제의 분포

$$p(\theta|\alpha) = \frac{\Gamma\left(\sum_i \alpha_i\right)}{\prod_i \Gamma(\alpha_i)} \theta_1^{\alpha_1 - 1} \cdots \theta_k^{\alpha_k - 1}$$

그림 6-7은 $k=2$인 디리클레 분포에서 무작위 추출된 100개를 시각적으로 보여준다. 그림 6-7의 왼쪽 패널은 $\alpha=[0.9,\ 0.1]$을 설정하고 오른쪽 패널은 $\alpha=[0.5,\ 0.5]$로 설정된 것이다. 둘 다 모든 점은 심플렉스에 있다. 즉 어떠한 점과 관련 있는 좌표를 합하면 1이 된다. 또한 α_0과 α_1을 같은 값으로 선택하면 심플렉스를 따라 고르게 분포된 점이 생성되는 반면 α_0의 상대적 값을 늘리면 수평 축(주제 θ_k)으로 기울어진다.

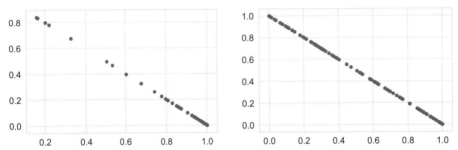

▲ 그림 6-7 $k=2$, 매개변수 벡터 [0.9, 0.1](왼쪽), [0.5, 0.5](오른쪽)를 사용해 디리클레 분포에서 추출한 임의 그리기 도식화

그런 다음 6-K 신고 문서를 문장으로 나눠 이전에 구성한 말뭉치를 사용해 LDA 모델을 구현한다. CountVectorizer를 사용해 문서 용어 행렬 C를 정의했다는 것을 기억하자. 코드 6-15에서 sklearn.decomposition에서 LatentDirichletAllocation을 임포트하는 것으로 시작하는 두 가지 모두를 사용할 것이다. 그런 다음 선호하는 매개변수 값으로 모델을 인스턴스화한다. 이러한 경우 주제 수 n_components만 설정한다. 이것은 이론적 모델의 k 매개변수에 해당한다.

이제 문서-용어 행렬에서 모델을 훈련하고 lda.components_를 사용해 출력, wordDist를 구한다. wordDist의 모양은 (3, 109)라는 것에 주목하자. 행은 잠재 주제에 해당하고 열은 가중치에 해당한다. 가중치가 높을수록 주제를 정의할 때 더 중요한 단어가 된다.[8] 그런 다음 출력인 wordDist를 사용해 각 주제에 대해 가중치가 가장 높은 단어를 찾아낸다.

그리고 주제를 보관하기 위해 빈 리스트인 topics를 정의한다. 리스트 컴프리헨션 내에서 각 주제 배열을 단계별로 살펴보고 argsort()를 적용해 배열을 정렬할 인덱스를 복구한다. 그런 다음 마지막 다섯 개의 인덱스를 복구하고 순서를 반대로 한다. 각 인덱스에 대해 vectorizer에서 복구한 feature_names를 사용해 관련 용어를 식별한다. 그런 다음 주제 리스트를 출력한다.

주제에 대한 완전한 설명은 어휘의 가중치 벡터로 구성된다. 어떠한 단어가 주제 설명에 포함되는 것이 정당화될 만큼 충분히 높은 가중치를 갖는지 알아냄으로써 그러한 주제가 설명되는 방식을 선택할 수 있다. 여기서는 가장 높은 가중치를 갖는 다섯 단어를 사용했다. 하지만 원칙적으로 임계값이나 다른 기준을 사용할 수도 있다.

코드 6-15 6-K 서류 텍스트 데이터에 대한 LDA 수행하기

```
from sklearn.decomposition import LatentDirichletAllocation

# 주제 수를 설정한다.
k = 5

# LDA 모델을 인스턴스화한다.
lda = LatentDirichletAllocation(n_components = k)

# vectorizer로 특징 이름을 복구한다.
feature_names = vectorizer.get_feature_names()

# 문서 용어 행렬에서 모델을 학습시킨다.
lda.fit(C)

# 각 주제에 대한 단어 분포를 복구한다.
wordDist = lda.components_
```

---

8   lda.components_는 합이 1이 아닌 정규화되지 않은 결과를 반환한다.

```
# 빈 주제 리스트를 정의한다.
topics = []

# 주제를 복구한다.
for i in range(k):
topics.append([feature_names[name] for
name in wordDist[i].argsort()[-5:][::-1]])

# 주제 목록을 출력한다.
print(topics)

[['inform', 'america', 'gold', 'forwardlook', 'result'],
 ['oper', 'compani', 'product', 'include', 'relief'],
 ['silver', 'lead', 'cost', 'ounc', 'galena']]
```

주제를 확인했으니 다음 단계는 해당 주제가 설명하는 내용을 알아내는 것이다. 이러한 간단한 예에서는 세 가지 주제를 찾았다. 첫 번째는 금 관련 미래 예측 정보를 참조하는 것으로 보인다. 두 번째는 회사 운영 및 생산과 관련된 것으로 보인다. 세 번째 주제는 금속 비용에 관한 것이다. 마지막으로 transform() 메서드를 사용해 코드 6–16에서 문장에 주제 확률을 할당하는 모델 예제를 완료한다.

코드 6–16 문장에 대한 주제 확률 할당하기

```
# C 행렬을 주제 확률로 변환한다.
topic_probs = lda.transform(C)

# 주제 확률을 출력한다.
print(topic_probs)

array([[0.0150523, 0.97172408, 0.01322362],
       [0.02115127, 0.599319 , 0.37952974],
       [0.33333333, 0.33333333, 0.33333333],
                          ...
       [0.93766165, 0.03140632, 0.03093203],
       [0.08632993, 0.82749933, 0.08617074],
       [0.95509882, 0.02178363, 0.02311755]])
```

코드 6-16에서 보듯이 출력은 (3, 50) 형태의 행렬이며 각 문장에 대해 주제 확률값을 갖는데 그 총합은 1이 된다. 문서 내의 문장을 보는 대신 각 날짜에 대해 별도의 6-K 문서를 살펴봤다면 주제 비율의 시계열이 될 것이다. 또한 그림 6-8에 주제 비율을 표시했다. 문서의 문장 전반에 걸쳐 주제에 일관성이 있다는 것을 알 수 있다. 주제 1은 문서의 시작과 끝에서 우세하고 주제 3은 중간에서 중요성이 높아진다.

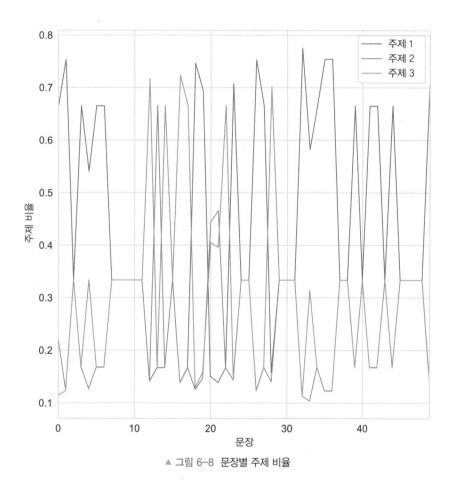

▲ 그림 6-8 문장별 주제 비율

여기서는 모델 또는 훈련 매개변수의 선택에 주의할 필요가 없는 간단한 예를 고려했지만 사실 sklearn의 LDA 구현에서는 다양한 매개변수의 선택을 허용한다. 다음에서 이러한 매개변수 중 다섯 개를 살펴본다.

1. **주제 사전 분포**: 기본적으로 LDA 모델은 α의 모든 요소에 대해 1/n_components를 사전 분포로 사용한다. 하지만 doc_topic_prior 매개변수에 주제 분포를 명시적으로 설정해 다른 사전 분포를 사용할 수 있다.

2. **학습 방법**: 기본적으로 sklearn의 LDA 모델은 변형 Bayes를 사용해 모델을 훈련하고 전체 샘플을 사용해 각 갱신을 수행한다. 하지만 learning_method 매개변수를 'online'으로 설정하면 미니 배치로 훈련할 수 있다.

3. **배치 크기**: 온라인 훈련 사용 조건에 따라 미니 배치의 크기를 기본 값인 128에서 변경할 수도 있다. batch_size 매개변수를 사용해 수행할 수 있다.

4. **학습 감쇠**: 온라인 학습을 사용할 때 학습률을 조정하기 위해서는 learning_decay 매개변수를 사용할 수 있다. 감쇠값이 높을수록 이전 반복에서 보유한 정보가 낮아진다. 기본 값은 0.7이며 문서에서는 (0.5, 1] 간격에서 감쇠를 선택할 것을 권장한다.

5. **최대 반복 횟수**: 설정 최대 반복 횟수는 설정은 임계값에 도달한 다음 학습 프로세스를 종료한다. 기본적으로 max_iter 매개변수는 128로 설정된다. 모델이 128회 반복 내에서 수렴되지 않는 것으로 보이면 이러한 매개변수에 더 높은 값을 설정할 수 있다.

마지막으로 Blei et al.(2003)에서 도입한 표준 LDA 모델의 두 가지 제한 사항을 살펴보자. 첫째, 주제의 수나 내용이 말뭉치에 고정될 수 있다. 많은 문제에서 이것은 문제가 안 된다. 하지만 시계열 차원을 포함하는 경제와 금융 분야의 응용에서는 후속 단락에서 계속 확장될 것이므로 이것은 큰 문제가 될 수 있다. 둘째, LDA 모델에서는 추출된 주제를 의미 있게 통제할 장치가 없다. 데이터에서 특정 유형의 이벤트를 추적하는 경우 해당 이벤트를 찾아낸다는 보장이 없으므로 LDA 모델을 사용하면 이를 수행할 수 없다.

첫 번째 문제와 관련해 (LDA를 시계열에 사용하면) 두 가지 문제가 발생할 수 있다. 첫째, 모델은 금융위기와 같이 잠시 등장하지만 나타나는 기간 동안 매우 중요한 주제를 걸러낸다. 둘째, 미래에 등장하는 주제를 전체 샘플의 주제로 강제함으로써 주제 분포에 '예측' 편향을 도입한다. 이는 LDA 모델은 이벤트 날짜에 그 샘플이 잘렸다면 찾을 수 없는 이벤트를 예측했을 것이라는 인상을 줄 수 있다.

두 번째 문제와 관련해 LDA는 두 가지 문제가 있다. 첫째, 관심 주제로 모델을 안내할 가능성이 없다. 예를 들어 LDA 모델에 주제 쿼리를 보낼 수 없다. 두 번째 문제는 종종 모델이 생성한 주제를 해석하기 어렵다는 것이다. 이것은 주제가 단순히 어휘의 모든 단어 분포에서 얻은 것이기 때문이다. 종종 분포를 연구하고 그것이 지배적이라고 결정된 문서를 검토하지 않는다면 주제가 정확히 무엇인지 결정할 수 없을 것이다. 하지만 정적 LDA 모델의 한계를 극복하기 위해 최근 개발된 모델이 있다.

Blei와 Lafferty(2006)에서는 주제 모델의 동적 버전을 소개하고 Dieng et al.(2019)은 동적 임베디드 주제 모델D-ETM, Dynamic Embedded Topic Model을 도입해 이를 더 확장한다. 이러한 모델은 동적이며 많은 어휘를 사용할 수 있고 더 해석 가능한 주제를 생성하는 경향이 있다. 이것은 원래의 정적 LDA 모델과 관련 있는 두 가지 문제를 모두 해결한다.

텍스트 회귀

Gentzkow et al.(2019)에서 설명된 것과 같이 경제와 금융 내의 대부분의 텍스트 분석은 단어 주머니 모델과 사전 기반 방법에 집중된다. 이러한 기술은 특정 상황에서 유용하지만 모든 연구 과제에 가장 적합한 도구인 것은 아니다. 결과적으로 경제학의 텍스트 분석 관련 프로젝트는 자연어 처리의 다른 방법을 사용해 개선할 수 있다. 한 가지 옵션은 단순히 용어 문서 행렬을 독립변수로 사용해 텍스트 특징을 포함시키는 텍스트 회귀를 사용하는 것이다. Gentzkow et al.(2019)은 텍스트 회귀가 경제학자가 채택하기에 좋은 후보라고 주장한다. 경제학자는 주로 경험적 작업에 선형 회귀를 사용

중이며 대부분 규제화 선형 회귀에 익숙하다. 따라서 텍스트 회귀를 수행하는 방법을 배우는 것은 회귀를 추정하는 방법을 배우는 것이 아니라 주로 문서 용어 행렬을 구성하는 것에 해당한다.

이번 절은 TensorFlow로 간단한 텍스트 회귀를 수행하는 것으로 시작한다. 이렇게 하기 위해서는 문서 용어 행렬과 연속 종속변수를 구성해야 한다. 6-K 문서 내에서 문장을 사용하는 대신 증권거래위원회 시스템에서 애플Apple 관련 모든 8-K 문서를 사용해 문서-용어 행렬을 구성한다.[9] 그런 다음 신고서류 당일의 애플 주가의 일별 백분율 변화를 종속변수로 사용한다.

편의상 문서-용어 행렬 x_train을 생성하고 주식 수익률 데이터를 y_train에 저장하기 위해 6장 전반부에서 설명한 것과 동일한 단계를 수행한 것 외의 데이터 수집 프로세스의 세부 사항은 생략한다. 총 144개 문서를 사용하고 25개 유니그램 개수를 추출해 x_train을 구성했다. 3장에서 k 회귀 변수가 있는 선형 모델은 식 6-6의 형식을 갖고 있다는 것을 상기하자. 이러한 경우 k 회귀 변수regressor는 문서-용어 행렬의 특징 개수다. 여기서는 시계열의 문서와 수익률의 시계열을 사용하므로 t를 사용해 문서를 인덱싱한다.

식 6-6 선형 모델

$$Y_t = \alpha + \beta_0 X_{t0} + \ldots + \beta_{k-1} X_{tk-1}$$

물론 OLS를 사용하고 해석식으로 매개변수 벡터를 풀 수도 있다. 하지만 해석적으로 다루기 힘든 모델을 만드는 시연 대신 LAD 회귀를 사용할 것이다. 코드 6-17에서는 tensorflow와 numpy를 임포트하고 상수항 alpha와 계수의 벡터 beta를 초기화하고 x_train과 y_train을 numpy 배열로 변환한 다음 매개변수와 데이터를 예측으로 변환하는 함수 LAD를 정의한다. tf.Variable()를 사용해 훈련할 매개변수를 정의하고

---

9   경제와 금융 연구에 가장 일반적으로 사용되는 SEC 문서는 10-K, 10-Q, 8-K다. 10-K와 10-Q 문서는 각각 매년 분기별로 제출되며 많은 양의 텍스트를 포함한다. 8-K 문서는 정보 공개 규칙을 준수하기 위해 비정기적으로 제출되는 '보도자료'다. 소유권 정보 외에도 8-K 문서가 가장 많기 때문에 이러한 프로젝트에서 선택했다.

np.array()나 tf.constant()를 사용해 데이터를 정의해야 한다는 것을 기억하자.

코드 6-17 TensorFlow에서 LAD 회귀를 위한 데이터와 모델 준비하기

```python
import tensorflow as tf
import numpy as np

# 랜덤으로 초기값 추출하기
alpha = tf.random.normal([1], stddev=1.0)
beta = tf.random.normal([25, 1], stddev=1.0)

# 변수를 정의한다.
alpha = tf.Variable(alpha, tf.float32)
beta = tf.Variable(beta, tf.float32)

# 데이터를 numpy 배열로 변환한다.
x_train = np.array(x_train, np.float32)
y_train = np.array(y_train, np.float32)

# LAD 모델을 정의한다.
def LAD(alpha, beta, x_train):
        prediction = alpha + tf.matmul(x_train, beta)
        return prediction
```

다음 단계는 손실함수를 정의하고 최소화를 수행하는 것이다. 이러한 작업은 코드 6-18에서 수행한다. LAD 회귀를 수행하므로 여기서는 평균 절대 오차^{MAE, Mean Absolute Error} 손실을 사용한다. 그런 다음 기본 매개변수 값으로 Adam() 최적화 프로그램을 인스턴스화한다. 마지막으로 1,000번의 훈련 반복을 수행한다.

코드 6-18 MAE 손실함수 정의 및 최적화 수행하기

```python
# 관측치 개수를 정의한다.
N = len(x_train)

# MAE 손실을 계산하는 함수를 정의한다.
def maeLoss(alpha, beta, x_train, y_train):
```

```
        y_hat = LAD(alpha, beta, x_train)
        y_hat = tf.reshape(y_hat, (N,))
        return tf.losses.mae(y_train, y_hat)

# 최적화 프로그램을 인스턴스화한다.
opt = tf.optimizers.Adam()

# 최적화를 수행한다.
for i in range(1,000):
        opt.minimize(lambda: maeLoss(alpha, beta,
        x_train, y_train),
        var_list = [alpha, beta])
```

모델을 학습했으니 이제 LAD 함수에 임의의 입력을 넣고 예측 값을 생성한다. LAD 함수는 예측 값을 생성한다. 여기서는 x_train을 사용해 코드 6-19에서 y_train에 대한 예측 y_pred를 생성한다.

코드 6-19 모델에서의 예측 값 생성하기

```
# 예측 값을 생성한다.
y_pred = LAD(alpha, beta, x_train)
```

그림 6-9에서 실제 값에 대한 예측 값을 도식화한다. 상수항은 평균수익률과 일치하며 예측은 대부분의 변화 방향을 정확히 포착하는 것으로 보인다. 하지만 일반적으로 모델은 데이터의 많은 변동을 설명하지 못한다.

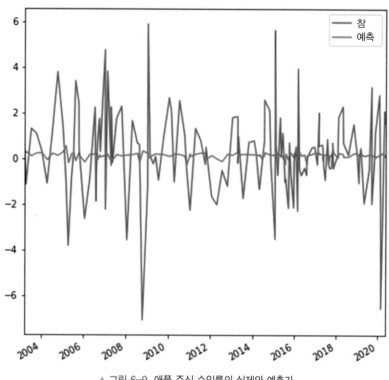

▲ 그림 6-9 애플 주식 수익률의 실제와 예측가

모델을 사용해 데이터의 많은 변화를 설명할 수 없는 이유를 '설명해줄 수 있는' 자연어 처리와 관련이 없는 몇 가지 이유가 있다. 첫째, 하루라는 기간은 너무 길 수 있으며 발표효과와 무관한 상황을 포착할 수 있다. 실제로 이러한 주제와 관련 있는 경제학 논문의 상당수는 30분 등과 같이 발표를 중심으로 더 좁은 창에 집중하도록 이동했다. 둘째, 회귀에 지연수익률, 전체 기술 분야의 수익률, 통계기관의 데이터와 같은 비텍스트 특징을 포함시키지 않았다. 셋째, 기대를 초과하는 수익을 예측하는 것은 어렵고 일반적으로 좋은 모델조차 데이터의 대부분의 변동을 설명하지 못한다. 하지만 이러한 연습 예제에서는 이러한 모든 것을 제쳐둔다. 그리고 발표할 때 NLP에서 순수하게 예측을 개선할 방법을 고려한다. 좋은 시작점은 수익률을 설명하기 위한 의미 있는 내용이 포함된 유니그램을 선택했는지 질문해보는 것이다.

CountVectorizer()에서 선택한 25가지 특징을 비판 없이 받아들였다는 점을 감안할 때 특징을 더 신중히 선택한다면 개선할 수 있을 것이다. get_feature_names() 메서드를 사용해 vectorizer에서 특징을 추출할 수 있다는 점을 기억하라. 코드 6-20에서 이러한 작업을 수행한 다음 텍스트에서 추출한 유니그램을 출력한다.

코드 6-20 모델에서의 예측 값 생성하기

```python
# vectorizer에서 특징 이름을 가져온다.
feature_names = vectorizer.get_feature_names()

# 특징 이름을 출력한다.
print(feature_names)

['act', 'action', 'amend', 'amount', 'board',
'date', 'director', 'incom', 'law', 'made',
'make', 'net', 'note', 'offic', 'order',
'parti', 'price', 'product', 'quarter', 'refer',
'requir', 'respect', 'section', 'state', 'term']
```

코드 6-20에서 볼 수 있듯이 많은 용어가 중립적으로 보인다. 텍스트에서 수정된 방식에 따라 양 또는 음의 수익률을 예측할 수 있다. 모델이 그 적절한 문맥에서 사용을 처리할 수 있다면 올바로 서명된 특징에 큰 값을 할당할 수 있다. 특징 집합을 확장하고 더 광범위한 필터링을 통해 포함된 특징을 결정하거나 특징 상호작용과 같은 비선형성을 허용하도록 모델 사양을 변경해 이러한 문제의 해결을 시도할 수 있다. 이미 정리와 필터링을 다뤘으므로 여기서는 특징 확장과 비선형성 포함에 중점을 둔다.

훈련 집합에 144개 관측치만 포함돼 있다는 점을 감안할 때 더 많은 특징을 포함시키면 훈련 샘플이 향상되지만 과적합이 발생할 수 있다. 이것은 유효한 문제이며 페널티 회귀 모델을 사용해 극복할 것이다. 페널티는 0이 아닌 값을 갖는 매개변수를 더 많이 포함할수록 손실함수 값이 낮아지도록 설정된다. 따라서 매개변수가 상당한 예측 값을 제공하지 않으면 매개변수를 0으로 만들어 없애거나 낮은 값을 할당한다.

Gentzkow et al.(2019)은 일반 페널티 추정을 식 6-7을 최소화하는 문제로 정의한다.

식 6-7 페널티 추정의 최소화 문제

$$\min\left\{l(\alpha,\beta)+\lambda\sum_j \kappa_j\left(|\beta_j|\right)\right\}$$

$l(\alpha, \beta)$는 선형 회귀에 대한 MAE 손실과 같은 손실함수라는 점에 주목하자. λ는 페널티 크기를 조정하고 $\kappa_j(\cdot)$는 원칙적으로 매개변수에 따라 다를 수 있는 증가하는 페널티 함수다. 하지만 실제로는 종종 모든 회귀 변수에 대해 동일하다고 가정한다. 자주 접하는 세 가지 유형의 페널티 회귀가 있는데 각각 $\kappa(\cdot)$의 관련 선택에 따라 정의된다.

1. **라소**^{LASSO} **회귀**: 최소 절대 수축 선택 매개변수^{LASSO, Least Absolute Shrinkage and} ^{Selection Operator} 모델은 β의 L_1 노름^{norm}을 사용해 κ를 모든 j에 대해 절대값 또는 $|\beta_j|$로 줄인다. LASSO 회귀에서의 페널티의 함수적 형식은 특정 매개변수 값을 0으로 설정해 희소 매개변수 벡터를 생성한다.

2. **리지**^{Ridge} **회귀**: β의 L_2 노름을 사용한다. LASSO 노름과 달리 $\kappa(\beta_j)=\beta_j^2$ 회귀를 생성하는 리지 회귀는 계수가 정확히 0으로 설정되지 않는 β의 밀집 식을 생성한다. 리지 회귀의 페널티 항은 볼록함수이므로 고유한 최소값을 산출한다.

3. **일래스틱 넷**^{elastic net} **회귀**: 일래스틱 넷 회귀는 LASSO와 리지 회귀 페널티를 결합한다. 즉 모든 j에 대해 $\kappa(\beta_j)=\kappa_1|\beta_j|+\kappa_2\beta_j^2$이다. LASSO, 리지, 일래스틱 넷 회귀에 대한 최소화 문제는 각각 식 6-8, 식 6-9, 식 6-10에 있다.

식 6-8 LASSO 회귀의 최소화 문제

$$\min\left\{l(\alpha,\beta)+\lambda\sum_j |\beta_j|\right\}$$

식 6-9 리지 회귀에 대한 최소화 문제

$$\min\left\{l(\alpha,\beta)+\lambda\sum_j \beta_j^2\right\}$$

식 6-10 일래스틱 넷 회귀에 대한 최소화 문제

$$\min\left\{ l(\alpha,\beta) + \lambda \sum_j \left[\kappa_1 |\beta_j| + \kappa_2 \beta_j^2 \right] \right\}$$

애플 주식의 수익률 예측 문제로 돌아가겠지만 이제 LASSO 회귀를 사용해 희소 계수 벡터를 생성한다. 예제의 경우 형용사로 수정할 수 없는, 선형 모델에서 최소한의 가치를 추가할 수 있는 중립적인 용어가 많았다. LASSO 회귀를 사용하면 모델이 가중치 0을 할당해 완전히 무시할지 여부를 결정할 수 있다.

모델을 수정하기 전에 먼저 CountVectorizer()를 다시 적용하지만 이번에는 25개가 아닌 1,000개 용어에 대한 문서-용어 행렬을 구성한다. 편의상 세부 사항을 생략하는 대신 feature_names에 1,000개 요소가 포함되고 x_train의 모양이 (144, 1000)인 프로세스의 끝부분에서 시작한다.

그런 다음 코드 6-21에서 beta와 페널티의 크기 lam을 다시 정의할 것이다. 이를 lassoLoss()라는 손실함수에서 다시 정의한다. 유일한 차이점은 베타의 L_1 노름을 곱한 lam으로 구성된 항을 추가했다는 것이다. 그외에는 아무 것도 변하지 않았다. 선형 회귀 모델에서 했던 것과 같이 예측을 위해 LAD 함수를 여전히 사용한다.

코드 6-21 LAD 회귀를 LASSO 회귀로 변환하기

```
# 계수 벡터를 다시 정의한다.
beta = tf.random.normal([1000, 1], stddev=1.0)

# 람다 매개변수 값을 설정한다.
lam = tf.constant(0.10, tf.float32)

# 손실함수를 수정한다.
def lassoLoss(alpha, beta, x_train, y_train,
lam = lam):
        y_hat = LAD(alpha, beta, x_train)
        y_hat = tf.reshape(y_hat, (N,))
        loss = tf.losses.mae(y_train, y_hat) +
```

```
        lam * tf.norm(beta, 1)
        return loss
```

코드 6-22에서는 수정된 손실함수를 사용하고 모델 훈련 단계를 반복하고 훈련 집합 예측을 생성한다.

코드 6-22 LASSO 모델 훈련시키기

```
# 최적화를 수행한다.
for i in range(1000):
        opt.minimize(lambda: lassoLoss(alpha, beta,
        x_train, y_train),
        var_list = [alpha, beta])

# 예측 값을 생성한다.
y_pred = LAD(alpha, beta, x_train)
```

LASSO 모델에서 예측된 값을 얻었으니 이제 실제 수익률과 비교할 수 있다. 그림 6-10은 이러한 비교를 보여주며 그림 6-9의 갱신을 보여준다. 이는 동일한 예제를 수행했지만 페널티 항이 없고 25개 특징만 있는 LAD 모델에 대한 것이다. 1,000가지 특징이 있는 LASSO 모델에서 성능이 크게 향상됐다는 것을 알 수 있다. 하지만 선택한 페널티 규모가 충분히 크지 않아 모델의 과적합이 우려될 수 있다. 이를 평가하기 위해 lam을 더 높은 값으로 조정해 모델 성능을 확인해볼 수 있다. 또한 테스트 집합을 사용해 교차 검증을 수행할 수도 있다. 하지만 이것은 144개 관측치만 있는 시계열 문맥에서는 다소 어려울 것이다.

지금은 LASSO 회귀가 희소 계수를 반환한다는 것을 상기하고 0이 아닌 값을 갖는 계수의 개수를 조사할 것이다. 그림 6-11은 계수 크기의 히스토그램을 보여준다. 이로부터 800개 이상의 특징에 약 0 값이 할당되었다는 것을 알 수 있다. 과적합을 우려할 만한 특징이 여전히 있지만 1,000개 특징 중 대부분이 페널티 함수의 결과로 모델에서 무시됐다는 점을 감안하면 덜 우려된다.

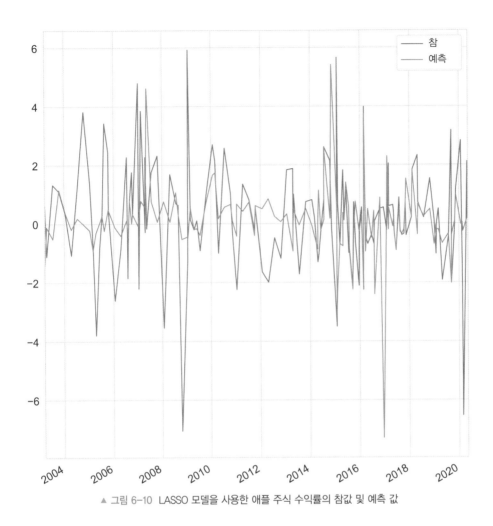

▲ 그림 6-10 LASSO 모델을 사용한 애플 주식 수익률의 참값 및 예측 값

이제 회귀에서 규제화 형태(페널티 함수)를 사용해 추가 특징을 사용할 수 있다는 것을 확인했다. 페널티 함수는 적합도 향상을 위해 단순히 더 많은 매개변수를 추가하는 것을 방지한다. 이렇게 하면 페널티가 증가해 매개변수 값이 적합도를 크게 향상시켜 매개변수가 모델에 포함되는 것이 정당화된다. 이는 또한 더 많은 특징을 포함할 수 있고 모델이 어떠한 것이 0이 아닌 크기로 할당돼야 하는지를 분류할 수 있다는 뜻이다.

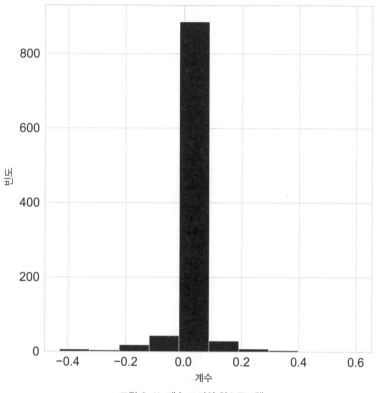

▲ 그림 6-11 계수 크기의 히스토그램

앞에서 LASSO 모델을 사용하면 특징 집합을 확장할 수 있으며, 이는 성능을 향상시키는 방법이라고 말했다. 앞에서 말한 또 다른 옵션은 단어간 종속성을 허용하는 것이다. 모델에서 비선형성을 허용하면 이를 수행할 수 있다. 원칙적으로 이러한 특징공학을 할 수 있다. 이러한 작업 수행을 위해 비선형 모델을 사용할 수 있다. 또한 과적합을 피하기 위해 LASSO 모델과 마찬가지로 페널티 항과 결합할 수도 있다.

이들은 실행 가능한 전략이며 TensorFlow에서 비교적 쉽게 구현할 수 있지만 그 대신 더 일반적인 옵션인 딥러닝을 사용한다. 이미지 맥락의 딥러닝을 5장에서 이미 설명했지만 대부분의 텍스트 회귀 문제에서 유연하고 강력한 모델링 전략을 제공하기 때문에 여기서 사용한다.

'딥러닝'(예: 신경망)과 '얕은 러닝'(예: 선형 회귀)의 차이는 얕은 학습 모델에서는 특징공학을 수행해야 한다는 것이다. 선형 텍스트 회귀에서는 문서 용어 행렬을 유니그램으로 할지, 바이그램으로 할지 등의 특징을 결정해야 한다. 또한 모델에서 허용할 특징의 개수도 결정해야 한다. 모델은 데이터 변동을 설명하는 데 가장 중요한 항목을 결정하지만 포함할 항목을 선택해야 한다.

앞의 이미지의 경우 그렇지 않았다는 것을 다시 한 번 기억하라. 픽셀 값을 컨볼루션 신경망으로 입력하면 이러한 네트워크는 점점 복잡해지는 특징을 연속적인 계층으로 식별했다. 먼저 네트워크는 선을 식별했다. 다음 계층에서 그들은 모서리를 식별했다. 각각의 연속 계층은 이전 계층 위에 구축돼 분류 과제에 유용한 새로운 특징을 식별했다.

딥러닝은 텍스트에 대해서도 동일한 방식으로 사용할 수 있다. 특징공학을 사용해 용어가 어떻게 연관되는지를 결정하는 대신 신경망이 이러한 관계를 발견하도록 할 수 있다. 5장에서 했듯이 TensorFlow에서 고급 Keras API를 사용할 것이다. 코드 6-23에서는 밀집 계층으로 신경망을 정의하고 애플 주식의 수익률을 예측하는 데 사용한다. 이러한 네트워크와 5장의 드롭아웃 계층 사용에서 정의한 밀집 계층 기반 이미지 네트워크 사이에는 단 하나의 실질적인 차이만 있다.

여기서는 각각 0.20의 비율을 갖는 두 개의 이러한 계층을 포함했다. 학습 단계에서는 노드의 20%를 랜덤으로 드롭drop해 출력값을 기억하기 위해 많은 수의 모델 매개변수를 사용하는 대신 모델이 강력한 관계를 학습하도록 한다.[10]

이외에도 문서 용어 행렬에 포함된 숫자인 1,000개의 특징 열이 있는 입력을 받아들이도록 모델을 정의했고 모든 은닉 계층에 대해 relu 활성화 함수를 사용한다. 또한 연속 목표값(주식 수익률)이므로 출력 계층에서 선형 활성화 함수를 사용한다.

---

10 5장의 밀집 신경망 모델에서는 드롭아웃 계층을 사용하지 않았지만 일반적으로 이미지 관련 문제에서는 이를 사용해 규제화를 수행한다.

```python
import tensorflow as tf

# 입력 계층을 정의한다.
inputs = tf.keras.Input(shape=(1000,))

# 밀집 계층을 정의한다.
dense0 = tf.keras.layers.Dense(64,
        activation="relu")(inputs)

# 드롭아웃 계층을 정의한다.
dropout0 = tf.keras.layers.Dropout(0.20)(dense0)

# 밀집 계층을 정의한다.
dense1 = tf.keras.layers.Dense(32,
        activation="relu")(dropout0)

# 드롭아웃 계층을 정의한다.
dropout1 = tf.keras.layers.Dropout(0.20)(dense1)

# 출력 계층을 정의한다.
outputs = tf.keras.layers.Dense(1,
        activation="linear")(dropout1)

# 입력과 출력을 사용해 모델을 정의한다.
model = tf.keras.Model(inputs=inputs,
        outputs=outputs)
```

여기서 선택한 아키텍처는 많은 매개변수의 훈련이 필요하다. keras 모델의 summary() 메서드를 사용해 이를 확인할 수 있다는 것을 기억하자. 코드 6-24에서 이를 수행한다. 총 66,177개의 학습 가능한 매개변수가 모델에 있다. 1,001개의 매개변수만 모델에 있었고 페널티 함수가 그중 850개를 0으로 강제했는데도 불구하고 LASSO 모델에서는 벌써 과적합을 우려했다. 이제 무려 66,177개의 매개변수가 모델에 있으니 과적합을 더 걱정하게 된다. 이것이 바로 규제화(드롭아웃)의 한 형태를 사용하고 훈련과 검증 샘플도 사용하는 이유다.

```
# 모델 아키텍처를 출력한다.
print(model.summary())
```

```
Layer (type)                Output Shape         Param #
=================================================================
input_3 (InputLayer)        [(None, 1000)]          0

dense_5 (Dense)             (None, 64)           64064

dropout_1 (Dropout)         (None, 64)              0

dense_6 (Dense)             (None, 32)            2080

dropout_2 (Dropout)         (None, 32)              0

dense_7 (Dense)             (None, 1)              33
=================================================================
Total params: 66,177
Trainable params: 66,177
Non-trainable params: 0
```

모델을 정의하는 것 외에도 컴파일해야 한다는 것을 기억하자. 코드 6-25에서 컴파일 및 모델 훈련을 시킬 것이다. 여기서는 Adam 최적기, 평균 절대 오차 손실, 샘플 30%에 대한 검증 분할을 사용한다는 점에 주목하자. 또한 20 에폭을 사용한다.

코드 6-25 Keras 모델 컴파일 및 훈련시키기

```
# 모델을 컴파일한다.
model.compile(loss="mae", optimizer="adam")

# 모델을 훈련시킨다.
```

```
model.fit(x_train, y_train, epochs=20,
batch_size=32, validation_split = 0.30)

Epoch 1/20
100/100 [========================] - 0s 5ms/sample -
loss: 2.6408 - val_loss: 2.5870

...

Epoch 10/20
100/100 [========================] - 0s 117us/sample -
loss: 1.7183 - val_loss: 1.3514

...

Epoch 15/20
100/100 [========================] - 0s 110us/sample -
loss: 1.6641 - val_loss: 1.2014

...

Epoch 20/20
100/100 [========================] - 0s 113us/sample -
loss: 1.5932 - val_loss: 1.2536
```

코드 6-25에서 보듯이 훈련은 처음에 훈련과 검증 분할 모두에서 손실을 감소시킨다. 하지만 15 에폭까지 훈련 분할의 손실은 계속 감소하는 반면 검증 분할의 손실은 조금 증가하기 시작한다. 이는 과적합이 시작됐다는 것을 시사한다.

그림 6-12는 모델의 predict() 메서드를 사용해 수익률 예측 연습을 반복한 결과를 보여준다. 예측은 선형과 LASSO 회귀보다 개선돼 보이지만 이러한 이득의 일부는 과적합 때문일 가능성이 크다.

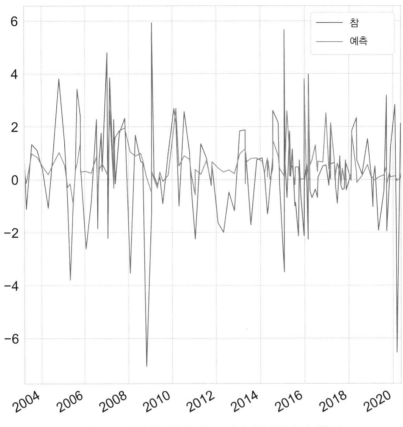

▲ 그림 6-12 신경망을 사용한 애플 주식 수익률의 참값 및 예측 값

두 드롭아웃 계층의 비율을 높이거나 은닉 계층의 노드 수를 줄이면 과적합 위험을 더 줄일 수 있다. 마지막으로 단어가 나타나는 순서를 무시하는 대신 단어 시퀀스를 사용하면 모델 성능이 크게 향상될 수 있다. 이를 위해서는 장·단기 기억LSTM, Long Short-Term Memory 모델을 포함해 순환신경망과 그 변형을 사용해야 한다. 나중에 동일한 모델 군을 사용해 시계열 분석을 수행할 것이므로 소개는 7장으로 미루겠다.

텍스트 분류

앞 절에서 TensorFlow를 사용해 텍스트 회귀를 수행하는 방법을 논의했다. 일단 문서 용어 행렬을 구성하면 LAD 회귀와 LASSO 회귀를 수행하고 신경망을 훈련시키는 것이 비교적 간단하다는 것을 알게 됐다. 하지만 이산 목표값이기 때문에 분류를 수행해야 할 때가 있다. 다행스럽게도 TensorFlow는 이미 정의한 모델을 조금 조정해 분류 작업을 수행할 수 있는 유연성을 제공한다.

코드 6-26은 분류 수행을 위해 로지스틱 모델을 정의하는 방법을 보여준다. 동일한 문서 용어 행렬 x_train을 사용한다고 가정하지만 이제 y_train을 개별 8-K 문서를 읽은 다음 문맥에 대한 우리의 인식을 기반으로 '긍정' 또는 '부정'으로 분류해 생성한 수동 분류 레이블로 대체했다. 긍정은 0, 부정은 1로 표시된다.

코드 6-26 TensorFlow에서 분류 수행을 위한 로지스틱 모델 정의하기

```
# 로지스틱 모델을 정의한다.
def logitModel(x_train, beta, alpha):
        prediction = tf.nn.softmax(tf.matmul(
        x_train, beta) + alpha)
        return prediction
```

모델 정의를 변경하는 것 외에도 이진 교차 엔트로피 손실을 사용하도록 손실함수를 수정한다. 코드 6-27에서 이를 수행한다. 그 후에는 최적화를 수행할 때만 함수 핸들을 변경하면 된다. 다른 모든 것은 선형 회귀 예제에서와 같이 작동한다.

코드 6-27 TensorFlow에서 분류 수행을 위한 로지스틱 모델의 손실함수 정의하기

```
# 관측치 개수를 정의한다.
N = len(x_train)

# MAE 손실을 계산하는 함수를 정의한다.
def logisticLoss(alpha, beta, x_train, y_train):
        y_hat = LogitModel(alpha, beta, x_train)
```

```
y_hat = tf.reshape(y_hat, (N,))
loss = tf.losses.binary_crossentropy(
y_train, y_hat)
return loss
```

마찬가지로 코드 6-23에서 정의한 신경망으로 분류를 수행하기 위해서는 코드 6-28
에 표시된 대로 두 줄의 코드만 수정하면 된다.

코드 6-28 분류를 수행하도록 신경망 수정하기

```
# 시그모이드 활성화를 사용하도록 출력 계층을 변경한다.
outputs = tf.keras.layers.Dense(1,
        activation="sigmoid")(dropout1)

# 컴파일에서 범주형 교차 엔트로피 손실을 사용한다.
model.compile(loss="binary_crossentropy", optimizer="adam")
```

두 가지를 변경하는데 각각 출력에 사용되는 활성화 함수 계층과 손실함수였다. 첫째,
분류를 두 개 부류로 수행 중이므로 시그모이드 활성화 함수를 사용해야만 했다. 둘
째, 두 부류의 분류 문제의 표준인 binary_crossentropy 손실을 사용했다. 그 대신 여러
부류 문제의 경우 소프트맥스^{softmax} 활성화 함수와 categorical_crossentropy 손실을
사용한다.

신경망을 사용한 분류의 확장된 개요는 유사한 자료를 다루지만 이미지 분류 문제의
맥락에서 다루는 5장을 참조하라. 또한 일반적으로 텍스트 분류 문제에 사용되는 순차
모델 관련 정보는 시계열 분석에 동일한 모델을 사용하는 7장을 참조하라.

요약

6장에서는 텍스트 분석이 현재 경제와 금융 분야에서 어떻게 사용되고 앞으로 어떻게
사용될 수 있는지에 대한 확장된 개요를 제공했다. 경제학자에게 가장 익숙하지 않은

프로세스의 일부는 텍스트를 숫자 데이터로 변환하는 데이터 정리와 준비 단계다. 이것의 가장 간단한 버전은 단어 주머니 모델인데 문맥에서 단어를 제거하고 단어 빈도 수만 사용해 문서 내용을 요약했다. 이러한 방법은 구현이 비교적 간단하지만 강력하며 경제학에서 가장 일반적으로 사용되는 방법 중 하나다.

사전 기반 방법은 단어 주머니 모델에서도 작동한다. 하지만 문서의 모든 용어를 세는 대신 잠재 변수를 측정하는 사전을 구성한다. 이러한 방법은 경제학 텍스트 분석에 자주 사용되지만 Gentzkow et al.(2019)에서 설명했듯이 항상 최적의 도구인 것은 아니다. EPU 지수(Baker, Bloom과 Davis, 2016)는 이론적 목적에서 흥미로운 척도이므로 경제학에서 사전 기반 방법을 사용한 이상적인 사례일 것이다. 하지만 말뭉치에서 지배적인 주제를 추출하는 것과 같이 등장할 것 같진 않다.

또한 단어 임베딩을 논의하고 주제 모델링, 텍스트 회귀 모델, 텍스트 분류 모델도 살펴봤다. 여기에는 텍스트에 딥러닝 모델 사용의 개요가 포함됐다. 하지만 순차적 모델 관련 논의는 시계열 분석을 사용하는 7장에서 다룬다.

참고문헌

- Acosta, M, "A New Measure of Central Bank Transparency and Implications for the Effectiveness of Monetary Policy."(*Working Paper*, 2019)

- Angelico, C., J. Marcucci, M. Miccoli, and F. Quarta, "Can We Measure Inflation Expectations Using Twitter?"(*Working Paper*, 2018)

- Apel, M., and M. Blix Grimaldi, "How Informative Are Central Bank Minutes?"(*Review of Economics* 65 (1): 53 – 76, 2014)

- Ardizzi, G., S. Emiliozzi, J. Marcucci, and L. Monteforte, "News and Consumer Card Payments."(*Bank of Italy Economic Working Paper*, 2020)

- Armelius, H., C. Bertsch, I. Hull, and X. Zhang, "Spread the Word: International Spillovers from Central Bank Communication."(*Journal of*

International Money and Finance (103), 2020)

- Athey, S., and G. W. Imbens, "Machine Learning Methods that Economists Should Know About."(*Annual Review of Economics* 11: 685 – 725, 2019)

- Baker, S. R., N. Bloom, and S. J. Davis, "Measuring Economic Policy Uncertainty."(*Quarterly Journal of Economics* 131 (4): 1593 – 1636, 2016)

- Bertsch, C., I. Hull, Y. Qi, and X. Zhang, "Bank Misconduct and Online Lending."(*Journal of Banking and Finance* 116, 2020)

- Blei, D. M., A. Y. Ng, and M. I. Jordan, "Latent Dirichlet Allocation."(*Journal of Machine Learning Research* 3: 993 – 1022, 2003)

- Blei, D. M., and J. D. Lafferty, "Dynamic Topic Models."(*ICML '06: Proceedings of the 23rd International Conference on Machine Learning*. 113 – 120, 2006)

- Bloom, N., S. R. Baker, S. J. Davis, and K. Kost, "Policy News and Stock Market Volatility."(*Mimeo*, 2019)

- Born, B., B. Ehrmann, and M. Fratzcher, "Central Bank Communication on Financial Stability."(*The Economic Journal* 124, 2013)

- Cerchiello, P., G. Nicola, S. Ronnqvist, and P. Sarlin, "Deep Learning Bank Distress from News and Numerical Financial Data."(*arXiv*, 2017)

- Chahrour, R., K. Nimark, and S. Pitschner, "Sectoral Media Focus and Aggregate Fluctuations."(*Working Paper*, 2019)

- Correa, R., K. Garud, J. M. Londono, and N. Mislang, "Sentiment in Central Banks' Financial Stability Reports."(*International Finance Discussion Papers 1203, Board of Governors of the Federal Reserve System(U.S.)*, 2020)

- Dieng, A. B., F. J. R. Ruiz, and D. M. Blei, "The Dynamic Embedded Topic Model."(*arXiv preprint*, 2019)

- Gentzkow, M., B. Kelly, and M. Taddy, "Text as Data."(*Journal of Economic Literature* 57 (3): 535 – 574, 2019)

- Hansen, S., and M. McMahon, "Shocking Language: Understanding the Macroeconomic Effects of Central Bank Communication."(*Journal of*

International Economics 99, 2016)

- Hansen, S., M. McMahon, and A. Prat, "Transparency and Deliberation within the FOMC: A Computational Linguistics Approach."(*Quarterly Journal of Economics* 133: 801 – 870, 2018)

- Harris, Z, "Distributional Structure."(*Word* 10 (2/3): 146 – 162, 1954)

- Hollrah, C. A., S. A. Sharpe, and N. R. Sinha, "What's the Story? A New Perspective on the Value of Economic Forecasts."(*Finance and Economics Discussion Series 2017-107, Board of Governors of Federal Reserve System(U.S.)*, 2018)

- Kalamara, E., A. Turrell, C. Redl, G. Kapetanios, and S. Kapadia, "Making Text Count: Economic Forecasting Using Newspaper Text."(*Bank of England Staff Working Paper No. 865*, 2020)

- LeNail, A, "NN-SVG: Publication-Ready Neural Network Architecture Schematics."(*Journal of Open Source Software* 4 (33), 2019)

- Loughran, T., and B. McDonald, "When is a Liability Not a Liability? Textual Analysis, Dictionaries, and 10–Ks."(*Journal of Finance* 66 (1): 35 – 65, 2011)

- Mikolov, T., K. Chen, G. Corrado, and J. Dean "Efficient Estimation of Word Representations in Vector Space."(arXiv, 2013)

- Nimark, K. P., and S. Pitschner, "News Media and Delegated Information Choice."(*Journal of Economic Theory* 181: 160 – 196, 2019)

- Pennington, J., R. Socher, and C. Manning, "GloVe: Global Vectors for Word Representation."(*Proceedings of the 2014 Conference on Empirical Methods in Natural Language Processing(EMNLP)*. Doha: Association for Computational Linguistics. 1532 – 1543, 2014)

- Pitschner, S, "How Do Firms Set Prices? Narrative Evidence from Corporate Filings."(*European Economic Review* 124, 2020)

- Porter, M. F, "An Algorithm for Suffix Stripping."(*Program* 14 (3): 130 – 137, 1980)

- Romer, C. D., and D. H. Romer, "A New Measure of Monetary Shocks: Derivation and Implications."(*American Economic Review* 94: 1055 – 1084, 2004)

- Salton, G., and M. J. and McGill, *Introduction to Modern Information Retrieval*(New York, NY: McGraw-Hill, 1983)

- Shapiro, A. H., and D. Wilson, "Taking the Fed at its Word: A New Approach to Estimating Central Bank Objectives using Text Analysis."(*Federal Reserve Bank of San Francisco Working Paper* 2019–02, 2019)

- Shiller, R. J, "Narrative Economics."(*American Economic Review* 107 (4): 967 – 1004, 2017)

- Tetlock, P, "Giving Content to Investor Sentiment: The Role of Media in the Stock Market."(*Journal of Finance* 62 (3): 1139 – 1168, 2007)

7장

시계열

일반적으로 경제학의 경험적 작업은 인과 추론, 가설 검정과 관련 있는 반면 머신러닝은 예측을 중심으로 한다. 하지만 경제와 금융 예측과 관련해 목표 사이에는 명확한 교차점이 있다. 결과적으로 머신러닝 방법을 사용해 경제 예측을 생성하고 평가하는 것에 대한 관심이 늘고 있다.

2장에서 Coulombe et al.(2019)는 시계열 계량경제학에 대한 머신러닝의 유용성을 주장했다. 그들은 비선형 모델, 규제화, 교차 검증과 대체 손실함수를 시계열 계량경제학 컨텍스트에서 사용하기 위해 가져올 수 있는, 잠재적으로 가치 있는 도구로 식별했다.

7장에서는 시계열 예측에서의 머신러닝의 가치를 설명한다. TensorFlow 구현에 집중할 것이므로 여기서는 Coulombe et al.(2019)의 논지에서 다소 벗어나 딥러닝 모델에 집중할 것이다. 특히 순차 데이터 처리에 사용되는 특수 계층이 있는 신경망 모델을 사용할 것이다.

7장 전체에서는 예측 예제(Nakamura, 2005)를 기반으로 한다. 이는 시계열 계량경제학에서 신경망을 최초로 응용한 프로그램 중 하나였다. Nakamura(2005)는 인플레이션 예측을 위해 일변량 자기 회귀 모델에 비해 이득을 보여주기 위한 밀집 신경망을 사용했다.

머신러닝의 순차 모델

지금까지 신경망을 위한 몇 가지 특수 계층을 논의했지만 순차 데이터를 처리하는 방법은 설명하지 않았다. 신경망에는 이러한 데이터를 처리하는 강력한 프레임워크가 있는데 주로 자연어 처리[NLP, Natural Language Processing]를 목적으로 개발됐지만 시계열 맥락에서도 똑같이 유용하다. 또한 7장 후반부에서 NLP 맥락의 사용을 간략히 설명한다.

밀집 신경망

5장과 6장에서 밀집 신경망을 이미 사용했다. 하지만 순차 데이터와 함께 사용하도록 조정하는 방법은 설명하지 않았다. 지금까지 모든 신경망 예제에서는 시간 차원이 없거나 활용하지 않았다.

Nakamura(2005)에서의 설정과 같이 순차 데이터를 사용해 분기별 인플레이션을 예측하는 방법을 살펴보면서 이번 절을 시작한다. 이러한 예제의 수행을 위해 1947:Q2와 2020:Q2[1] 사이 기간 동안의 미국의 분기 인플레이션 데이터를 사용한다. 이는 그림 7-1에 나와 있다. 또한 Nakamura(2005)에서와 같이 인플레이션 지연 외에는 추가 설명 변수를 포함하지 않는 단변량 모델을 고려할 것이다.

---

1 소비자 물가지수(CPI)와 그로부터 도출된 인플레이션 측정치는 노동통계국(www.bls.gov)에서 계산한다. 이 예제에서 사용하는 시계열은 BLS 웹사이트의 ID 번호 CUSR0000SA0에 있다.

6장에서는 텍스트와 이미지 데이터로 작업할 때 종종 원시 입력을 신경망에서 사용하기에 적합한 것으로 변환하기 위해 전처리 작업을 수행해야만 했다. 순차 데이터의 경우 시계열을 고정 길이의 시퀀스로 변환해야 한다.

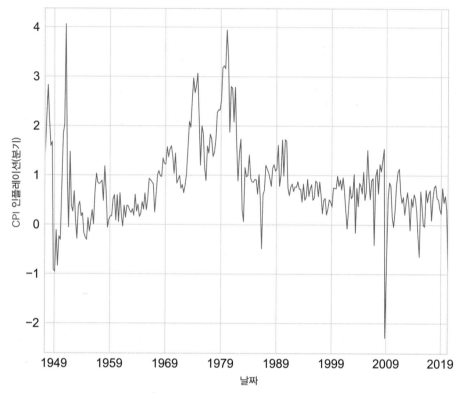

▲ 그림 7-1 1947년 2분기부터 2020년 2분기까지의 CPI 인플레이션. 출처: 미국 노동통계국

신경망에 대한 입력으로 사용할 지연^{lags} 수인 시퀀스 길이를 결정하는 것부터 시작한다. 시퀀스 길이를 3으로 선택하면 네트워크는 t, $t-1$, $t-3$ 기간의 실현 값을 사용해 기간 $t+h$의 인플레이션을 예측한다. 그림 7-2는 단일 시계열을 세 개의 연속 관측치의 중첩 시퀀스로 분할하는 전처리 단계를 보여준다. 그림 왼쪽은 원래의 입력 시계열을 보여준다. 오른쪽은 시퀀스의 두 가지 예를 보여준다. 점선 사각형은 단일 분기를 예측 지평선($h=1$)으로 사용할 경우에 예측할 값과 시퀀스를 연결한다.

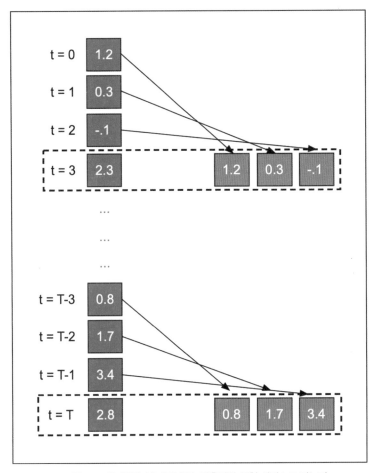

▲ 그림 7-2 시계열을 세 개의 연속 관측치의 중첩 시퀀스로 나누기

데이터가 data_path에 있는 디렉터리의 inflation.csv로 다운로드되고 저장됐다고 가정한다. 먼저 코드 7-1의 pandas로 로드한 다음 numpy 배열로 변환하는 것으로 시작한다. 다음으로 tensorflow.keras.preprocessing.sequence 하위 모듈에서 Timeseries Generator()를 사용해 생성기 객체를 정의한다. 입력으로 네트워크의 특징과 타깃, 시퀀스 길이와 배치 크기를 사용한다. 이러한 경우 특징과 타깃 모두 inflation인 일변량 회귀를 수행한다. 여기서는 length 매개변수를 사용해 시퀀스 길이를 4로 사용한다.

마지막으로 batch_size 12를 사용한다. 즉 생성기가 반복될 때마다 12개의 시퀀스와 12개의 타깃 값을 생성한다.

코드 7-1 인플레이션을 위한 시퀀스 생성기 인스턴스화하기

```python
import numpy as np
import tensorflow as tf
from tensorflow.keras.preprocessing.sequence
import TimeseriesGenerator

# 데이터 경로를 설정한다.
data_path = '../data/chapter7/'

# 데이터를 로드한다.
inflation = pd.read_csv(data_path+'inflation.csv')

# numpy 배열로 변환한다.
inflation = np.array(inflation['Inflation'])

# 시계열 생성기를 인스턴스화한다.
generator = TimeseriesGenerator(inflation, inflation,
    length = 4, batch_size = 12)
```

이제 데이터 배치를 만드는 데 사용할 수 있는 생성기 객체가 생겼다. Keras 모델은 데이터가 아닌 생성기를 입력으로 사용할 수 있다. 코드 7-2에서는 모델을 정의한 다음 생성기를 사용해 훈련한다. Sequential() 모델을 사용한다는 점에 유의하자. 이를 통해 계층을 순서대로 쌓아 모델을 구성할 수 있으며 순차 데이터 사용과는 관련이 없다.

먼저 순차 API를 사용해 모델을 인스턴스화한다. 그런 다음 시퀀스 길이와 일치하도록 입력 노드 수를 설정하고 두 개의 노드가 있는 단일 은닉 계층을 정의하고 선형 활성화 함수를 사용하는 출력 계층을 정의한다. 마지막으로 평균 제곱오차 손실과 아담 최적기를 사용해 모델을 컴파일한다.

이전에 모델을 학습할 때 np.array() 또는 tf.constant() 객체를 입력 데이터로 사용했다.

코드 7-2에서는 생성기를 사용했는데 이전에 했던 것과 같이 fit() 대신 fit_generator() 메서드를 사용해야 한다.

코드 7-2 생성된 시퀀스를 사용해 신경망 훈련시키기

```
# 순차 모델을 정의한다.
model = tf.keras.models.Sequential()

# 입력 계층을 추가한다.
model.add(tf.keras.Input(shape=(4,)))

# 밀집 계층을 정의한다.
model.add(tf.keras.layers.Dense(2, activation="relu"))

# 출력 계층을 정의한다.
model.add(tf.keras.layers.Dense(1, activation="linear"))

# 모델을 컴파일한다.
model.compile(loss="mse", optimizer="adam")

# 모델을 훈련시킨다.
model.fit_generator(generator, epochs=100)

Train for 25 steps
Epoch 1/100
25/25 [==============================] - loss: 4.3247
...
Epoch 100/100
25/25 [==============================] - loss: 0.3816
```

에폭 1과 100 사이에서 이러한 모델은 평균 제곱 오차를 줄여 4.32에서 0.38로 많이 낮춘다. 중요한 것은 드롭아웃과 같은 정규화를 사용하지 않았고 테스트 샘플 분할을 생성하지 않았으므로 상당한 과적합이 있을 수 있다는 점이다. 코드 7-3에서는 모델의 summary() 메서드를 사용해 아키텍처를 조사한다. 이전에 작업한 모델보다 학습 가능한 매개변수가 적으며 겨우 13개라는 것을 알 수 있다.

코드 7-3 모델 아키텍처 요약하기

```
# 모델 아키텍처를 출력한다.
print(model.summary())

Layer (type)        Output Shape            Param #
=================================================
dense_1 (Dense)     (None, 2)                 10

dense_1 (Dense)     (None, 1)                  3
=================================================
Total params: 13
Trainable params: 13
Non-trainable params: 0
```

이제 model.predict_generator(generator)를 사용해 인플레이션에 대한 일련의 예측 값을 생성할 수 있다. 그림 7-3은 모델 예측에 대한 실제 인플레이션 값을 보여준다. 모델 성능이 매력적으로 보이지만 과적합하지 않도록 적절한 예방 조치를 취하지 않았다.

그림 7-4에서 2000년 이후 기간을 테스트 샘플로 사용해 과적합이 문제가 되는지 여부를 조사한다. 이를 위해서는 2000년 이전 값만 사용해 훈련하는 생성기를 별도로 구성해야 한다. 그런 다음 원래 생성기를 사용해 2000년 이후 값을 포함해 전체 샘플 예측을 수행한다.

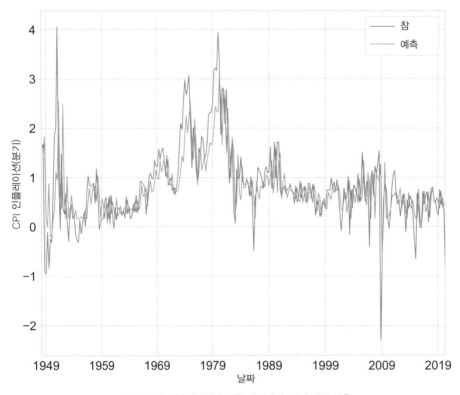

▲ 그림 7-3 인플레이션에 대한 밀집망의 1분기 사전 예측

그림 7-4는 그림 7-3의 2000년 이후와 크게 다르지 않다는 것을 알 수 있다. 이전 데이터에 대해 과적합한 경우 예상되는 것이다. 특히 2000년 이후 성능이 떨어져 보이지 않는다. 이는 모델이 과적합되지 않았다는 것을 나타낸다. 이는 모델의 매개변수가 상대적으로 적어 과적합하기가 더 어렵기 때문에 별로 놀랄 일은 아니다. 이번 절의 나머지 부분에서는 동일한 전처리 단계를 사용하지만 입력 시퀀스를 처리하도록 설계된 모델에 특수 계층을 추가한다. 이러한 계층은 현재의 밀집 모델에서 수행하는 것처럼 모든 특징을 동일하게 처리하지 않고 지연 구조에 인코딩된 시간 정보를 활용한다.

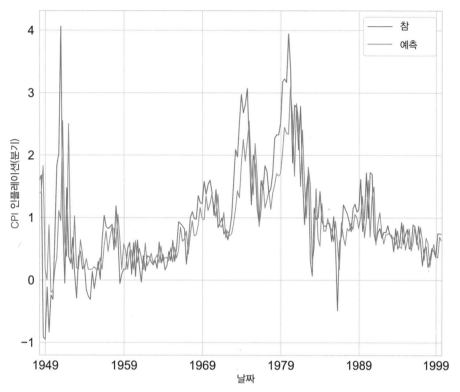

▲ 그림 7-4 1947~2000년 데이터로 학습된 모델의 인플레이션 관련 밀집 네트워크의 1분기 사전 예측

재현 신경망

재현 신경망RNN, Recurrent Neural Networks은 일련의 입력을 받아 밀집 계층과 특수한 재현 계층의 조합을 사용해 처리한다(Rumelhart et al., 1986).[2] 이러한 입력 시퀀스는 단어 벡터, 단어 임베딩, 음표이거나 7장에서 고려하는 다른 시점의 인플레이션 척도일 수도 있다.

---

2   자연어 처리 맥락에서는 종종 RNN에 임베딩 계층이 포함된다.

여기서는 Goodfellow et al.(2017)의 RNN 기법을 따를 것이다. 저자는 재현 계층이란 각각 $x(t)$와 상태 $h(t-1)$를 입력 값으로 취하고 출력 값 $o(t)$를 생성하는 셀로 구성된 것이라고 설명한다. 재현 셀의 출력 값이 생성되는 프로세스는 식 7-1, 식 7-2, 식 7-3에 있다.

식 7-1에서는 시계열의 상태 $h(t-1)$에 가중치 W를 곱한다. 그런 다음 입력 값 $x(t)$를 가져와 별도의 가중치 집합 U를 곱한다. 마지막으로 두 항을 편향항 b와 합산한다.

식 7-1 RNN 셀의 곱셈 단계 수행하기

$$a(t) = b + Wh(t-1) + Ux(t)$$

다음으로 곱셈 단계의 출력을 가져와 식 7-2에서와 같이 쌍곡선 탄젠트 활성화 함수에 전달한다. 이러한 단계의 출력은 시스템의 갱신 상태 $h(t)$다.

식 7-2 RNN 셀에 활성화 함수 적용하기

$$h(t) = tanh(a(t))$$

식 7-3의 마지막 단계에서 갱신된 상태를 별도의 가중치 집합 V에 곱하고 편향항을 더한다.

식 7-3 RNN 셀에서 출력 값 생성하기

$$o(t) = c + Vh(t)$$

7장의 작업 예는 인플레이션이 유일한 특징이다. 이는 $x(t)$가 스칼라이고 W, U, V도 스칼라라는 것을 의미한다. 또한 이러한 가중치는 모든 기간 동안 공유되므로 밀집 네트워크에서 필요한 것에 비해 모델의 크기가 줄어든다. 예제의 경우 하나의 RNN 셀 계층에 대해 다섯 개의 매개변수만 필요하다.

그림 7-5는 RNN의 전체 그림을 보여준다. 분홍색 노드는 예에서 인플레이션 지연인 입력 값을 나타낸다. 주황색 노드는 다음 분기의 인플레이션인 목표 변수를 나타낸다.

파란색 노드는 RNN 계층을 형성하는 개별 RNN 셀이다. 설명한 네트워크에는 네 개의 입력과 두 개의 RNN 셀이 있다.

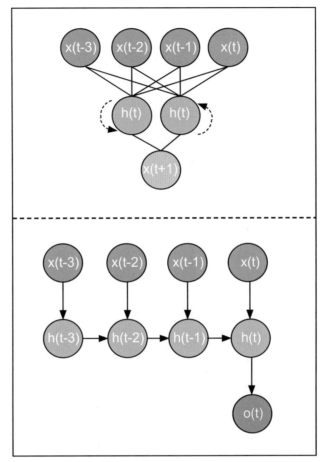

▲ 그림 7-5 RNN(위)과 펼쳐진 RNN 셀(아래) 그림

그림 7-5의 하단 패널은 '펼쳐진' RNN 셀을 보여주는데 셀의 반복 구조가 시퀀스로 분해돼 나타나 있다. 각각의 개별 단계에서 상태는 입력과 결합돼 다음 상태를 생성한다. 마지막 단계는 출력인 $o(t)$를 생성하는데 이는 다른 셀의 출력과 함께 최종 밀집 계층의 입력이며 한 분기 앞선 인플레이션 예측을 산출한다. 이제 RNN이 시퀀스의 각

단계에서 상태를 갱신하는 방법으로 순차 데이터를 활용하는 것을 봤다. 또한 가중치 공유를 사용해 매개변수의 수를 줄이며 시간별 가중치를 적용할 필요가 없으므로 임의나 가변 길이의 시퀀스로 RNN 셀을 사용할 수 있다.

이제 RNN이 밀집 네트워크와 어떻게 다른지를 설명했다. 인플레이션 예측 예제를 위해 간단한 RNN을 구성해보자. 코드 7-4의 데이터를 로드하는 것으로 시작한다. 여기서는 코드 7-1 단계를 반복했지만 두 가지 중요한 차이점이 있다. 첫째, np.expand_dims()를 사용해 차원을 inflation 배열에 추가한다. 이를 통해 시계열 데이터가 Keras에서 RNN 셀의 입력 모양의 요구 사항을 준수할 수 있다. 둘째, 첫 211개 관측 값만 유지하면서 inflation 배열을 분할해 2000년 이전의 데이터를 독점적으로 사용하는 훈련 생성기를 정의했다.

데이터를 로드하고 준비한 후의 단계는 모델을 정의하는 것이다. 이러한 작업은 코드 7-5에서 수행한다. 보다시피 모델은 인플레이션을 예측하는 데 사용한 밀집 네트워크보다 더 많은 코드 라인이 필요없다. 단지 순차 모델을 정의하고 RNN 계층을 추가하며 선형 활성화 함수로 밀집 출력 계층을 정의할 뿐이다.

SimpleRNN 계층에는 RNN 셀 수와 입력 계층 모양이라는 두 가지 인수가 필요하다는 점에 주목하자. 첫 번째 인수로 데이터를 과소 적합할 수 있는 잠재적 위험이 있지만 네트워크를 단순히 유지하기 위해 두 개의 셀을 선택했다. RNN 계층을 네트워크의 첫 번째 계층으로 정의했기 때문에 두 번째 인수를 제공해야 했다. 시퀀스의 길이가 4이고 특징 개수가 1이므로 input_shape을 (4, 1)로 설정한다.

코드 7-4 인플레이션을 위한 시퀀스 생성기 인스턴스화하기

```
import numpy as np
import tensorflow as tf
from tensorflow.keras.preprocessing.sequence import
TimeseriesGenerator

# 데이터를 로드한다.
```

```
inflation = pd.read_csv(data_path+'inflation.csv')

# numpy 배열로 변환한다.
inflation = np.array(inflation['Inflation'])

# 차원을 추가한다.
inflation = np.expand_dims(inflation, 1)

# 시계열 생성기를 인스턴스화한다.
train_generator = TimeseriesGenerator(
        inflation[:211], inflation[:211],
        length = 4, batch_size = 12)
```

코드 7-5 Keras에서의 RNN 모델 정의하기

```
# 순차 모델을 정의한다.
model = tf.keras.models.Sequential()

# 반복 계층을 정의한다.
model.add(tf.keras.layers.SimpleRNN(2, input_shape=(4, 1)))

# 출력 계층을 정의한다.
model.add(tf.keras.layers.Dense(1, activation="linear"))
```

마지막 단계에서는 모델을 컴파일하고 fit_generator() 메서드를 사용해 이전에 구성한 train_generator와 함께 훈련한다. 코드 7-6에서 보듯이 모델은 앞에서 밀집 네트워크로 100 에폭 만에 얻은 것보다 더 낮은 평균 제곱 오차(0.2594)를 달성한다. 또한 그림 7-6에서 보듯이 테스트 샘플 성능(2000년 이후)은 눈에 띌 만큼 저하돼 보이진 않는다.

```
# 모델을 컴파일한다.
model.compile(loss="mse", optimizer="adam")

# 생성기를 사용해 모델을 데이터에 적합화한다.
model.fit_generator(train_generator, epochs=100)

Epoch 1/100
18/18 [==============================] - 1s 31ms/step - loss:
0.9206

...

Epoch 100/100
18/18 [==============================] - 0s 2ms/step - loss:
0.2594
```

또한 RNN 모델이 밀집 네트워크보다 적은 매개변수 값을 갖는 이점이 있다는 것도 말했다. RNN 셀에서 수행되는 작업을 단계별로 진행했을 때 단일 RNN 셀이 있는 계층에 다섯 개의 매개변수만 필요하다는 것을 알게 됐다. 코드 7-7에서는 모델 구조를 탐색하기 위해 model의 summary() 메서드를 사용할 것이다. RNN 계층에 여덟 개의 매개변수가 있고 밀집 출력 계층에 세 개의 매개변수가 있다는 것을 알 수 있다. 총 11개의 매개변수가 있는데 이는 이전에 사용한 밀집 네트워크보다 적다. 물론 두 네트워크 모두 매우 작아 대비가 특별히 크진 않다.

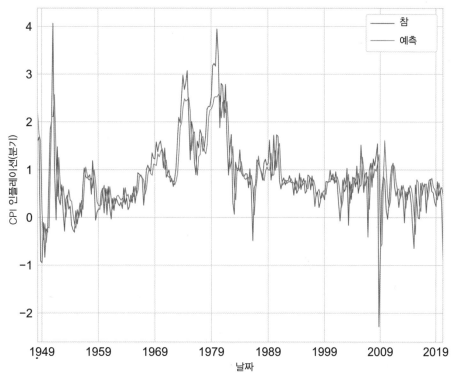

▲ 그림 7-6 1947~2000년 데이터로 훈련된 RNN 모델의 한 분기 사전 인플레이션 예측

코드 7-7 Keras 모델에서의 RNN 아키텍처 요약하기

```
# 모델 요약을 출력한다.
print(model.summary())


Layer (type)              Output Shape         Param #
=================================================================
simple_rnn_1 (SimpleRNN)  (None, 2)               8
dense_1 (Dense)           (None, 1)               3
=================================================================
Total params: 11
Trainable params: 11
Non-trainable params: 0
_____
```

실제로는 일반적으로 수정되지 않은 상태의 RNN 모델은 잘 사용하지 않는다. 조정을 고려할 사항이 최소 두 가지가 있다. 첫째, 기술적 문제인 '소멸 그래디언트 문제'와 관련이 있어 심층 네트워크를 훈련하기 어렵다. 또한 이는 원래의 RNN 모델과 긴 데이터 시퀀스의 문제다. 원래 RNN 모델의 또 다른 문제는 시간상 또는 시퀀스 내에서 멀리 떨어진 객체가 더 가까운 객체보다 밀접하게 관련될 가능성을 허용하지 않는다는 것이다. 다음 두 하위 절에서는 두 문제를 모두 처리할 수 있도록 RNN 모델을 약간 조정한다.

장 · 단기 메모리

RNN의 첫 번째 문제는 긴 데이터 시퀀스가 입력으로 사용될 때 소멸되는 그래디언트 문제가 발생한다는 것이다. 이러한 문제의 가장 효과적인 해결책은 게이트^{gated} RNN 셀을 사용하는 것이다. 일반적으로 사용되는 두 개의 셀은 (1) 장 · 단기 기억, (2) 게이트 재현 유닛$^{GRUs, Gated Recurrent Units}$이 있다. 이러한 하위 절에서는 전자에 집중할 것이다.

LSTM 모델은 Hochreiter와 Schmidhuber(1997)에 의해 도입됐으며 긴 시퀀스에서 정보 추적을 제한하는 연산자를 사용해 작동한다. 여기서도 다시 Goodfellow et al.(2017)에 따라 LSTM에서 수행되는 작업을 설명한다. 식 7-4, 식 7-5, 식 7-6은 '포겟 게이트$^{forget gate}$', '외부 입력 게이트$^{external input gate}$', '출력 게이트$^{output gate}$'를 정의하며 모두 LSTM 셀을 통해 정보 추종을 제어하는 역할을 한다.

식 7-4 포겟 게이트라는 훈련 가능한 가중치 정의하기

$$f(t) = \sigma\left(b^f + W^f h(t-1) + U^f x(t)\right)$$

식 7-5 외부 입력 게이트라는 훈련 가능한 가중치 정의하기

$$g(t) = \sigma\left(b^g + W^g h(t-1) + U^g x(t)\right)$$

$$q(t) = \sigma\left(b^q + W^q h(t-1) + U^q x(t)\right)$$

각 게이트는 동일한 함수 형태를 가지며 시그모이드 활성화 함수를 사용하지만 자체에 별도의 가중치와 편향이 있다는 점에 주목하자. 이를 통해 고정된 규칙에서 적용하는 대신 게이팅gating 절차를 학습할 수 있다. 내부 상태는 식 7-7을 사용해 갱신되는데 포켓 게이트, 외부 입력 게이트, 입력 시퀀스, 상태가 모두 적용되는 곳이다.

식 7-7 내부 상태를 갱신하기 위한 식

$$s(t) = f^t s(t-1) + g(t)\sigma\left(b + W h(t-1) + U x(t)\right)$$

마지막으로 식 7-8에서와 같이 내부 상태와 출력 게이트를 사용해 은닉 상태를 갱신한다.

식 7-8 은닉 상태를 갱신하기 위한 식

$$h(t) = tanh\left(s(t)\right)q(t)$$

게이트를 사용하면 모델의 매개변수 수가 증가하지만 많은 실제 응용 프로그램에서 긴 시퀀스를 처리하는 데 큰 향상을 가져온다. 이러한 이유로 일반적으로 원래의 RNN 모델이 아닌 LSTM 모델을 시계열 분석의 기준선으로 사용한다.

코드 7-8에서는 100 에폭을 사용해 LSTM 모델을 정의하고 훈련한다. 유일한 차이점은 tf.keras.layers.SimpleRNN()이 아닌 tf.keras.layers.LSTM()을 사용한다는 것이다. 100 에폭 이후의 평균 제곱 오차는 RNN보다 LSTM이 더 높다는 것을 알 수 있다. 이는 모델이 더 많은 가중치를 훈련해야 하므로 추가 에폭이 필요하기 때문이다. 또한 LSTM은 시퀀스가 더 긴 설정에서 가장 유용할 것이다.

```
# 순차 모델을 정의한다.
model = tf.keras.models.Sequential()

# 반복 계층을 정의한다.
model.add(tf.keras.layers.LSTM(2, input_shape=(4, 1)))

# 출력 계층을 정의한다.
model.add(tf.keras.layers.Dense(1, activation="linear"))

# 모델을 컴파일한다.
model.compile(loss="mse", optimizer="adam")

# 모델을 훈련시킨다.
model.fit_generator(train_generator, epochs=100)

Epoch 1/100
18/18 [==============================] - 1s 62ms/step - loss:
3.1697

...

Epoch 100/100
18/18 [==============================] - 0s 3ms/step - loss:
0.5873
```

마지막으로 코드 7-9에서 모델의 아키텍처를 요약한다. LSTM 셀에 필요한 추가 작업을 논의할 때 포겟 게이트, 외부 입력 게이트, 출력 게이트를 도입했다고 말했다. 이 모두에는 고유한 매개변수 집합이 필요했다. 코드 7-9에서 보듯이 LSTM 계층은 RNN보다 네 배 많은 32개의 매개변수를 사용한다.

코드 7-9 Keras 모델에서의 LSTM 아키텍처 요약하기

```
# 모델 아키텍처를 출력한다.
print(model.summary())
```

```
Layer (type)              Output Shape              Param #
=================================================================
lstm_1 (LSTM)             (None, 2)                  32

dense_1 (Dense)           (None, 1)                   3
=================================================================
Total params: 35
Trainable params: 35
Non-trainable params: 0
```

중간 은닉 상태

관례상 LSTM 모델은 은닉 상태의 최종 값만 사용한다. 그림 7-5에서 계산은 모두 했지만 $h(t-1)$, $h(t-2)$, $h(t-3)$은 사용하지 않고 $h(t)$만 사용한다. 하지만 최근 연구에 따르면 중간 은닉 상태를 사용하면 특히 자연어 처리 문제에서 장기 종속 모델링의 성능을 크게 향상시킬 수 있다는 것이 밝혀졌다(Zhou et al., 2016). 일반적으로 이것은 어텐션attention 모델 맥락에서 수행된다.

여기서 어텐션 모델 설명은 생략하지만 LSTM 모델에서 은닉 상태를 사용한다. 코드 7-8 모델에서 단순히 LSTM 셀의 return_sequences를 True로 설정해 은닉 상태를 반환하도록 지정하는 것부터 시작하자. 코드 7-10에서 이를 수행한 다음 summary() 메서드를 사용해 모델의 아키텍처를 확인한다.

코드 7-10 LSTM 은닉 상태의 잘못된 사용

```
# 순차 모델을 정의한다.
model = tf.keras.models.Sequential()

# 은닉 상태를 반환하는 반복 계층을 정의한다.
model.add(tf.keras.layers.LSTM(2, return_sequences=True,
        input_shape=(4, 1)))
```

```
# 출력 계층을 정의한다.
model.add(tf.keras.layers.Dense(1, activation="linear"))

# 모델 아키텍처를 요약한다.
model.summary()
```

Layer (type)	Output Shape	Param #
lstm_1 (LSTM)	(None, 4, 2)	32
dense_1 (Dense)	(None, 4, 1)	3

Total params: 35
Trainable params: 35
Non-trainable params: 0

보다시피 모델의 아키텍처에는 특이한 점이 있다. 배치의 각 관측치에 대한 스칼라 예측을 출력하는 대신 4×1 벡터를 출력한다. 이것은 LSTM 계층의 결과로 보인다. 현재 두 개의 LSTM 셀 각각에서 스칼라가 아닌 4×1 벡터를 출력한다. LSTM 출력을 사용하는 몇 가지 방법 중 하나는 스택형 LSTM이다(Graves et al., 2013). 이는 전체 시퀀스 은닉 상태를 두 번째 LSTM 계층으로 전달해 네트워크에 한 레벨 이상의 표현을 허용하는 깊이를 생성함으로써 작동한다.

코드 7-11에서 그러한 모델을 정의한다. 첫 번째 LSTM 계층에서는 세 개의 LSTM 셀과 (4, 1)의 입력 모양이 있는 계층을 사용한다. 이때 return_ 시퀀스를 True로 설정하면 각 셀이 스칼라가 아닌 4×1 시퀀스의 은닉 상태를 반환한다. 그런 다음 3-텐서 $(4 \times 1 \times 3)$를 두 개의 셀이 있는 두 번째 LSTM 계층에 전달한다. 이러한 계층은 중간 상태 값이 아닌 최종 은닉 상태만 반환한다.

코드 7-11 스택된 LSTM 모델 정의하기

```
# 순차 모델을 정의한다.
```

```
model = tf.keras.models.Sequential()

# 은닉 상태를 반환하는 반복 계층을 정의한다.
model.add(tf.keras.layers.LSTM(3, return_sequences=True,
        input_shape=(4, 1)))

# 두 번째 반복 계층을 정의한다.
model.add(tf.keras.layers.LSTM(2))

# 출력 계층을 정의한다.
model.add(tf.keras.layers.Dense(1, activation="linear"))
```

모델의 아키텍처는 코드 7-12에 요약돼 있다. 이제 인플레이션 예측을 위해 원하는 스칼라 예측을 출력하는 것을 볼 수 있다. 여기서는 모델 성능 분석은 생략하지만 시계열 예측에 이러한 모델을 사용하는 것은 아직 미흡하다는 점을 지적할 것이다. 스택된 LSTM 모델, 어텐션 모델 또는 트랜스포머transformer 모델을 사용하면 장기 종속성 모델링이 중요한 경우 시계열 예측이 개선될 수 있다.

코드 7-12 스택된 LSTM 아키텍처 요약하기

```
# 모델 아키텍처를 요약한다.
model.summary()

Layer (type)      Output Shape              Param #
=================================================================
lstm_1 (LSTM)     (None, 4, 3)                60

lstm_2 (LSTM)     (None, 2)                   48

dense_1 (Dense    (None, 1)                    3
=================================================================
Total params: 111
Trainable params: 111
Non-trainable params: 0
```

다변량 예상

지금까지는 다양한 방법의 역학에 초점을 맞추고 Nakamura(2005)의 일변량 인플레이션 예상^{forecast} 연습의 모든 예를 구성했다. 앞에서 논의한 모든 방법은 다변수 설정으로 이어진다. 완벽을 기하기 위해 4장에서 논의한 LSTM 모델과 그래디언트 부스트 트리를 모두 사용하는 간단한 다변량 예측 예제를 살펴보자. 인플레이션을 예상하기 위해 다시 한 번 시도하지만 다섯 가지 특징을 사용해 월 단위로 수행할 것이다.

먼저 코드 7-13에서 데이터를 로드해 살펴볼 것이다. 그런 다음 LSTM과 그래디언트 부스트 트리를 사용해 다변량 예측 모델을 구현하는 방법을 논의한다. 여기서 추가한 네 가지 특징은 실업률, 제조업 조업 시간, 제조업 시간당 수당, 화폐공급량(M1)이다. 실업률은 첫 번째 1차 차분으로 측정되는 반면 모든 레벨 변수는 이전 기간의 백분율 변화를 사용해 변환됐다.

코드 7-13 인플레이션 예상 데이터 로드 및 미리 보기

```
import pandas as pd

# 데이터를 로드한다.
macroData = pd.read_csv(data_path+'macrodata.csv',
        index_col = 'Date')

# 데이터를 미리 본다.
print(macroData.round(1).tail())
```

Date	Inflation	Unemployment	Hours	Earnings	M1
12/1/19	-0.1	0.1	0.5	0.2	0.7
1/1/20	0.4	0.6	-1.7	-0.1	0.0
2/1/20	0.3	-0.2	0.0	0.4	0.8
3/1/20	-0.2	0.8	-0.2	0.4	6.4
4/1/20	-0.7	9.8	-6.8	0.5	12.9

LSTM

7장 전반부에서 봤듯이 생성기를 인스턴스화해 LSTM 모델에서 사용할 데이터를 준비할 수 있다. 먼저 목표값과 특징을 np.array() 객체로 변환한다. 그런 다음 훈련 데이터용 생성기와 테스트 데이터용 생성기를 만든다. 앞의 예에서는 분기별 데이터와 4분기 시퀀스 길이를 사용했다. 이번 예제의 경우 코드 7-14에서 월별 데이터와 12개월 시퀀스 길이를 사용한다.

코드 7-14 LSTM 모델에서 사용할 데이터 준비하기

```
import numpy as np
import tensorflow as tf
from tensorflow.keras.preprocessing.sequence import
TimeseriesGenerator

# 목표값과 특징을 정의한다.
target = np.array(macroData['Inflation'])
features = np.array(macroData)

# 훈련 생성기를 정의한다.
train_generator = TimeseriesGenerator(features[:393],
        target[:393], length = 12, batch_size = 6)

# 테스트 생성기를 정의한다.
test_generator = TimeseriesGenerator(features[393:],
target[393:], length = 12, batch_size = 6)
```

생성기가 정의됐으므로 이제 코드 7-15에서 모델을 훈련시킬 수 있다. 여기서는 두 개의 LSTM 셀을 사용한다. 또한 이제 각 시퀀스에 12개의 요소와 다섯 개의 특징이 있으므로 입력 모양을 변경해야 한다. 20 에폭 이상의 훈련에서 이러한 모델은 평균제곱 오차를 0.3065에서 0.0663으로 줄인다. 계량경제학적 모델을 사용해 거시경제학적 예측을 수행했다면 더 긴 시퀀스와 더 많은 변수를 사용하므로 모델 매개변수의 개수를 걱정할 수 있다. 하지만 앞에서 논의한 이유 때문에 시퀀스 길이가 길어도 매

개변수 수는 증가하지 않는다. 실제로 이러한 모델에는 67개의 매개변수만 있다.

코드 7-15 여러 가지 특징으로 LSTM 모델 정의 및 훈련시키기

```
# 순차 모델을 정의한다.
model = tf.keras.models.Sequential()

# 두 개의 셀로 LSTM 모델을 정의한다.
model.add(tf.keras.layers.LSTM(2, input_shape=(12, 5)))

# 출력 계층을 정의한다.
model.add(tf.keras.layers.Dense(1, activation="linear"))

# 모델을 컴파일한다.
model.compile(loss="mse", optimizer="adam")

# 모델을 훈련시킨다.
model.fit_generator(train_generator, epochs=100)

Epoch 1/20
64/64 [==========================] - 2s 26ms/step - loss:
0.3065

...

...

Epoch 20/20
64/64 [==========================] - 0s 6ms/step - loss:
0.0663
```

마지막으로 코드 7-16에서 훈련 샘플 결과를 테스트 샘플 결과와 비교해 모델을 평가한다. 일반적으로 훈련 집합 성능이 테스트 집합 성능보다 더 나아 보인다. 하지만 불일치가 매우 커지면 규제화를 사용하거나 더 적은 에폭 후 훈련 프로세스를 종료하는 것도 고려해야 한다.

코드 7-16 MSE를 사용해 훈련 및 테스트 집합 평가하기

```
# MSE를 사용해 훈련 집합을 평가한다.
model.evaluate_generator(train_generator)
```

```
0.06527029448989197
```

```
# MSE를 사용해 테스트 집합을 평가한다.
model.evaluate_generator(test_generator)
```

```
0.15478561431742632
```

그래디언트 부스트 트리

마지막 예제로 동일한 예상 연습을 수행하지만 4장에서 논의한 그래디언트 부스트 트리를 사용할 것이다. TensorFlow가 제공하는 도구 집합 내에서 그래디언트 부스트 트리와 딥러닝은 시계열 예상 작업에 가장 적합하다.

LSTM 모델에서 데이터를 시퀀스로 분할해 준비해야 하는 것과 같이 트리를 사용한 그래디언트 부스팅은 추정기 API에서 사용할 수 있는 형식으로 데이터를 준비해야 한다. 여기서는 코드 7-17에서와 같이 다섯 가지 특징 각각에 대한 특징 열을 정의하는 작업이 필요하다.

다음 단계는 데이터를 생성하는 함수를 정의하는 것이다. 여기서는 훈련과 테스트 함수에 대해 별도로 수행해 LSTM 예제에서 했던 것과 같이 과적합을 평가할 수 있도록 한다. 코드 7-18은 두 가지 함수를 정의한다. 여기서도 동일한 샘플 분할을 사용한다. 훈련 집합은 2000년 이전 데이터를 다루고 테스트 집합은 그 이후 연도를 사용한다.

코드 7-17 특징 열 정의하기

```
# 지연된 인플레이션 특징 열을 정의한다.
inflation = tf.feature_column.numeric_column(
        "inflation")
```

```
# 실업률 특징 열을 정의한다.
unemployment = tf.feature_column.numeric_column(
        "unemployment")

# 시간 특징 열을 정의한다.
hours = tf.feature_column.numeric_column(
        "hours")

# 수당 특징 열을 정의한다.
earnings = tf.feature_column.numeric_column(
        "earnings")

# M1 특징 열을 정의한다.
m1 = tf.feature_column.numeric_column("m1")

# 특징 리스트를 정의한다.
feature_list = [inflation, unemployment, hours,
        earnings, m1]
```

코드 7–19에서는 100 에폭과 train_data를 사용해 BoostedTreeRegressor를 훈련시킨다. 그런 다음 훈련과 테스트 집합 모두에 대한 평가를 수행하고 결과를 출력한다.

코드 7–18 데이터 생성 함수 정의하기

```
# 훈련 데이터에 대한 입력 특징을 정의한다.
def train_data():
        train = macroData.iloc[:392]
        features = {"inflation": train["Inflation"],
        "unemployment": train["Unemployment"],
        "hours": train["Hours"],
        "earnings": train["Earnings"],
        "m1": train["M1"]}
        labels = macroData["Inflation"].iloc[1:393]
        return features, labels

# 테스트 데이터에 대한 입력 특징을 정의한다.
def test_data():
```

```
test = macroData.iloc[393:-1]
features = {"inflation": test["Inflation"],
"unemployment": test["Unemployment"],
"hours": test["Hours"],
"earnings": test["Earnings"],
"m1": test["M1"]}
labels = macroData["Inflation"].iloc[394:]
return features, labels
```

결과는 모델이 과적합될 수 있다는 것을 나타낸다. 평균 훈련 손실은 0.01이고 평균 테스트 손실은 0.14다. 이는 더 적은 에폭을 사용해 모델을 다시 훈련시킨 다음 두 간격이 좁혀지는지 확인해야 한다는 것을 시사한다. 둘 사이의 수렴이 보이지 않으면 과적합을 줄이기 위해 추가적인 모델 튜닝을 수행해야 한다. 조정할 수 있는 매개변수 검토는 4장을 참조하라.

코드 7-19 모델 훈련 및 평가하기. 결과 출력하기

```
# 부스트 트리 회귀자를 인스턴스화한다.
model = tf.estimator.BoostedTreesRegressor(feature_columns =
feature_list, n_batches_per_layer = 1)

# 모델을 훈련시킨다.
model.train(train_data, steps=100)

# 훈련과 테스트 집합을 평가한다.
train_eval = model.evaluate(train_data, steps = 1)
test_eval = model.evaluate(test_data, steps = 1)

# 결과를 출력한다.
print(pd.Series(train_eval))
print(pd.Series(test_eval))

average_loss      0.010534
label/mean        0.416240
loss              0.010534
prediction/mean   0.416263
```

```
global_step        100.000000
dtype: float64


average_loss         0.145123
label/mean           0.172864
loss                 0.145123
prediction/mean      0.286285
global_step        100.000000
dtype: float64
```

요약

머신러닝을 경제와 금융에 적용할 때의 과제 중 하나는 머신러닝이 예측과 관련이 있는 반면 경제와 금융 연구의 대부분은 인과 추론 및 가설 검정과 관련이 있다는 것이다. 하지만 머신러닝이 경제학과 상당히 겹치는 여러 영역이 있으며 예상은 이 둘이 정확히 일치하는 경우다.

7장에서는 머신러닝에서의 시계열 예상 툴의 사용법을 살펴봤다. 주로 딥러닝 모델에 중점을 뒀지만 TensorFlow에서도 사용할 수 있는 그래디언트 부스트 트리를 다루는 머신러닝의 예측 도구도 살펴봤다. 시계열 예측(Nakamura, 2005)을 위해 경제학에서 초기에 사용된 신경망 중 하나를 중심으로 예제를 구성했다. 그런 다음 NLP와 같은 주로 다른 순차적 데이터 처리 작업을 위해 개발된 RNN, LSTM, 스택형 LSTM 등의 최신 모델을 다뤘다.

딥러닝 모델을 사용해 거시경제 시계열 예측을 더 많이 배우고 싶다면 Cook과 Hall (2017)을 참조하라. 주식 수익률과 채권 프리미엄 예측과 관련이 있는 최근 금융업무에 대해서는 Heaton et al.(2016), Messmer(2017), Rossi(2018), Chen et al.(2019)을 참조하라. 희소 그룹 LASSO 모델을 사용한 고차원 시계열 회귀와 실황 예보[nowcasting]는 Babii, Ghysels, Striaukas(2019, 2020)를 참조하라.

참고문헌

- Babii, A., E. Ghysels, and J. Striaukas, "Inference for High-Dimensional Regressions with Heteroskedasticity and Auto-correlation."(*arXiv preprint*, 2019)

- Babii, A., E. Ghysels, and J. Striaukas, "Machine Learning Time Series Regressions with an Application to Nowcasting."(*arXiv preprint*, 2020)

- Bianchi, D., M. Buchner, and A. Tamoni, "Bond Risk Premia with Machine Learning."(*WBS Finance Group Research Paper No. 252.*, 2020)

- Chen, L., M. Pelger, and J. Zhu, "Deep Learning in Asset Pricing."(arXiv, 2019)

- Cook, T. R., and A. S. Hall, "Macroeconomic Indicator Forecasting with Deep Neural Networks."(*Federal Reserve Bank of Kansas City, Research Working Paper 17-11*, 2017)

- Coulombe, P. G., M. Leroux, D. Stevanovic, and S. Surprenant, "How is Machine Learning Useful for Macroeconomic Forecasting?"(*CIRANO Working Papers*, 2019)

- Goodfellow, I., Y. Bengio, and A. Courville, 『Deep Learning』(Cambridge, MA: MIT PRESS, 2017)

  번역서: 『심층학습(제이펍의 인공지능 시리즈 13)』(제이펍, 2018)

- Graves, A., A.-r. Mohamed, and G. Hinton, "Speech Recognition with Deep Recurrent Neural Networks."(*arXiv*, 2013)

- Guanhao, F, J. He, and N. G. Polson, "Deep Learning for Predicting Asset Returns."(*arXiv*, 2018)

- Heaton, J. B., N. G. Polson, and J. H. Witte, "Deep Learning for Finance: Deep Portfolios."(*Applied Stochastic Models in Business and Industry* 33 (1): 3-12, 2016)

- Hochreiter, S., and J. Schmidhuber, "Long Short-term Memory."(*Neural Computation* 9 (8): 1735-1780, 1997)

- Messmer, M, "Deep Learning and the Cross-Section of Expected Returns." *SSRN Working Paper*, 2017)

- Nakamura, Emi, "Inflation Forecasting Using a Neural Network."(*Economics Letters* 85: 373–378, 2005)

- Rossi, A. G, "Predicting Stock Market Returns with Machine Learning." (*Working Paper*, 2018)

- Rumelhart, D., G. Hinton, and R. Williams, "Learning Representations by Back-Propagating Errors."(*Nature* 533–536, 1986)

- Zhou, P., W. Shi, J. Tian, Z. Qi, B. Li, H. Hao, and B. Xu, "Attention-Based Bidirectional Long Short–Term Memory Networks for Relation Classification." (*Proceedings of the 54th Annual Meeting of the Association for Computational Linguistics*. Berlin: Association for Computational Linguistics, 2016)

## 8장

차원 축소

많은 머신러닝 문제는 본질적으로 고차원이다. 자연어 처리 문제는 대부분 단어에서 의미를 추출하는 것과 관련이 있으며 이는 글에서 엄청나게 많은 잠재적 시퀀스로 나타날 수 있다. 텍스트에서 가장 흔한 1,000개 단어만 구문 분석하는 것으로 제한하더라도 50개 단어로 이뤄진 짧은 단락조차 관측 가능한 전체 원자 수보다 많은 10^{150}개의 순열을 갖는다. 이러한 문제를 재구성하거나 차원을 줄이지 않으면 그러한 환경에서 진전을 이루지 못할 것이다.

경제와 금융 연구는 종종 주성분 분석PCA, Principal Component Analysis 및 요인 분석FA, Factor Analysis과 같은 차원 축소 기법을 사용한다. 일반적으로 이는 공변량(특징) 수가 너무 커 과적합 가능성으로 위험에 빠뜨리거나 계량경제 모델의 가정을 명시적으로 위반하는 경우에 수행된다. PCA와 FA는 데이터를 적은 수의 관심 요소로 줄일 때도 사용된다.

8장에서는 머신러닝과 경제학 모두에서 사용되는 두 가지 기법인 PCA와 부분 최소 제곱PLS, Partial Least Squares을 간략히 설명한다. 그런 다음 머신러닝에 사용되는 오토 인코더 개념을 소개한다. 오토 인코더는 '업샘플링'과 '다운 샘플링' 또는 '압축'과 '압축 해제'의 조합을 수행한다. 그러한 과정의 부산물은 원래의 입력 상태를 복구하는 데 필요한 정보를 인코딩하는 잠재 상태다. 오토 인코더는 무엇보다 차원 축소에 대한 유연한 딥러닝 기반의 접근 방식을 제공한다고 생각할 수 있다.

경제학에서의 차원 축소

이번 절에서는 텍스트 분석 맥락에서 차원 축소를 설명한 Gentzkow et al.(2019)의 표기법을 따른다. 또한 일반적으로 경제학에서 사용되는 차원 축소 작업을 수행하기 위해 sklearn과 tensorflow 조합을 사용할 것이다. 모든 것을 tensorflow에서 수행할 수도 있지만 tensorflow에는 sklearn에서 제공하는 PCA와 PLS 관련 많은 편의 메서드가 부족한 편이다. 또한 공통 데이터셋으로 OECD에서 만든, 25개국의 1961년 2분기 ~2020년 1분기 GDP 성장률 데이터를 8장의 대부분에서 사용할 것이다. 도면은 그림 8-1에 나와 있다. 개별 국가 시계열 구별은 거의 불가능해 범례는 생략한다.

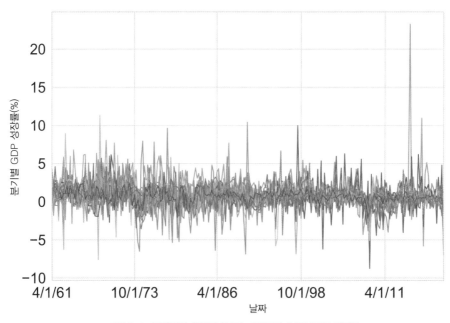

▲ 그림 8-1 25개국의 1961년 2분기~2020년 1분기 GDP 성장률

대부분의 예제에서 샘플에 포함된 모든 국가에서 성장의 공통 요소를 추출하는 것을 시도한다. PCA와 같은 기술을 사용하면 소수의 공통 구성 요소로 설명되는 성장 변동 비율을 찾아낼 수 있다. 또한 이러한 구성 요소가 개별 국가의 시계열과 어떠한 관련이 있는지 살펴보고 어느 국가가 국제적으로 성장을 주도할지 알 수 있다.

주성분 분석

경제와 금융 분야에서의 차원 축소의 가장 일반적인 방법은 주성분 분석이다. PCA는 특징 모음을 k개의 주성분에 맵핑한다. 여기서 k는 계량경제학자가 직접 설정한다. 성분은 데이터에서 설명하는 분산 부분에 따라 정렬된다. 예를 들어 첫 번째 주성분은 데이터에서 가장 큰 분산 비중을 설명한다. 또한 성분은 서로 직교되도록 구성된다.

많은 경우 회귀에서 적은 수의 주성분을 사용할 수 있도록 데이터셋의 차원을 줄이기 위해 PCA를 수행한다. 앞에서 설명한 속성은 그 목적에 특히 매력적이다. Gentzkow et al.(2019)의 표기법을 사용하면 PCA를 식 8-1의 최소화 문제의 해답으로 나타낼 수 있다.

식 8-1 주성분 분석 최소화 문제

$$\min trace_{\{G,B\}}\left[(C-GB)(C-GB')'\right]$$

코드 8-1, 코드 8-2에서 이러한 최적화 문제를 tensorflow로 해결하는 것을 개략적으로 보여준다. 하지만 여기서의 목적에는 sklearn에서 구현을 사용하는 것이 더 편리하므로 9장부터는 sklearn을 사용해 수행할 것이다.

코드 8-1 TensorFlow에서 PCA에 대한 변수 정의하기

```
import tensorflow as tf
import pandas as pd
import numpy as np
```

```
# 데이터 경로를 정의한다.
data_path = '../data/chapter8/'

# 데이터를 로드한다.
C = pd.read_csv(data_path+'gdp_growth.csv', index_col = 'Date')

# 데이터를 상수 객체로 변환한다.
C = tf.constant(np.array(C), tf.float32)

# 주성분의 수를 설정한다.
k = 5

# 특징 행렬의 모양을 구한다.
n, p = C.shape

# 감마 행렬에 대한 변수를 정의한다.
G = tf.Variable(tf.random.normal((n, k)), tf.float32)

# 베타 행렬에 대한 변수를 정의한다.
B = tf.Variable(tf.random.normal((p, k)), tf.float32)
```

코드 8-1은 데이터를 특징 행렬 C로 로드한다. 그런 다음 행렬을 tf.constant() 객체로 변환하고 주성분의 수를 5로 설정한 다음 G와 B 행렬을 구성한다. G는 $n \times k$ 행렬이고 B는 $p \times k$ 행렬이다. 여기서 n은 기간 수이고 p는 국가 수다. 예제의 경우 G 행렬은 각 기간에서 요인의 영향 크기를 포착한다. 또한 B는 각 요인과 각국의 관련도를 측정한다.

코드 8-2에서는 C, G, B를 입력으로 받아 식 8-1에 따라 구성된 손실 값을 반환하는 손실함수 pcaLoss를 정의한다. 그런 다음 최적기를 인스턴스화하고 1000 에폭 이상 모델을 훈련시킨다. G와 B만 학습 가능하며 var_list에 제공돼야 한다는 점을 기억하자.

코드 8-2 TensorFlow에서 PCA 수행하기

```
# PCA 손실을 정의한다.
def pcaLoss(C, G, B):
```

```
            D = C - tf.matmul(G, tf.transpose(B))
            DT = tf.transpose(D)
            DDT = tf.matmul(D, DT)
            return tf.linalg.trace(DDT)

# 최적기를 인스턴스화한다.
opt = tf.optimizers.Adam()

# 모델을 훈련시킨다.
for i in range(1000):
            opt.minimize(lambda: pcaLoss(C, G, B), var_list = [G, B])
```

tensorflow를 사용해 PCA를 위한 솔루션 메서드를 구성하는 방법을 봤으니 이제 sklearn을 사용해 동일한 작업을 수행하는 방법을 살펴보자. 코드 8-3은 sklearn. decomposition에서 PCA 메서드를 임포트해 데이터를 로드하고 준비한다. 데이터는 np.array() 형식으로 사용한다. 코드 8-4에서 주성분의 개수를 설정하고 PCA 모델을 인스턴스화하고 fit() 메서드를 적용한다. 이제 tensorflow에서 훈련한 것과 동일한 행렬을 구할 수 있다. 특히 components_ 메서드를 사용해 B를 구하고 pca.transform(C)를 사용해 G를 구할 수 있다. 이외에도 각 주성분 S가 설명하는 분산 비중을 복구할 수 있다.

코드 8-3 sklearn에서 PCA 라이브러리 임포트 및 데이터 준비하기

```
from sklearn.decomposition import PCA

# 데이터를 로드한다.
C = pd.read_csv(data_path+'gdp_growth.csv',
        index_col = 'Date')

# 특성 행렬을 numpy 배열로 변환한다.
C = np.array(C)
```

```
# 주성분의 수를 설정한다.
k = 25

# k 주성분으로 PCA 모델을 인스턴스화한다.
pca = PCA(n_components=k)

# 모델을 적합화한다.
pca.fit(C)

# B 행렬을 반환한다.
B = pca.components_.T

# G 행렬을 반환한다.
G = pca.transform(C)

# 분산 비중을 반환한다.
S = pca.explained_variance_ratio_
```

처음의 GDP 성장 시계열과 같은 개수인 25개의 주성분을 계산했다는 점에 주목하자. 여기서의 목표는 차원 축소이므로 이 숫자를 낮추고자 한다. 주성분의 개수를 선택하는 일반적인 시각적 접근 방식을 '엘보우 기법elbow method'이라고 한다. 여기에는 기울기의 급격한 축소를 식별하기 위해 분산 S의 설명된 몫을 도식화하는 것이 동원된다. 즉 '엘보우elbow'는 다음 주성분의 중요도가 선행하는 것보다 분산을 훨씬 적게 설명하는 것을 나타낸다. 이는 그림 8-2에 시각화돼 있다.

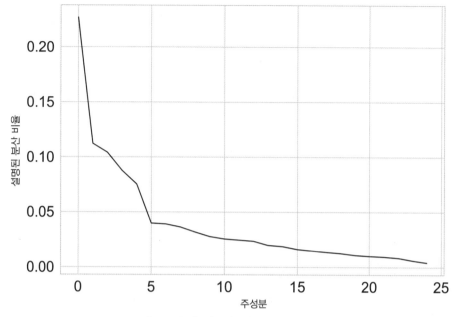

▲ 그림 8-2 주성분별로 설명된 분산 비율의 도식화

그림 8-2에 따르면 가장 뚜렷한 '엘보우'는 다섯 번째 주성분인 것으로 보인다. 그다음 주성분은 GDP 성장에서 매우 작은 부분만 설명하는 것으로 보인다. 따라서 다음 예제에서 첫 다섯 개 주성분만 사용하고자 할 수 있다.

그외에도 주성분과 원래의 국가 시계열 사이의 연관성 강도를 시각화할 수 있다. 이러한 값은 B 행렬에 있다. 그림 8-3은 B의 첫 번째 열인 첫 번째 주성분을 도식화한 것이다. 그림을 보면 그리스와 아이슬란드와 같은 소규모 개방 경제와 관련이 있는 성장 성분으로 보인다.

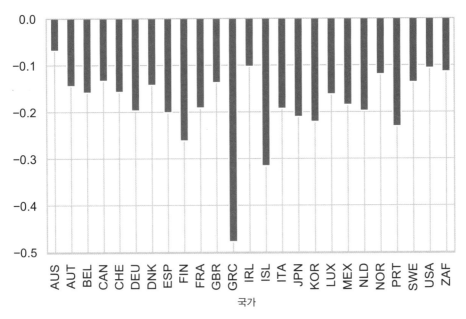

▲ 그림 8-3 국가 시계열과 첫 번째 주성분 사이의 연관 강도

일반적으로 PCA 또는 다른 형태의 차원 축소를 수행할 때는 더 넓은 문제 맥락에서 수행할 것이다. 일반적인 응용 중 하나는 주성분 회귀$^{PCR, Principal Component Regression}$로서 이는 PCA를 사용한 다음 선택된 주성분 회귀에 포함시키는 2단계 절차다. 예를 들어 Bernanke et al.(2005)에서는 통화 정책 전달 메커니즘$^{monetary transmission mechanism}$을 식별하는 데 사용되는 요인-강화 벡터 자기 회귀$^{FAVAR, Factor-Augmented Vector Auto Regressions}$를 수행하는 데 이러한 변형을 사용했다.[1] 다른 국가의 성장 데이터를 사용해 캐나다의 GDP 성장을 예측하려는 식 8-2 형식의 간단한 문제를 생각해보자. 여기서는 국가의 GDP 성장에 데이터가 누락된 곳을 대치하기 위해 사용할 수 있다. 또는 계수 추정치를 구하는 데 관심이 있을 수 있으므로 한 국가의 GDP 성장이 다양한 글로벌 성장 구성 요소의 어떠한 영향을 받는지를 확인할 수 있다.

---

1   Bernanke et al.(2005)은 FAVAR를 사용해 VAR에 포함된 변수 집합을 극적으로 확장해 중앙은행과 민간 참여자가 접근할 수 있는 정보 집합을 적절히 설명할 수 있도록 했다.

식 8-2 주성분 회귀

$$gdp\_growth_t^{CAN} = \alpha + \beta_o PC_{t0} + \ldots + \beta_{p-1} C_{tp-1} + \epsilon_t$$

코드 8-5에서는 pandas를 사용해 데이터를 로드하고 DataFrame에서 캐나다에 대한 열을 추출하고 DataFrame의 복사본을 만들고 해당 복사본에서 룩셈부르크에 대한 열을 삭제한 다음 둘 다 np.array() 객체로 변환한다.

코드 8-5 주성분 회귀에 사용할 데이터 준비하기

```python
import tensorflow as tf
import numpy as np
import pandas as pd

# 데이터를 로드한다.
gdp = pd.read_csv(data_path+'gdp_growth.csv',
        index_col = 'Date')

# C에서 캐나다를 복사한다.
Y = gdp['CAN'].copy()

# gdp를 C에 복사하고 LUX를 떨어뜨린다.
C = gdp.copy()
del C['CAN']

# 데이터를 numpy 배열로 변환한다.
Y = np.array(Y)
C = np.array(C)
```

코드 8-6에서는 C에서 PCA를 수행하고 주성분 G를 구한다. 이는 tensorflow에서 G에 대한 Y의 PCR 회귀 입력으로 사용한다.

```python
# 주성분의 수를 설정한다.
k = 5

# k 구성 요소로 PCA 모델을 인스턴스화한다.
pca = PCA(n_components=k)

# 모델을 적합화하고 주성분을 반환한다.
pca.fit(C)
G = tf.cast(pca.transform(C), tf.float32)

# 모델 매개변수를 초기화한다.
beta = tf.Variable(tf.random.normal([k, 1]),
tf.float32)
alpha = tf.Variable(tf.random.normal([1, 1]),
tf.float32)

# 예측 특징을 정의한다.
def PCR(G, beta, alpha):
        predictions = alpha + tf.reshape(
        tf.matmul(G, beta), (236,))
        return predictions

# 손실함수를 정의한다.
def mseLoss(Y, G, beta, alpha):
        return tf.losses.mse(Y, PCR(G, beta, alpha))

# 최적화 프로그램을 인스턴스화하고 손실을 최소화한다.
opt = tf.optimizers.Adam(0.1)
for j in range(100):
        opt.minimize(lambda: mseLoss(Y, G, beta, alpha),
        var_list = [beta, alpha])
```

이제 모델을 학습했으니 이를 사용해 캐나다의 GDP 성장률을 예측할 수 있다. 그림 8-4에서 참 시계열에 대해 이러한 시계열을 도식화한다. 1980년대 중반에 시작되는 대안정기Great Moderation 2 이전에는 GDP 성장이 더 변동적이고 모델 적합도가 더 나쁘다는 것을 알 수 있다. 하지만 1980년 이후 캐나다 GDP 성장의 대부분은 다른 24개 국의 GDP 성장 시계열에 나타난 다섯 가지 요인으로 설명되는 것으로 보인다.

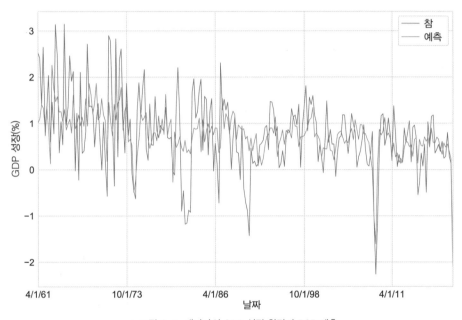

▲ 그림 8-4 캐나다의 GDP 성장 참값과 PCR 예측

발견점은 성장과 관련해 공통적인 글로벌 요인이 있다는 것을 시사한다. 이러한 점을 더 자세히 조사하고 싶다면 *B* 행렬을 사용해 다른 국가와의 관계를 조사해 해당 요인이 무엇인지 확인해볼 수 있다. 예를 들어 북미 특히 캐나다의 성장률이 중요한 경우가 될 수 있다. PCA는 문제의 차원을 줄이는 데 도움이 될 뿐만 아니라 축소가 완료된 후 남은 것으로 그럴 듯한 스토리를 만들 수 있는 도구를 제공할 것이다.

---

2   대안정기는 1980년대 중반부터 2007년까지 경제 변동성이 적고 비교적 평온했던 시기를 말한다. - 옮긴이

부분 최소 제곱

PCR은 다섯 가지 주성분만 사용해 캐나다 GDP 성장률의 분기별 변동을 만족스럽게 설명할 수 있었다. 여기서 설명한 2단계 절차는 구현하기 편리하고 다양한 작업에서 유용하게 수행되지만 첫 번째 단계에서 C와 Y의 관계를 설명하지 않는다. 궁극적인 목표가 예측 수행이었다면 차선책이었다고 생각할 수도 있다.

실제로 PCA는 C를 사용해 단독으로 수행된다. 그런 다음 C의 주성분을 사용하고 Y를 종속변수로 사용한 회귀 분석에 이용한다. 하지만 선택한 성분이 캐나다가 아닌 다른 여러 국가의 GDP 성장률의 변동에 대해 높은 비율로 설명하는 경우일 수도 있다. 하지만 Y와 C의 특징 열 사이의 동조화 정도를 설명해줄 PCR의 대안이 있다. 이번 절에서는 그중 하나인 부분 최소 제곱$^{PLS, Partial Least Squares}$을 살펴본다. 설명은 Gentzkow et al.(2019)을 따르며 다음과 같은 단계로 구성된다.

1. $\hat{Y} = \dfrac{\sum_j \psi_j C_j}{\sum_j \psi_j}$ 을 계산한다. 여기서 C_j는 j번째 특징 열이고 ψ_j는 Y와 C_j 사이의 일변량 공분산이다.

2. $\hat{Y}$에 대해 Y와 C를 직교화한다.

3. 1단계를 반복한다.

4. 2단계와 1단계를 반복해 원하는 성분 개수를 생성한다.

PLR과 달리 PLS는 Y와 C 사이의 공분산을 사용해 Y 예측에 가장 적합한 성분을 생성한다. 원칙적으로 PLS는 C에 대해 PCA를 사용해 생성하고 두 번째 단계에서 선형 회귀를 수행한 것보다 더 큰 예측 값을 갖는 성분을 찾을 수 있어야 한다.

코드 8-7에서는 sklearn을 사용해 PLS 회귀를 구현한다. C와 Y가 코드 8-5에서와 같이 정의됐다고 가정한다. PLR 결과와 비교할 수 있도록 여기서도 다시 다섯 개 성분을 사용한다. 그런 다음 PLS 모델을 인스턴스화하고 훈련한 다음 predict() 메서드를 사용해 캐나다에 대한 시계열 예측을 생성한다.

```
from sklearn.cross_decomposition import PLSRegression

# 성분의 수를 설정한다.
k = 5

# k개 성분으로 PLS 모델을 인스턴스화한다.
pls = PLSRegression(n_components = k)

# PLS 모델을 훈련시킨다.
pls.fit(C, Y)

# 예측을 생성한다.
pls.predict(C)
```

그림 8-5에서는 표본 기간 동안의 캐나다의 실제 GDP 성장률과 PLS 예측 GDP 성장률을 비교한다. 예상대로 PLS는 2단계 PCA 절차로 수행할 수 있었던 것보다 조금 개선됐다. 이는 목표 변수와 특징 행렬의 관계를 활용할 수 있기 때문이다.

PCR과 PLS 둘 다 다양한 형태를 취한다는 점에 주목하자. 두 번째 단계에서 OLS를 사용해 PCR을 수행하는 동안 원칙적으로 특징 행렬에서 추출한 주성분과 캐나다의 GDP 성장률의 관계를 캡처하기 위해서는 어떠한 모델이라도 사용할 수 있었다. 이는 두 번째 단계를 sklearn이 아니라 tensorflow에서 수행할 때의 이점 중 하나다.

PLS의 계량경제학 이론에 대한 더 깊은 내용은 Kelly와 Pruitt(2013, 2015)를 참조하라. 또한 예측을 PCA로 엄격히 다루기 위해서는 Stock과 Watson(2002)을 참조하라. 코로나19 발생 동안의 주간 GDP 성장 예측에 방법을 적용하기 위해서는 Lewis et al.(2020)을 참조하라.

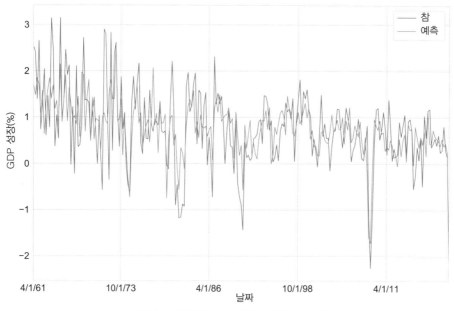

▲ 그림 8-5 캐나다의 실제 및 PLS 예측 GDP 성장

오토 인코더 모델

오토 인코더는 입력 값을 예측하도록 훈련된 신경망 유형이다. 이러한 모델은 음악을 생성하고 이미지 잡음을 제거하고 주성분 분석의 일반화와 비선형 버전을 수행하는데 사용할 수 있으며 8장에서 중점적으로 다룬다. 오토 인코더 모델은 LeCun(1987), Bourlard와 Kamp(1988), Hinton과 Zemel(1993) 등에서 개발됐다. Goodfellow et al.(2017)는 두 가지 특징으로 구성된 오토 인코더를 설명했다. 첫 번째는 식 8-3의 인코더 함수 $f(x)$로서 입력 x를 가져와 잠재 상태 h를 생성한다. 두 번째는 식 8-4의 디코더 함수로서 잠재 상태 h를 취하고 입력 r을 재구성한다.

$$h = f(x)$$

식 8-4 디코더 함수

$$r = g(h)$$

실제로 식 8-5의 손실함수를 최소화해 오토 인코더를 훈련시킬 수 있다. $g(f(x))$는 재구성 r이라는 점에 주목하자. 이는 인코더와 디코더 함수, 입력 집합으로부터 생성한다. r과 x 사이의 거리가 짧을수록 손실이 작아진다.

식 8-5 오토 인코더 손실함수

$$L(x, g(f(x)))$$

네트워크의 인코더 부분에는 표준 밀집 신경망과 유사한 아키텍처가 있다. 인코더는 입력을 받은 다음 노드 수가 감소하는 일련의 밀집 계층을 통과한다. 인코더는 '다운샘플링' 또는 '압축'을 수행한다. 반대로 디코더는 역신경망 구조를 갖고 있다. 디코더는 잠재 상태를 입력으로 취한 다음 '업샘플링' 또는 '압축 해제'를 수행해 더 큰 출력을 생성한다.

예제 오토 인코더의 아키텍처는 그림 8-6에 나와 있다. 여기에는 다섯 개의 입력 노드가 있으며 다음 신경망 계층에서 세 개로 축소된다. 그런 다음 인코더 네트워크에서 두 개의 노드를 출력한다. 이들은 디코더 네트워크에서 입력으로 사용되며 세 개의 노드로 업샘플링한 다음 다섯 개의 노드로 업샘플링해 궁극적으로 입력과 유사한 것을 제공한다. 이미지 상단의 분홍색 노드는 모델 입력이고 하단의 분홍색 노드는 시도된 입력의 재구성을 나타낸다.

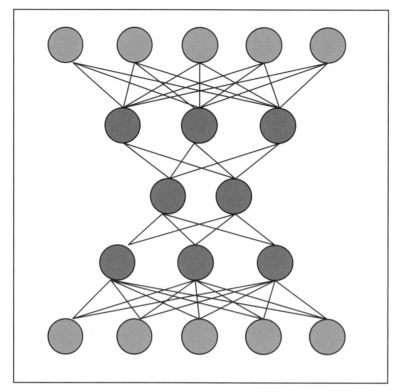

▲ 그림 8-6 오토 인코더의 예제 아키텍처

자동 인코더를 사용해 차원 축소에 집중할 것이지만 또한 이들은 경제와 금융 문제에
도 적용될 수 있는 다음과 같은 머신러닝의 일반적인 두 가지 용도를 갖고 있다.

1. **노이즈 감소**: 종종 오디오와 이미지 둘 다 노이즈^{noise}를 갖고 있다. 오토 인코
더를 사용하면 이미지나 오디오 신호의 크고 중요한 특징만 기억해 노이즈를
필터링할 수 있다. 상대적으로 적은 잠재 상태 노드를 갖는 아키텍처를 선택
하면 네트워크가 이미지나 오디오 신호에 포함된 모든 정보를 몇 개의 숫자
로 압축하도록 할 수 있다. 디코더를 사용해 이미지나 오디오 신호를 재구성
하려고 시도하면 잠재 상태에 포함된 것보다 더 많은 정보가 필요하므로 특
이한 노이즈를 복구할 수 없다. 즉 잡음 감소^{denoised} 버전만 복구된다.

2. **생성적 머신러닝**: 다양한 유형의 객체를 분류하는 것 외에도 머신러닝 알고리 즘을 사용해 부류의 새 인스턴스를 생성할 수 있다. 오토 인코더 모델의 디코 더는 잠재 상태의 정보에서 이미지를 재구성하도록 훈련됐다. 즉 잠재 상태 를 랜덤으로 생성한 다음 디코더를 통해 전달해 완전히 새로운 이미지를 생 성할 수 있다. 또한 인코더를 사용해 이미지에서 잠재 상태를 추출하고 출력 하는 잠재 상태를 수정해 디코더로 전달할 때 얻을 이미지를 조작할 수 있다. 노이즈 제거와 생성 머신러닝에서의 사용을 기반으로 할 때는 두 가지가 명 확해야 한다.

첫째, 일반적으로 입력을 정확히 복구하도록 오토 인코더를 훈련시키려고 하지 않는 다. 오히려 데이터에서 중요한 관계를 학습해 암기하는 것이 아니라 일반화할 수 있길 바란다. 이것이 규제화를 사용하고 네트워크를 충분히 작게 유지하는 이유다.

둘째, 인코더의 출력 계층인 잠재 상태는 입력 집합의 특징을 요약해야 하는 병목현상 역할을 한다. 이것이 바로 차원 축소의 한 형태로 유용한 이유다. 8장의 마지막 연습에 서는 동일한 GDP 성장 데이터에 대해 오토 인코더를 훈련시키는 방법을 보여준다.

코드 8-8에서는 Y와 C가 이미 로드돼 있고 8장 전체에 걸쳐 정의돼 있다고 가정한다. 그런 다음 가중치는 공유하지만 독립적으로 입력을 취하고 출력을 생성할 수 있는 인 코더와 디코더 모델을 정의한다. 잠재 상태인 latentNodes의 노드 수를 다섯 개로 설정 하면 다음 단계에서 회귀를 수행할 때 5-인자 PCR 모델에 해당한다.

코드 8-8 Keras API를 사용해 오토 인코더 훈련시키기

```
# 국가 수를 설정한다.
nCountries = 24

# 잠재 상태의 노드 수를 설정한다.
latentNodes = 5

# 인코더의 입력 계층을 정의한다.
encoderInput = tf.keras.layers.Input(shape = (nCountries))
```

```
# 잠재 상태를 정의한다.
latent = tf.keras.layers.Input(shape = (latentNodes))

# 인코더를 위한 밀집 출력 계층을 정의한다.
enco ded = tf.keras.layers.Dense(latentNodes, activation =
        'tanh')(encoderInput)

# 디코더를 위한 밀집 출력 계층을 정의한다.
deco ded = tf.keras.layers.Dense(nCountries, activation =
        'linear')(latent)

# 인코더와 디코더에 대해 별도의 모델을 정의한다.
encoder = tf.keras.Model(encoderInput, encoded)
decoder = tf.keras.Model(latent, decoded)

# 오토 인코더의 함수 모델을 정의한다.
autoencoder = tf.keras.Model(encoderInput, decoder(encoded))

# 모델을 컴파일한다.
autoencoder.compile (loss = 'mse', optimizer = "adam")

# 모델을 훈련시킨다.
autoencoder.fit (C, C, epochs = 200)
```

지금까지의 신경망 수행과 비교하면 이러한 모델은 매우 드문 경우다. 모델을 훈련시킬 때 특징과 목표 값이 동일하다는 것을 알 수 있다. 또한 인코더와 디코더 모델 자체는 함수적이지만 실제로 훈련시키는 모델인 더 큰 자동 인코더 모델의 일부이기도 하다. 또한 노드가 다섯 개인 잠재 상태를 고려할 때는 가능하면 가장 단순한 아키텍처를 선택했다는 것을 알 수 있다. 이는 코드 8-9에 요약돼 있다.

```
# 모델 아키텍처 요약을 출력한다.
print(autoencoder.summary())


Layer (type)              Output Shape        Param #
=====================================================
input_11 (InputLayer)     [(None, 24)]          0


dense_8 (Dense)            (None, 5)            125


model_10 (Model)           (None, 24)           144
=====================================================
Total params: 269
Trainable params: 269
Non-trainable params: 0
```

전체적으로 이러한 모델에는 269개의 매개변수가 있지만 각각 236분기의 관측으로 구성된 24개의 GDP 성장 시계열을 복구하도록 훈련됐다. 그림 8-7에서는 미국의 참 및 예측 시계열을 도식화해 시계열 구성의 품질을 평가한다. 이는 autoencoder의 predict() 메서드를 사용해 수행할 수 있다.

오토 인코더는 미국의 시계열을 합리적인 정도의 정확성을 갖는 상태로 재현한 것으로 보인다. 앞에서 논의한 것과 같이 병목 계층(잠재 상태)이 디코더로 전달될 수 있는 정보의 양을 제한하므로 오토 인코더는 일부 노이즈를 제거해야 한다. 그 결과 생성한 계열이 원래의 계열보다 분산이 더 낮다는 것을 알 수 있다.

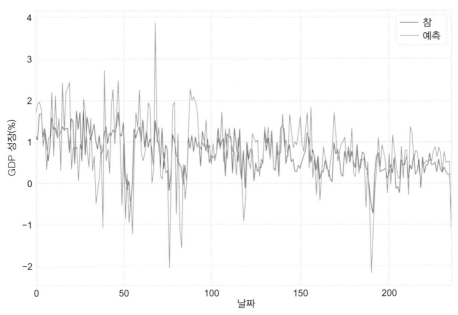

▲ 그림 8-7 오토 인코더를 사용해 미국 GDP 성장을 위해 재구성된 시계열

다음 단계는 인코더의 다섯 개 출력 값으로 구성되는 모든 기간에서 잠재 상태를 복구하는 것이다. 코드 8-10에 표시된 것과 같이 인코더 함수의 predict 메서드를 사용해이를 수행할 수 있다.

코드 8-10 잠재 상태 시계열 생성하기

```
# 잠재 상태 시계열을 생성한다.
latentState = encoder.predict(C)

# 잠재 상태 시계열 모양을 출력한다.
print(latentState.shape))

(236, 5)
```

이제 회귀에서 이러한 잠재 상태 시계열을 사용해 캐나다의 GDP 성장을 예측한다. 코드 8-11에서 보듯이 PCR에서 수행한 것과 변경된 내용은 없다. 인코더 모델에서 잠재 상태가 추출되면 문제는 선형 회귀로 줄어든다.

코드 8-11 오토 인코더 잠재 상태를 사용한 회귀 설정에서의 차원 축소 수행하기

```
# 모델 매개변수를 초기화한다.
beta = tf.Variable(tf.random.normal([latentNodes, 1]))
alpha = tf.Variable(tf.random.normal([1, 1]))

# 예측 특징을 정의한다.
def LSR(latentState, beta, alpha):
        predictions = alpha + tf.reshape(
        tf.matmul(latentState, beta), (236,))
        return predictions

# 손실함수를 정의한다.
def mseLoss(Y, latentState, beta, alpha):
        return tf.losses.mse(Y, LSR(latentState,
beta, alpha))

# 최적화 프로그램을 인스턴스화하고 손실을 최소화한다.
opt = tf.optimizers.Adam(0.1)
for j in range(100):
        opt.minimize(lambda: mseLoss(Y, latentState, beta,
        alpha), var_list = [beta, alpha])
```

그림 8-8에서는 오토 인코더의 잠재 상태를 중심으로 구축된 회귀 모델을 사용한 캐나다 GDP 성장의 실제와 예측 시계열을 도식화한다. 성능이 PLS로 달성할 수 있었던 것과 유사하다는 것을 알 수 있다.

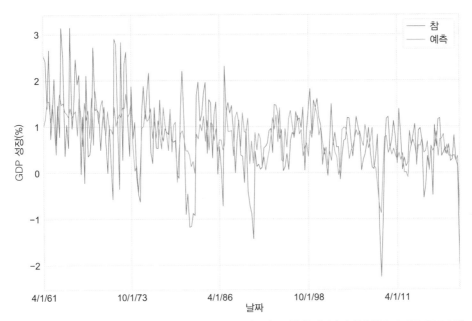

▲ 그림 8-8 특징 집합에 차원 축소를 수행하기 위해 자동 인코더를 적용한 캐나다의 실제 및 OLS 예측 GDP 성장

마지막으로 이러한 문제의 접근 방식에 대해 최소한 두 가지를 변경할 수 있었다. 첫째, 오토 인코더의 아키텍처를 수정할 수 있었다. 모델이 과소적합돼 시계열 전반에 걸쳐 일반화되지 않는다고 생각되면 은닉 계층이나 계층 내에 노드를 추가할 수 있다. 둘째, 두 번째 단계에서 신경망과 같이 완전히 다른 모델을 사용할 수도 있었다. 또한 TensorFlow를 사용하면 이러한 모델을 오토 인코더에 직접 연결해 다섯 개의 잠재 특징 집합으로 Y를 예측하도록 공동으로 훈련시킬 수도 있었다. 그랬다면 Y를 더 잘 예측하는 잠재 상태를 얻어 PLS 유형의 일반화된 기법을 생성했을 것이다.

요약

차원 축소는 경제학과 머신러닝에 공통적인 경험적 전략이다. 많은 경우 문제의 두 번째 단계(지도 학습 작업일 수 있다)가 가용한 특징 집합으로는 불가능할 때 차원 축소를 사용한다. 주성분 분석이나 오토 인코더의 잠재 상태를 사용해 고차원 특징 집합을 적은 수의 요인으로 압축할 수 있다.

8장에서는 `tensorflow` 및 `sklearn`으로 차원을 축소하는 방법을 시연했다. GDP 성장 예측에 집중해 주성분 회귀가 잘 수행됐다는 것을 확인했지만 궁극적으로 종속변수와 의 관계를 기반으로 선택되지 않은 요인을 사용했다. 특징과 종속변수 간의 조합을 이용하는 부분 최소 제곱을 사용했을 때 예측 품질이 약간 향상됐다.

마지막으로 오토 인코더를 사용해 차원 축소를 수행할 가능성을 살펴봤다. 오토 인코더 모델은 인코더와 디코더 네트워크로 구성되며 입력의 재구성을 출력하도록 훈련됐다. 네트워크의 인코더 부분은 입력 특징에 대한 압축 정보로 취급할 수 있는 잠재 상태를 출력한다. 여기서는 차원 축소를 목적으로 오토 인코더의 잠재 상태를 사용하는 회귀가 PLS처럼 수행되고 확장될 수 있다는 것을 보여줬고 예측 모델과의 공동 훈련이 가능했다.

참고문헌

- Bernanke, B. S., J. Boivin, and P. Elliasz, "Measuring the Effects of Monetary Policy: A Factor-Augmented Vector Auto Regressive(FAVAR) Approach."(*The Quarterly Journal of Economics* 120 (1): 387 – 422, 2005)

- Bourlard, H., and Y. Kamp, "Auto-association by multilayer perceptrons and singular value decomposition."(*Biological Cybernetics* 59: 291 – 294, 1988)

- Gentzkow, M., B. Kelly, and M. Taddy, "Text as Data."(*Journal of Economic Literature* 57 (3): 535 – 574, 2019)

- Goodfellow, I., Y. Bengio, and A. Courville, 『Deep Learning』(Cambridge, MA: MIT Press, 2017)

  번역서: 『심층학습(제이펍의 인공지능 시리즈 13)』(제이펍, 2018)

- Hinton, G. E., and R. S. Zemel, "Autoencoders, minimum description length, and Helmholtz free energy."(*NIPS, 1993*)

- Kelly, B., and S. Pruitt, "Market Expectations in the Cross–Section of Present Values."(*Journal of Finance* 68 (5): 1721 – 1756, 2013)

- Kelly, B., and S. Pruitt, "The Three–Pass Regression Filter: A New Approach to Forecasting Using Many Predictors."(*Journal of Econometrics* 186 (2): 294 – 316, 2015)

- LeCun, Y, "Modeles connexionistes de l'apprentissage."(*Ph. D. thesis, Universite de Paris VI*,1987)

- Lewis, D., K. Mertens, and J. Stock, "U.S. Economic Activity during the Early Weeks of the SARS-Cov-2 Outbreak."(*Federal Reserve Bank of New York Staff Reports* 920, 2020)

- Stock, J. H., and M. W. Watson, "Forecasting Using Principal Components from a Large Number of Predictors."(*Journal of the American Statistical Association* 97 (460): 1167 – 1179, 2002)

생성적 모델

머신러닝 모델은 판별적^{discriminative}, 생성적^{generative} 두 가지 범주로 나눌 수 있다. 판별적 모델은 분류나 회귀를 수행하도록 훈련된다. 즉 특징 집합을 입력하고 부류 레이블이나 예측 값의 확률을 출력으로 받을 것을 기대한다. 반대로 생성 모델은 데이터의 기본 분포를 학습하도록 훈련된다. 일단 생성 모델을 학습한 다음 이를 사용해 부류의 새로운 예제를 생성할 수 있다. 그림 9-1은 두 모델 범주의 차이점을 보여준다.

지금까지는 책에서 판별적 모델에 초점을 맞췄다. 하지만 6장에서 소개한 잠재 디리클레 할당이라는 한 가지 예외가 있었다(Blei et al., 2003). LDA 모델은 텍스트 말뭉치를 입력으로 받아 주제 집합을 반환했으며 여기서 각 주제는 어휘에 대한 분포로 정의됐다.

최근 머신러닝 생성 모델에서 큰 진전이 있었다. 그리고 대부분 가변 오토 인코더^{VAE,} $^{Variational\ Auto\ Encoder}$와 생성적 적대 신경망$^{GAN,\ Generative\ Adversarial\ Network}$ 두 가지 모델 개발에 집중돼 있다. 이미지, 텍스트, 음악 생성과 관련해 이러한 두 가지 범주 모델은 큰 혁신을 가져왔다. 대부분의 경우 이러한 진전은 경제와 금융 분야에 아직 도달하지 못했다. 하지만 경제학의 일부 작업은 GAN을 사용하기 시작했다.

8장 마지막 절에서는 최근 경제학에서 GAN을 적용한 두 가지를 간략히 설명하고 (Athey et al, 2019; Kaji et al, 2018) 잠재적 향후 사용을 추측한다.

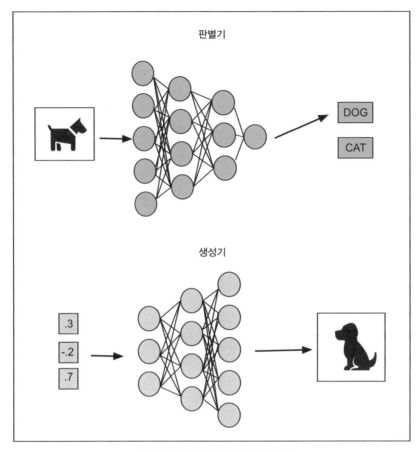

▲ 그림 9-1 판별기와 생성기 모델의 비교

가변 오토 인코더

8장에서는 가중치를 공유하는 두 개의 네트워크 즉 인코더와 디코더로 구성된 오토 인코더의 개념을 소개했다. 인코더는 모델 입력을 잠재 상태로 변환했다. 디코더는 잠재 상태를 입력으로 취하고 인코더에 입력된 특징의 재구성을 생성했다. 거기서는 입력과 예측 값의 차이를 변환한 재구성 손실을 계산해 모델을 훈련시켰다.

오토 인코더를 사용해 차원 축소를 수행했지만 새로운 이미지, 음악, 텍스트 생성과 같은 생성 작업을 주로 포함하는 자동 인코더의 다른 사용도 논의했다. 거기서 언급하지 않은 것은 오토 인코더가 그러한 작업에서 성능을 방해하는 두 가지 문제를 겪고 있다는 것이다. 다음에 설명하는 두 가지 문제는 잠재 상태를 생성하는 방식과 관련 있다.

1. **잠재 상태의 위치와 분포**: N개의 노드가 있는 오토 인코더의 잠재 상태는 $\mathbb{R}^N$의 점point이다. 많은 문제에서 이러한 점이 $\mathbb{R}^N$에서 군집화되는 방법과 위치를 명시적으로 결정할 수 없다. 이것은 중요하지 않게 보일 수 있지만 궁극적으로 어떠한 잠재 상태를 모델에 제공할 수 있을지를 결정한다. 예를 들어 이미지를 생성하려는 경우 무엇이 유효한 잠재 상태를 구성하고 무엇이 모델에 공급될 수 있는지를 알면 유용할 것이다. 그렇지 않으면 모델이 관찰한 것과 거리가 먼 상태를 사용해 새롭지만 그럴듯하지 않은 이미지를 생성한다.

2. **학습에 나타나지 않는 잠재 상태의 성능**: 오토 인코더는 일련의 예제 입력을 재구성하도록 훈련됐다. 특징 집합과 관련 있는 잠재 상태의 경우 디코더는 입력 특징과 유사한 출력을 생성해야 한다. 하지만 잠재 벡터를 약간만 교란하면 디코더가 본 적이 없는 점에서 그럴듯한 예제를 생성하는 능력을 보장할 수 없다.

이러한 한계를 극복하기 위해 가변 오토 인코더VAE가 개발됐다. VAE는 잠재 상태 계층 대신 평균 계층, 로그 분산 계층, 샘플링 계층을 갖는다. 샘플링 계층은 이전 계층의 평균과 로그 분산을 매개변수로 해 정의된 정규분포에서 추출한다. 그런 다음 샘플링 계층의 출력은 훈련 과정 동안 잠재 상태로 디코더에 전달된다. 동일한 특징을 인코더에 두 번 전달하면 매번 다른 잠재 상태가 생성된다.

아키텍처 차이 외에도 VAE는 손실함수도 수정해 샘플링 계층의 각 정규분포에 대해 쿨백-라이블러KL, Kullback-Leibler 발산을 포함하도록 한다. KL 발산은 평균과 로그 분산 둘 다 0인 정규분포와 각 정규분포 사이의 거리에 페널티를 준다. 이러한 특징의 조합으로 세 가지를 얻을 수 있다.

첫째, 잠재 상태의 확정성을 제거한다. 이제 각 특징 집합은 단일 잠재 상태가 아니라 잠재 상태 분포와 연관된다. 이것은 모델이 각 개별 잠재 상태의 특징을 연속변수로 처리하도록 강제함으로써 생성 성능을 향상시키는 경향이 있다. 둘째, 샘플링 문제를 제거한다. 이제 샘플링 계층을 사용해 유효한 상태를 랜덤으로 추출할 수 있다. 셋째, 공간의 잠재 분포 문제를 해결한다. 손실의 KL 발산 성분은 분포 평균을 0에 가깝게 밀고 유사한 분산을 갖도록 강제한다.

이번 절의 나머지 부분에서는 TensorFlow로 VAE를 구현하는 데 중점을 둔다. VAE 모델 개발의 확장된 개요와 이론적 속성의 자세한 내용은 Kingma와 Welling(2019)을 참조하라.

9장에서 사용할 예는 8장에서 소개한 GDP 성장 데이터를 사용한다. 다시 한 번 상기해보면 데이터는 25개 OECD 회원국의 1961년 2분기~2020년 1분기의 분기별 시계열로 구성됐다. 8장에서는 차원 축소 기법을 사용해 각 시점에서 25개 시계열에서 적은 수의 공통 성분을 추출했다.

9장에서는 그 대신 GDP 성장 데이터를 사용해 VAE를 훈련해 유사한 시계열을 생성할 수 있다. 코드 9-1에서는 이러한 예제에서 사용할 라이브러리를 임포트한 다음 데이터를 로드하고 준비한다. GDP 데이터를 전치해 열은 특정 분기에 해당하고 행은 국가에 해당하도록 만드는 데 유의하자. 그런 다음 데이터를 np.array()로 변환하고 배치 크기와 잠재 공간의 출력 노드 수에 대한 매개변수를 설정한다.

```
import tensorflow as tf
import pandas as pd
import numpy as np

# 데이터 경로를 정의한다.
data_path = '../data/chapter9/'

# 데이터를 로드하고 전치한다.
GDP = pd.read_csv(data_path+'gdp_growth.csv',
        index_col = 'Date').T

# 데이터 미리 보기를 출력한다.
print(GDP.head())

Time     4/1/61        7/1/61         10/1/61         1/1/62
AUS    -1.097616     -0.715607       1.139175        2.806800 ...
AUT    -0.349959      1.256452       0.227988        1.463310 ...
BEL     1.167163      1.275744       1.381074        1.346942 ...
CAN     2.529317      2.409293       1.396820        2.650176 ...
CHE     1.355571      1.242126       1.958044        0.575396 ...

# 데이터를 numpy 배열로 변환한다.
GDP = np.array(GDP)

# 국가와 분기 수를 설정한다.
nCountries, nQuarters = GDP.shape

# 잠재 노드 수와 배치 크기를 설정한다.
latentNodes = 2 batchSize = 1
```

다음 단계는 VAE 모델 아키텍처를 정의하는 것이다. 이는 8장의 오토 인코더 모델과 유사하게 인코더와 디코더로 구성된다. 하지만 오토 인코더와 달리 잠재 상태는 훈련 과정 동안 독립적인 정규분포 집합에서 샘플링된다. 코드 9-2에서 샘플링 작업을 수행하는 함수를 정의하는 것부터 시작한다.

```
# 샘플링 계층에 대한 함수를 정의한다.
def sampling(params, batchSize = batchSize, latentNodes =
latentNodes):
        mean, lvar = params
epsilon = tf.random.normal(shape=(
        batchSize, latentNodes))
        return mean + tf.exp(lvar / 2.0) * epsilon
```

sampling 계층 자체는 어떠한 매개변수도 포함돼 있지 않다는 점에 주목하자. 그 대신 한 쌍의 매개변수를 입력으로 취하고 잠재 상태의 각 출력 노드에 대한 표준 정규분포에서 epsilon을 추출한 다음 해당 상태의 노드에 해당하는 평균과 lvar 매개변수를 사용해 각 추출을 변환한다.

샘플링 계층을 정의했다면 인코더 모델도 정의할 수 있다. 이는 오토 인코더 모델을 위해 구축한 것과 매우 유사하다. 코드 9-3에서 이를 수행할 것이다. 초기의 유일한 차이점은 특정 시점에 국가간 값의 단면이 아니라 국가의 전체 시계열을 입력으로 사용한다는 것이다.

mean과 lvar 계층에는 오토 인코더에는 없던 또 다른 차이점이 있다. 이러한 계층은 잠재 상태와 동일한 수의 노드를 갖는다. 이는 잠재 상태의 각 노드와 연관된 정규분포의 평균과 로그 분산 매개변수 값으로 구성되기 때문이다. 다음으로 앞에서 정의한 sampling 함수를 받아 mean과 lvar 매개변수를 전달하는 Lambda 계층을 정의한다. 샘플링 계층이 잠재 상태의 각 특징(노드)에 대한 출력을 생성하는 것을 볼 수 있다.

마지막으로 분기별 GDP 성장 관측치와 같은 입력 특징을 취하고 평균과 로그 분산을 사용해 평균 계층, 로그 분산 계층, 샘플링된 출력을 반환해 정규분포를 매개변수화하는 특징 모델인 encoder를 정의한다.

```
# 인코더의 입력 계층을 정의한다.
encoderInput = tf.keras.layers.Input(shape = (nQuarters))

# 잠재 상태를 정의한다.
latent = tf.keras.layers.Input(shape = (latentNodes))

# 평균 계층을 정의한다.
mean = tf.keras.layers.Dense(latentNodes)(encoderInput)

# 로그 분산 계층을 정의한다.
lvar = tf.keras.layers.Dense(latentNodes)(encoderInput)

# 샘플링 계층을 정의한다.
enco ded = tf.keras.layers.Lambda(sampling, output_
        shape=(latentNodes,))([mean, lvar])

# 인코더 모델을 정의한다.
encoder = tf.keras.Model(encoderInput, [mean, lvar, encoded])
```

코드 9-4에서는 디코더 모델과 전체 가변 오토 인코더에 대한 특징 모델을 정의한다. 오토 인코더의 디코더 구성 요소와 유사하게 인코더의 입력으로 잠재 상태를 취한 다음 재구성된 입력을 출력으로 생성한다. 전체 VAE 모델은 시계열을 입력으로 사용해 동일한 시계열의 재구성으로 변환하는 자동 인코더와 유사하다.

마지막 단계에서는 두 구성 요소(재건 손실 및 KL 발산)의 손실함수를 정의하고 모델에 추가한다(코드 9-5에서 수행한다). 재구성 손실은 오토 인코더에 사용한 것과 다르지 않다. KL 발산은 각 샘플링 계층 분포가 표준 정규분포에서 얼마나 멀리 떨어져 있는지를 측정한다. 거리가 멀수록 페널티가 높아진다.

코드 9-4 VAE를 위한 디코더 모델 정의하기

```python
# 디코더의 출력을 정의한다.
deco ded = tf.keras.layers.Dense(nQuarters, activation =
        'linear')(latent)

# 디코더 모델을 정의한다.
decoder = tf.keras.Model(latent, decoded)

# 오토 인코더의 함수적 모델을 정의한다.
vae = tf.keras.Model(encoderInput, decoder(encoded))
```

코드 9-5 VAE 손실 정의하기

```python
# 손실의 재구성 요소를 계산한다.
reconstruction = tf.keras.losses.binary_crossentropy(
        vae.inputs[0], vae.outputs[0])

# KL 손실 성분을 계산한다.
kl = -0. 5 * tf.reduce_mean(1 + lvar - tf.square(mean) -
        tf.exp(lvar), axis = -1)

# 손실을 결합해 모델에 추가한다.
combinedLoss = reconstruction + kl
vae.add_loss(combinedLoss)
```

마지막으로 코드 9-6에서 모델을 컴파일하고 훈련시킨다. 코드 9-7에서는 이제 다양한 생성 작업을 수행하는 데 사용할 수 있는 훈련된 가변 오토 인코더가 있다. 예를 들어 vae의 predict() 메서드를 사용해 주어진 시계열 입력을 재구성할 수 있다. 또한 미국 GDP 성장과 같은 주어진 입력에 대한 잠재 상태를 값으로 생성할 수 있다. 랜덤 노이즈를 추가해 이러한 잠재 상태를 교란시킨 다음 디코더의 predict() 메서드를 사용해 수정된 잠재 상태를 기반으로 완전히 새로운 시계열을 생성할 수도 있다.

코드 9-6 VAE 컴파일 및 적합화하기

```python
# 모델을 컴파일한다.
vae.compile(optimizer='adam')

# 모델을 적합화한다.
vae.fit(GDP, batch_size = batchSize, epochs = 100)
```

코드 9-7 훈련된 VAE로 잠재 상태 및 시계열 생성하기

```python
# 시계열을 재구성한다.
prediction = vae.predict(GDP[0, :].reshape(1, 236))

# 입력에서 (무작위) 잠재 상태를 생성한다.
latentState = encoder.predict(GDP[0, :].reshape(1, 236))

# 잠재 상태를 교란시킨다.
latentState[0] = latentState[0] + np.random.normal(1)

# 교란된 잠재 상태를 디코더에 전달한다.
decoder.predict(latentState)
```

마지막으로 그림 9-2에서는 미국 GDP 성장 시계열에 대한 잠재 상태 실현을 기반으로 생성된 25개의 시계열을 보여준다. 그런 다음 5×5 그리드에서 원래의 상태를 교란시킨다. 여기서 행은 [-1, 1] 간격에 걸쳐 균일한 간격의 값을 첫 번째 잠재 상태에 추가하고 열은 [-1, 1] 간격에 걸쳐 동일한 간격의 값을 두 번째 잠재 상태에 추가한다. 빨간색으로 표시된 그리드 중앙의 시계열은 [0, 0]을 추가하므로 원래의 잠재 상태가 된다.

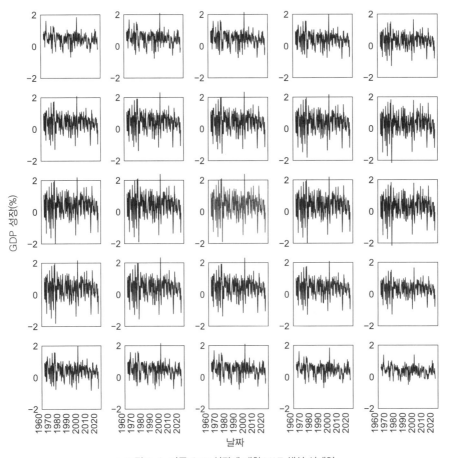

▲ 그림 9-2 미국 GDP 성장에 대한 VAE 생성 시계열

이러한 예제는 간단하며 잠재 상태에는 데모 목적으로 두 개의 노드만 포함돼 있지만
VAE 아키텍처는 다양한 문제에 적용될 수 있다. 예를 들어 인코더와 디코더에 컨볼루
션 계층을 추가하고 입력과 출력 모양을 변경할 수 있다. 그러면 이미지를 생성하는
VAE가 만들어진다. 또는 인코더와 인코더에 LSTM 셀을 추가할 수 있는데 그러면 텍
스트나 음악을 생성할 수 있는 VAE가 된다.[1] 또한 LSTM 기반 아키텍처는 이러한 예

---

1 음악 생성에 관한 생성 모델의 확장된 안내서는 www.datacamp.com/community/tutorials/using-tensorflow-to-composemusic을 참조하라.

제에서 채택한 밀집 네트워크 접근 방식을 통해 시계열 생성을 약간 개선할 수 있다.

생성적 적대 네트워크

두 가지 모델 제품군 즉 오토 인코더와 생성적 적대 네트워크[GAN]가 생성 머신러닝 문헌을 지배하고 있다. 지금까지 살펴봤듯이 VAE는 잠재 상태와 인코딩 특징을 조작해 예제 생성을 세부적으로 제어한다. 반대로 GAN은 매우 그럴 듯한 부류 예제를 만드는 데 더 성공적이었다. 예를 들어 가장 그럴 듯한 생성 이미지 중 일부는 GAN을 사용해 생성된다.

앞 절에서 살펴봤듯이 VAE는 인코더와 디코더 두 모델의 조합으로서 샘플링 계층으로 결합된다. 마찬가지로 GAN도 생성기와 판별기 두 모델로 구성된다. 생성기는 잠재 상태로 생각할 수 있는 랜덤 입력 벡터를 가져와 실제 GDP 성장 시계열(또는 이미지, 문장, 악보)과 같은 부류의 예제를 생성한다.

GAN의 생성기가 여러 부류의 예제를 생성하면 동일한 수의 참 예제와 함께 판별기에 전달된다. 예시의 경우는 참값과 생성된 실질 GDP 성장 시계열의 조합일 것이다. 그런 다음 판별기는 참 예제와 가짜 예제를 구별하도록 훈련된다. 판별기가 분류 작업을 완료하면 생성기와 판별기 모델을 모두 결합하는 적대적 네트워크를 사용해 생성기를 훈련시킨다. VAE의 인코더와 디코더 구성 요소의 경우와 마찬가지로 적대적 네트워크는 두 네트워크에서 가중치를 공유한다. 적대적 네트워크는 판별기 네트워크의 손실을 최대화하도록 생성기를 훈련시킨다.

Goodfellow et al.(2017)에서 설명된 것과 같이 두 네트워크 중 판별기는 $v(g, d)$를 얻고 생성기는 $-v(g, d)$를 얻는 제로섬 게임에서 서로 이익을 최대화하려는 것으로 볼 수 있다. 생성기는 판별기를 속이기 위해 샘플 g를 선택한다. 판별기는 각 샘플에 대해 확률 d를 선택한다. 생성된 이미지 집합 g^*로 특징되는 평형은 식 9-1에 나와 있다.

$$g^* = \arg \min_g \max_d v(g, d)$$

결과적으로 네트워크의 적대적 부분을 훈련할 때는 판별기 가중치를 고정해야 한다. 이것은 판별기를 약화시키는 것이 아니라 생성 프로세스를 개선하도록 네트워크를 제한하는 것이다. 훈련 과정에서 이러한 단계를 반복하면 궁극적으로 식 9-1에 설명된 평형을 얻을 수 있다.

그림 9-3은 GAN의 생성기와 판별기 네트워크를 보여준다. 요약하면 생성기는 데이터에서 추출되지 않은 새로운 예제를 생성한다. 판별기는 이러한 예제를 참 예제와 결합한 다음 분류를 수행한다. 그리고 적대적 네트워크는 생성기를 판별기에 연결하지만 판별기의 가중치를 고정시켜 생성기를 훈련시킨다. 네트워크를 통한 훈련은 반복적으로 일어난다.

VAE 절의 예시에 따라 GDP 성장 데이터를 다시 사용할 것이다. 이러한 데이터는 코드 9-8에서 로드하고 준비한다. 여기서의 의도는 랜덤으로 추출된 벡터 입력에서 신뢰할 수 있는 GDP 성장 시계열을 생성하도록 GAN을 훈련시키는 것이다. 그리고 Krohn et al.(2020)에 설명된 GAN 구성의 접근 방식을 따를 것이다.

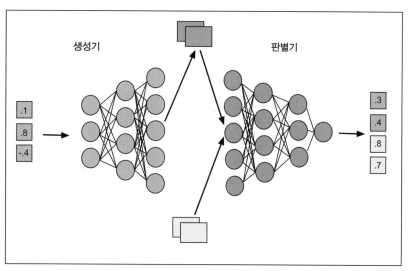

▲ 그림 9-3 GAN의 생성기와 판별기

코드 9-8 GAN에서 사용할 GDP 성장 데이터 준비하기

```python
import tensorflow as tf
import pandas as pd
import numpy as np

# 데이터를 로드하고 전치한다.
GDP = pd.read_csv(data_path+'gdp_growth.csv',
        index_col = 'Date').T

# pandas DataFrame을 numpy 배열로 변환한다.
GDP = np.array(GDP)
```

코드 9-9에서 생성 모델을 정의한다. 여기서 다시 단순 VAE 모델을 따라 생성기 입력으로 두 요소를 갖는 벡터를 추출한다. 생성기의 입력은 VAE의 잠재 벡터에 대한 비유로 볼 수 있으므로 생성기를 디코더로 간주해야 한다. 이는 좁은 병목 유형의 계층으로 시작해 생성된 GDP 성장 시계열이 될 산출물로 업샘플링된다는 것을 의미한다.

가장 단순한 생성기 버전은 잠재 벡터를 받아들이는 입력 계층과 입력 계층을 업샘플링하는 출력 계층으로 구성된다. 출력 계층은 GDP 성장 값으로 구성되므로 선형 활성화 함수를 사용한다. 그러지 않으면 모델이 비선형성을 포착할 수 없기 때문에 relu 활성화를 갖는 은닉 계층도 포함된다.

코드 9-9 GAN의 생성 모델 정의하기

```
# 잠재 상태 벡터의 차원을 설정한다.
nLatent = 2

# 국가와 분기 수를 설정한다.
nCountries, nQuarters = GDP.shape

# 입력 계층을 정의한다.
generatorInput = tf.keras.layers.Input(shape = (nLatent,))

# 은닉 계층을 정의한다.
generatorHidden = tf.keras.layers.Dense(16, activation="relu")
        (generatorInput)

# 생성기 출력 계층을 정의한다.
generatorOutput = tf.keras.layers.Dense(236,
        activation="linear")(generatorHidden)

# 생성기 모델을 정의한다.
generator = tf.keras.Model(inputs = generatorInput, outputs =
        generatorOutput)
```

다음으로 코드 9-10에서 판별기를 정의할 것이다. 참값과 생성된 GDP 성장 시계열을 입력으로 사용하며 각각의 길이는 nQuarters다. 그러면 실제 GDP 성장률이 될 확률이 생성된다. generator는 컴파일하지 않았지만 discriminator는 컴파일했다는 점에 유의하자. 이는 generator를 훈련시키기 위해 적대적 네트워크를 사용할 것이기 때문이다.

```
# 입력 계층을 정의한다.
discriminatorInput = tf.keras.layers.Input(shape =
        (nQuarters,))

# 은닉 계층을 정의한다.
discriminatorHidden = tf.keras.layers.Dense(16,
        activation="relu")(discriminatorInput)

# 판별기 출력 계층을 정의한다.
discriminatorOutput = tf.keras.layers.Dense(1,
        activation="sigmoid")(discriminatorHidden)

# 판별기 모델을 정의한다.
discriminator = tf.keras.Model(inputs = discriminatorInput,
        outputs = discriminatorOutput)

# 판별기 컴파일
discriminator.compile(loss='binary_crossentropy', optimizer=tf.
        optimizers.Adam(0.0001))
```

이제 생성기 모델과 판별기 모델을 정의했다. 또한 판별기를 컴파일했다. 다음 단계는 생성기를 훈련시키는 데 사용될 적대적 모델을 정의하고 컴파일하는 것이다. 적대적 모델은 생성기와 가중치를 공유하고 판별기 가중치를 고정시킨 버전을 사용한다. 즉 적대적 네트워크를 훈련할 때는 가중치가 갱신되지 않지만 판별기를 훈련할 때는 갱신된다.

코드 9-11은 적대적 네트워크를 정의한다. 적대적 네트워크는 잠재 벡터이므로 generator의 입력과 크기가 동일하다. 다음으로 생성기 모델의 출력을 가짜 GDP 성장 시계열인 timeSeries로 정의한다. 그런 다음 discriminator의 훈련 가능 여부를 False 로 설정해 적대적 네트워크를 훈련하는 동안 갱신되지 않도록 할 수 있다. 마지막으로 네트워크의 출력을 판별기의 출력으로 설정하고 adversarial 함수 모델을 정의하고 컴파일한다. 코드 9-12에서는 discriminator와 adversarial을 훈련할 것이다.

```
# 적대적 네트워크에 대한 입력 계층을 정의한다.
adversarialInput = tf.keras.layers.Input(shape=(nLatent))

# 생성기 출력을 생성된 시계열로 정의한다.
timeSeries = generator(adversarialInput)

# 판별기를 훈련 불가능으로 설정한다.
discriminator.trainable = False

# 판별기의 예측을 계산한다.
adversarialOutput = discriminator(timeSeries)

# 적대적 모델을 정의한다.
adversarial = tf.keras.Model(adversarialInput,
        adversarialOutput)

# 적대적 네트워크를 컴파일한다.
adversarial.compile(loss='binary_crossentropy', optimizer=tf.
        optimizers.Adam(0.0001))
```

코드 9-12 판별기 및 적대적 네트워크 훈련시키기

```
# 배치 크기를 설정한다.
batch, halfBatch = 12, 6

for j in range(1000):
        # 실제 훈련 데이터를 추출한다.
        idx = np.random.randint(nCountries,
        size = halfBatch)
        real_gdp_series = GDP[idx, :]

        # 가짜 훈련 데이터를 생성한다.
        latentState = np.random.normal(size=[halfBatch, nLatent])
        fake_gdp_series = generator.predict(latentState)

        # 입력 데이터를 결합한다.
```

310

```
features = np.concatenate((real_gdp_series,
fake_gdp_series))

# 레이블을 생성한다.
labels = np.ones([batch,1])
labels[halfBatch:, :] = 0

# 판별기를 훈련시킨다.
discriminator.train_on_batch(features, labels)

# 적대적 네트워크에 대한 잠재 상태를 생성한다.
latentState = np.random.normal(size=[batch, nLatent])

# 적대적 네트워크에 대한 레이블을 생성한다.
labels = np.ones([batch, 1])

# 적대적 네트워크를 훈련시킨다.
adversarial.train_on_batch(latentState, labels)
```

먼저 배치 크기를 정의한다. 그런 다음 여러 단계로 구성된 훈련 루프에 들어간다. 먼저 임의의 정수를 추출하고 이를 사용해 GDP 성장 시계열로 구성된 GDP 행렬에서 행을 선택한다. 이는 판별기의 훈련 집합에 있는 실제 샘플이 될 것이다. 다음으로 잠재 벡터를 추출한 다음 생성기에 전달해 가짜 데이터를 생성한다. 그런 다음 두 유형의 시계열을 결합하고 해당 레이블(1 = 실제, 0 = 가짜)을 할당한다. 이제 이러한 데이터를 판별기에 전달해 단일 배치 훈련을 수행할 수 있다.

다음으로 적대적 네트워크에 대한 반복 훈련을 수행한다. 여기서는 잠재 상태의 배치를 생성하고 생성기에 입력한 다음 판별기를 속여 실제로 분류되도록 할 목적으로 훈련시킨다. 여기서는 두 모델을 반복 학습하고 있으며 학습 프로세스에 정상적인 중지 기준은 사용하지 않는다는 점에 유의하자. 그 대신 어떠한 모델도 이점을 얻을 수 없어 보이는 안정적인 평형점을 찾을 것이다.

그림 9-4에 시간에 따른 모델 손실을 표시한다. 약 500회의 훈련 반복 수행 후 어떠한 모델도 크게 개선돼 보이지 않으며 이는 안정적인 평형에 도달했다는 것을 나타낸다는 것을 알 수 있다.

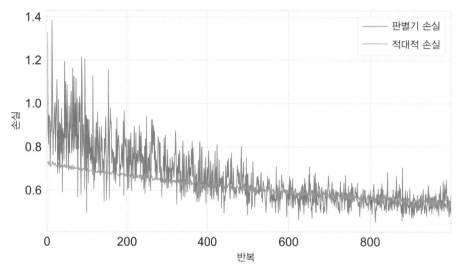

▲ 그림 9-4 반복 훈련에 의한 판별기와 적대적 모델 손실

마지막으로 그림 9-5에서 GAN에 의해 생성된 GDP 성장 시계열 중 하나를 도식화한다. 백색 노이즈 벡터 입력과 판별기 성능 관련 정보만 취한 적대적 네트워크는 1,000회의 훈련 반복 후 상당히 신뢰할 수 있는 가짜 GDP 성장 시계열을 생성하도록 생성기를 훈련시켰다. 물론 더 많은 잠재 특징과 LSTM과 같은 고급 모델 아키텍처를 사용함으로써 성능을 상당히 향상시킬 수도 있었다.

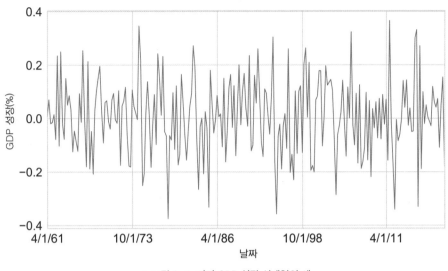

▲ 그림 9-5 가짜 GDP 성장 시계열의 예

경제와 금융 분야에서의 응용

9장에서는 다소 모호해 보일 수 있는 예시, 즉 생성적 머신러닝 모델을 사용해 시뮬레이션된 GDP 성장 시리즈를 생성하는 데 집중했다. 이러한 연습은 계량경제학에서 추정기의 작은 샘플 속성을 테스트하는 데 사용되는 몬테 카를로 시뮬레이션 연구에서 일반적이다. 사실적인 시계열을 생성하고 시계열 간의 상호의존성을 적절히 포착하지 않으면 추정기의 속성을 정확히 평가하기 어렵다. 사실 경제학 문헌에서 GAN의 초기 적용 중 하나는 이러한 목표를 정확히 달성하는 것이었다.

Athey et al.(2019)에서는 몬테 카를로 시뮬레이션에 사용하기에 충분하지 않은 기존 데이터셋 관측치에서 바서스타인^{Wasserstein} GAN을 사용해 그와 유사한 데이터로 시뮬레이션할 수 있는 가능성을 살펴본다. 이러한 방법의 가치는 계량경제학자가 이러한 접근법에 대한 다음과 같은 일반적인 두 가지 대안을 사용하지 않아도 되게 해준다는 점이다. (1) 작은 데이터셋 자체에서 랜덤으로 추출해 동일한 관측치가 여러 번 반복,

(2) 일반적으로 데이터셋의 계열 간의 종속성을 Athey et al.(2019)은 WGAN이 생성한 인공 데이터를 사용해 추정치를 평가함으로써 자신들의 접근 방식(GAN)이 가치가 있다는 것을 보여준다.

Athey et al.(2019)에 더해 최근 경제학 연구 문헌(Kaji et al., 2018)은 WGAN을 사용해 간접 추론을 수행할 수 있는지 여부를 조사한다. 일반적으로 간접 추론은 경제와 금융의 구조 모델을 추정하는 데 사용된다. Kaji et al.(2018)에서는 다양한 유형의 근로자가 임금과 위치 메뉴에서 선택하는 모델을 추정하는 것을 시도한다. 그들이 복구하려는 매개변수는 구조적이며 데이터에서 직접 추정할 수 없으므로 간접 추론 방법을 사용해야 한다. 그들이 사용하는 접근 방식은 모델 시뮬레이션을 판별기와 결합해 시뮬레이션된 데이터가 실제 데이터와 구별될 수 없을 때까지 모델을 훈련시키는 것이다.

현재 모델 추정에 초점을 맞추고 있는 기존 응용을 넘어 GAN과 VAE는 이미지와 텍스트 생성을 위한 기성 응용에도 사용할 수 있다. 이미지 데이터 사용은 경제적 측면에서 (심지어 판별 모델에서도) 제한적이지만 GAN과 VAE는 경제적 데이터로 시각적인 반사실적^{counterfactual} 시뮬레이션을 수행할 가능성을 제공한다. 예를 들어 도시경제학에서는 공공정책의 상태와 기타 요인에 따라 공공 인프라 배치가 어떻게 변했을지를 추론할 수 있다. 마찬가지로 경제학과 금융에서 성장 중인 자연어 처리 문헌은 텍스트 생성을 사용해 예를 들어 경제의 기저 상태나 산업 상태가 변경될 때 회사의 보도자료가 어떻게 달라지는지를 조사할 수 있다.

요약

9장 이전에서는 주로 판별적 머신러닝 모델을 논의했다. 이러한 모델은 분류나 회귀를 수행한다. 즉 학습 집합에서 특징을 가져와 서로 다른 부류를 구별하거나 목표 값에 대한 지속적인 예측을 시도한다. 생성적 머신러닝은 예제를 판별하지 않고 새로운 예제를 생성한다는 점에서 판별적 머신러닝과 다르다. 경제와 금융 분야 외에 생성적 머신러닝은 강렬한 이미지, 음악, 텍스트를 생성하는 데 사용됐다. 또한 몬테 카를로 시뮬레이션을 개선하는 데 사용됐고(Athey et al., 2019) 경제학에서 구조 모델(Kaji et al., 2018)에 대한 간접 추론도 수행한다.

9장에서는 두 가지 생성 모델인 가변 오토 인코더^{VAE}와 생성적 적대 네트워크^{GAN}에 초점을 맞췄다. VAE 모델은 평균, 분산, 샘플링 계층을 포함해 오토 인코더를 확장했다. 이로 인해 잠재 공간에 제한을 적용해 상태가 원점 주위에 군집되고 로그 분산이 0이 되도록 강제함으로써 오토 인코더가 향상됐다.

오토 인코더 및 VAE와 유사하게 GAN은 다중 성분 모델로 구성된다. 즉 생성기 모델, 판별기 모델, 적대적 모델로 이뤄진다. 생성기 모델은 새로운 예제를 만든다. 판별기 모델은 이를 분류하려고 한다. 그리고 적대적 모델은 판별기를 속이는 매력적인 예제를 생성하도록 생성기를 훈련시킨다. GAN의 훈련 과정은 안정적인 평형을 찾는 것이다.

마지막으로 VAE와 GAN 둘 다 사용해 인공 GDP 성장 데이터를 생성한다. 또한 현재 경제학에 어떻게 적용되고 있고 더 널리 채택될 경우 미래에 어떻게 적용될 수 있는지도 논의했다.

참고문헌

- Athey, S., G. W. Imbens, J. Metzger, and E. Munro, "Using Wasserstein Generative Adversarial Networks for the Design of Monte Carlo Simulations." (*Working Paper No. 3824*, 2019)

- Blei, D. M., A. Y. Ng, and M. I. Jordan, "Latent Dirichlet Allocation."(*Journal of Machine Learning Research 3* (993 – 1022), 2003)

- Goodfellow, I., Y. Bengio, and A. Courville, 『Deep Learning』(Cambridge, MA: MIT Press, 2017)

  번역서: 『심층학습(제이펍의 인공지능 시리즈 13)』(제이펍, 2018)

- Goodfellow, I. J., J. Pouget-Abadie, M. Mirza, B. Xu, D. Warde-Farley, S. Ozair, A. Courville, and Y. Bengio. n.d., "Generative Adversarial Networks." (*NIPS*, 2014)

- Kaji, T., E. Manresa, and G. Pouliot, "Deep Inference: Artificial Intelligence for Structural Estimation."(*Working Paper*, 2018)

- Kingma, D. P., and M. Welling, "An Introduction to Variational Autoencoders." (*Foundations and Trends in Machine Learning* 12 (4): 307 – 392, 2019)

- Krohn, J., G. Beyleveld, and A. Bassens, 『Deep Learning Illustrated: A Visual, Interactive Guide to Artificial Intelligence』(Addison-Wesley, 2020)
  번역서: 『딥러닝 일러스트레이티드』(박해선 옮김)(시그마프레스, 2021)

이론적 모델

TensorFlow는 다른 머신러닝 패키지에 비해 익히는 데 상당한 시간 투자가 필요하다. 이는 사용자에게 단순하고 해석 가능하고 미리 정의된 모델 집합을 제공하는 대신 그래프 기반 모델을 정의하고 해결할 수 있는 기능을 제공하기 때문이다. TensorFlow의 이러한 기능은 딥러닝 모델의 개발 촉진을 위한 것이다. 하지만 이론적 모델을 풀려는 경제학자에게는 부차적인 가치도 있다.

10장에서는 이러한 영역에서 TensorFlow 기능의 간략한 개요를 제공한다. TensorFlow에서 임의의 수학적 모델을 정의하고 해결하는 방법을 시연하는 것으로 시작한다. 그런 다음 이러한 도구를 적용해 완전 감가상각의 신고전주의 비즈니스 사이클 모델을 해결한다. 이러한 모델에는 TensorFlow 성능을 평가할 수 있는 해석적 해가 있다. 해석적 해가 없는 경우 성능을 평가하는 방법도 설명한다.

TensorFlow에서 기본적인 수학적 모델을 해결하는 방법을 시연한 다음 강화 학습과 딥러닝을 결합한 분야인 심층 강화 학습을 검토하면서 10장을 마무리한다. 최근 몇 년 동안 초인적인 성능으로 비디오 게임을 하는 로봇과 네트워크 개발과 관련 있는 인상적인 몇 가지 성과가 축적됐다. 경제학에서 다루기 힘든 이론적 모델을 해결하는 데 어떻게 적용할 수 있는지를 살펴본다.

이론적 모델 해결

지금까지 특정 아키텍처를 선택한 다음 데이터를 사용해 모델의 매개변수를 훈련해 모델을 정의했다. 하지만 경제학과 금융에서는 종종 본질적으로 경험적이기보다 이론적인 문제에 직면한다. 이러한 문제를 해결하기 위해서는 함수 방정식이나 연립 미분 방정식을 풀어야 한다. 이러한 문제는 가정, 회사, 사회 계획가의 최적화 문제를 설명하는 이론적 모델에서 파생된다.

이러한 설정에서 모델의 심층 매개변수(대개, 기술, 제약 조건, 선호도를 설명한다)는 모델 외부에서 보정되거나 추정되므로 솔루션 기법을 구현하기 전에 사전에 알려져 있다. 이러한 설정에서 TensorFlow의 역할은 연립 미분 방정식의 해를 구하는 것이다.

케이크 먹기 문제

일반적으로 케이크 먹기 문제는 동적 프로그래밍에서 '헬로 월드Hello World'[1]와 같은 것이다.[2]

일반적으로 경제학과 금융 분야에서 동적 프로그래밍은 다중 기간 동적 최적화 문제에 사용된다. 동적 프로그래밍은 이러한 문제를 일련의 단일 기간 문제로 줄인다. 케이크 먹기 문제는 각 개인이 케이크를 받고 주기마다 케이크를 얼마나 먹을지를 결정하는 것이다. 매우 틀에 박혔지만 개인이 오늘 더 많이 소비할 것인지, 저축에 더 많이 할당해 소비를 지연시킬 것인지를 결정해야 하는 경제학의 표준 소비절약 문제에 대한 강력한 비유다.

---

1   프로그래밍을 배울 때 맨 먼저 해보는 간단한 실습으로 화면에 'Hello World'라고 출력해보는 것이다. 즉 가장 기초적이고 쉬운 실습을 뜻한다. - 옮긴이

2   동적 프로그래밍은 다단계 최적화 문제를 일련의 단일 단계 문제로 변환하는 방법이다.

앞에서 논의했듯이 일반적으로 이러한 모델의 심층 매개변수는 해법 루틴 외부에서 보정되거나 추정된다. 이러한 경우 케이크를 먹는 개인은 효용함수utility function와 할인 요인discount factor을 갖는다. 효용함수는 개인이 특정 크기의 케이크 조각을 소비할 때 얻는 즐거움을 측정한다. 할인 요인은 개인이 현재 케이크 한 조각과 미래의 케이크 한 조각을 어떻게 평가할 것인지를 알려준다. 여기서는 효용함수와 할인 요인에 매개변수의 공통 값을 사용한다.

케이크를 먹는 문제는 형식적인 동적, 제한된 최적화 동적, 제한된 최적화 문제로 쓸 수 있다. 식 10-1은 시간 t에 케이크 한 조각을 먹음으로써 개인이 받는 순간적 효용을 정의한다. 특히 얻은 순간적 효용은 에이전트가 얻는 기간에 대해 불변이라고 가정한다. 즉 $u(\cdot)$가 아닌 c에 시간 첨자를 붙인다. 또한 효용은 소비된 케이크 양에 자연 로그로 주어진다고 가정한다. 이렇게 하면 더 많은 케이크가 더 많은 효용을 산출하도록 보장하지만 더 많은 케이크의 증분 이득(한계효용)은 c에서 감소한다. 이는 케이크를 먹는 사람에게 오늘 케이크를 다 먹기보다 시간에 따라 나눠 소비하려는 자연스러운 욕구를 발생시킨다.

식 10-1 케이크 소비의 즉각적 유용성

$$u(c_t) = \log(c_t)$$

소비의 한계효용은 식 10-2에서와 같이 c_t에 대한 $u(c_t)$의 도함수로 표현될 수 있다. 식 10-1과 식 10-2 둘 다 매개변수를 포함하지 않는다는 점에 주목하자. 이는 이러한 문제에서 로그 효용을 채택해 얻는 이점 중 하나다. 즉 효용과 한계효용에 대한 단순하고 매개변수가 없는 식을 생성하는 동시에 일반적으로 우리가 경제와 금융의 효용 함수에 적용하려는 요구 사항도 충족시킨다.

식 10-2 소비의 한계효용

$$u'(c_t) = \frac{du(c_t)}{dc_t} = \frac{1}{c_t}$$

이외에도 2차 미분은 식 10-3에서와 같이 항상 음수다.

식 10-3 소비의 한계효용

$$u''(c_t) = -\frac{1}{c_t^2}$$

편의상 케이크 크기는 1로 정규화한다. 즉 모든 소비 선택은 0~1 사이가 된다. 그림 10-1에서는 이 구간의 c 값에 대한 효용 수준과 1차 도함수와 2차 도함수를 도식화한다.

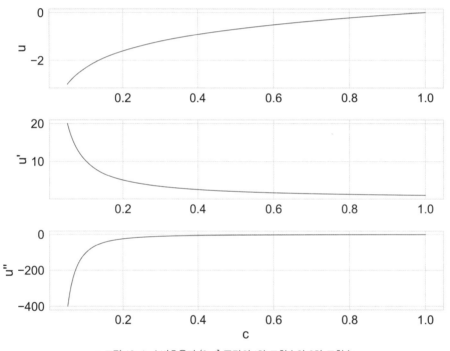

▲ 그림 10-1 소비효용과 (0, 1] 구간의 1차 도함수와 2차 도함수

여기서는 유한 기간 문제로 시작한다. 에이전트는 T 기간 동안 소비를 나눠야 한다. 이는 케이크가 T 기간 동안만 먹을 수 있기 때문이거나 개인이 T 기간 동안만 살기 때문일 수 있다. 형식화된 예에서 추론은 별로 중요하지 않지만 소비절약 문제에서는 물론

더 중요하다.

시간 $t=0$에서 에이전트는 식 10-5의 예산 제약과 식 10-6의 s_{t+1}에 대한 양의 제약 조건에 따라 식 10-4의 목적함수를 최대화한다. 즉 에이전트는 일련의 소비 선택(c_0, …, c_{T-1})을 해야 하며 각각은 남은 케이크 양(s_t)과 다음 기간으로 넘겨야 할 케이크를 보존하기 위한 요구 사항(s_{t+1})에 의해 제한된다. 또한 모든 미래 기간의 소비는 $\beta \le 1$만큼 할인된다.

식 10-4에서는 최적의 원리(Bellman, 1954)를 적용해 기간 0의 가치를 s_0로 나타낸다. 이는 최적의 소비 경로를 따라 할인된 효용의 합계와 같으며 이를 미지의 함수 $V(\cdot)$로 표시한다.

식 10-4 시간 t = 0에서의 에이전트에 대한 목적함수

$$V(s_0; 0) = \max_{c_0,\dots c_{T-1}} \sum_{t \in \{0,\dots,T-1\}} \beta^t \log(c_t)$$

식 10-5 예산 제한

$$c_t = s_t - s_{t+1}$$

$$\forall t \in \{0,\dots, T-1\}$$

식 10-6 양수 제약

$$s_{t+1} > 0$$

$$\forall t \in \{0,\dots, T-1\}$$

Bellman(1954)은 목표함수를 훗날 '벨만 방정식'이라고 불린 식 10-7을 사용해 임의의 기간에서 나타낼 수 있다는 것을 증명했다. 또한 예산 제약을 식으로 대체한다.

식 10-7 케이크 먹기 문제에 대한 벨만 방정식

$$V(s_t; t) = \max_{s_{t+1}} \log(s_t - s_{t+1}) + \beta V(s_{t+1}; t+1)$$

$T-t+1$ 기간에 대한 소비 순서를 선택하는 대신 현재의 기간을 뜻하는 c_t 또는 s_{t+1}을 선택한다. 그러면 문제 해결은 $V(\cdot)$ 복구를 위한 함수 방정식을 푸는 것으로 줄어든다. 이렇게 한 다음 s_{t+1}을 선택하면 순간효용과 미래 기간의 할인된 효용 흐름 둘 다 고정돼 일련의 단일 기간 최적화 문제가 된다.

우리가 설정한 것과 같은 유한 기간 문제의 경우 모든 s_T에 대해 $V(s_T; T)$를 고정할 수 있다. 결정 문제가 기간 $T-1$에서 끝나기 때문에 s_T의 모든 선택은 $V(s_T; T) = 0$이 된다. 따라서 s_{T-1}을 소비하는 것이 항상 최적인 식 10-8을 푸는 것으로 시작한다. 이제 시간을 재귀적으로 거슬러 올라가 $t = 0$에 도달할 때까지 각 기간에서 $V(\cdot)$를 구할 수 있다.

식 10-8 케이크 먹기 문제에 대한 벨만 방정식

$$V(s_{T-1}; T-1) = \max_{s_T} log(s_{T-1} - s_T)$$

재귀적 최적화 단계를 수행하는 몇 가지 방법이 있다. 일반적인 방법은 이산 그리드를 사용해 가치함수를 나타내는 것이다. TensorFlow의 강점을 활용하고 10장 나머지 부분과의 연속성을 유지하기 위해 모수적 접근 방식에 대신 초점을 맞출 것이다. 더 구체적으로 기간이 시작될 때 갖는 케이크 양인 시간 t의 상태를 다음 기간으로 넘기는 케이크 양인 시간 $t+1$의 상태에 맵핑하는 정책함수를 매개변수화할 것이다. 간단히 하기 위해 식 10-9에 표시된 것과 같이 상태에 비례하는 결정 규칙에 대해 선형함수를 사용한다.

식 10-9 케이크 먹기 정책 규칙의 함수 형태

$$s_{t+1} = \theta_t s_t$$

이제 TensorFlow에서 이러한 접근 방식을 $T = 2$인 간단한 경우를 구현해본다. 즉 크기가 1인 전체 케이크에서 시작해 기간 $T-1$까지 이월할 양을 결정해야 한다. 코드 10-1에서는 모델에서 해결해야 할 상수와 매개변수를 정의한다. 또한 정책함수인

theta의 기울기가 포함되며 이는 다음 기간으로 이월할 케이크의 비율을 알려준다. 할인계수 beta는 에이전트가 $t+1$에 비해 기간 t에서의 케이크 가치를 얼마로 평가하는지를 알려준다. 그리고 기간 0에 남은 케이크의 몫은 s_0이다. theta는 학습 가능한 변수라는 점에 주목하자. beta는 1.0으로 설정돼 $t+1$ 기간의 케이크 소비를 할인하지 않는다는 것을 나타낸다. 처음에는 전체 케이크가 있다($s_0 = 1$).

코드 10-1 케이크 먹기 문제에 대한 상수 및 변수 정의하기

```
import tensorflow as tf

# 정책 규칙 매개변수를 정의한다.
theta = tf.Variable(0.1, tf.float32)

# 할인 요인을 정의한다.
beta = tf.constant(1.0, tf.float32)

# t=0에서의 상태를 정의한다.
s0 = tf.constant(1.0, tf.float32)
```

다음으로 코드 10-2의 정책 규칙에 대한 함수를 정의한다. 즉 매개변수 값을 취하고 s1을 산출한다. s1을 theta*s0으로 정의한다는 점에 유의하자. tf.clip_by_value()를 사용해 s1을 양수 제약을 부과하는 [0.01, 0.99] 간격으로 제한한다. 그런 다음 코드 10-3에서 매개변수 값을 입력으로 사용하고 손실을 산출하는 손실함수를 정의한다. 1은 종료 기간이므로 v1은 s1을 선택해 고정된다. v1이 결정되면 theta 선택에 따라 v0을 계산할 수 있다. v0을 최대화하기 위해 theta(s1)를 선택한다. 하지만 실제로는 최소화를 수행할 것이므로 -v0을 손실 척도로 대신 사용한다.

```
# 정책 규칙을 정의한다.
def policyRule(theta, s0 = s0, beta = beta):
        s1 = tf.clip_by_value(theta*s0,
        clip_value_min = 0.01, clip_value_max = 0.99)
        return s1
```

코드 10-3 손실함수 정의하기

```
# 손실함수를 정의한다.
def loss(theta, s0 = s0, beta = beta):
        s1 = policyRule(theta)
        v1 = tf.math.log(s1)
        v0 = tf.math.log(s0-s1) + beta*v1
        return -v0
```

다음으로 최적화 프로그램을 인스턴스화하고 코드 10-4에서 500회 반복 과정으로 최
소화를 수행한다.

코드 10-4 최적화 수행하기

```
# 최적화 프로그램을 인스턴스화한다.
opt = tf.optimizers.Adam(0.1)

# 최소화를 수행한다.
for j in range(500):
opt.minimize(lambda: loss(theta),
        var_list = [theta])
```

훈련을 100회 반복한 다음 theta는 그림 10-2와 같이 0.5로 수렴한다. theta=0.5의
해석은 에이전트가 기간 0에 케이크의 절반을 먹고 기간 1에 케이크의 절반을 먹어야
한다는 뜻이다. 이는 에이전트가 미래 가치를 할인하지 않는 경우 정확히 예상할 수
있는 것이다.

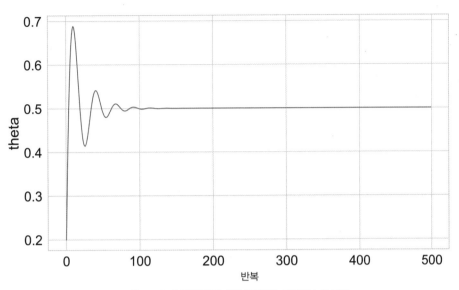

▲ 그림 10-2 훈련 반복에 대한 정책함수 매개변수의 진화

여기서는 물론 beta가 1 미만이라고 가정한다. 그림 10-3은 다양한 beta 값에 대한 최적의 theta 값을 표시한다. 각각의 경우 모델을 다시 해결한다. 예상대로 둘 사이의 우상향 관계를 볼 수 있다. 즉 미래 소비에 더 많은 가치를 부여해 소비를 위해 더 많은 케이크를 다음 기간으로 남겨두는 것을 선택한다. 이러한 문제는 매우 틀에 박혀 있으며 기간이 둘인 경우에 초점을 맞추면 더 사소해진다. 하지만 TensorFlow에서 이론적 모델을 구성하고 해결하기 위한 기본 템플릿을 보여줬다. 다음 하위 절에서는 더 현실적인 문제를 고려하겠지만 닫힌 해가 있는 경우에 집중할 것이다. 이렇게 하면 접근 방식의 성능을 비교적 쉽게 평가할 수 있다.

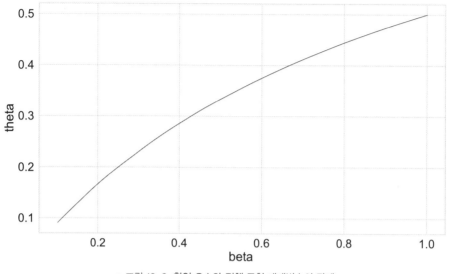

▲ 그림 10-3 할인 요소와 정책 규칙 매개변수의 관계

신고전주의 비즈니스 사이클 모델

Brock과 Mirman(1972)이 도입한 신고전주의 비즈니스 사이클 모델의 특수한 형태를 해결해보면서 이번 절을 마무리한다. 이러한 모델에서 소셜 플래너$^{social planner}$는 대표 가구의 할인된 효용 흐름을 소비로부터 최대화한다. 각 기간 t에서 플래너는 다음 기간 자본 k_{t+1}을 선택해 다음 기간 y_{t+1}에 산출물을 생성한다. 로그 효용과 완전 감가상각을 가정하면 모델에는 다루기 쉬운 닫힌 해가 있다.

식 10-10은 초기 기간의 플래너 문제로서 식 10-11의 예산 제약이 적용된다. 목표는 케이크 먹기 문제와 유사하지만 가정은 영원히 살기 때문에 이제 여기서는 소비에서 할인된 유용 흐름을 무한 합산한다. 예산 제약은 소셜 플래너가 산출물을 각 기간에 소비와 자본으로 나눈다는 것을 나타낸다. 식 10-12는 생산함수를 지정한다.

식 10-10 소셜 플래너의 문제

$$\max_{c_0} \sum_{t=0}^{\infty} \beta^t \log(c_t)$$

식 10-11 경제 전반의 예산 제약

$$y_t = c_t + k_{t+1}$$

식 10-12 생산함수

$$y_t = k_t^{\alpha}$$

또한 $\beta < 1$, $\alpha \in (0, 1)$ 및 자본이 각 기간에 완전히 감가상각한다고 가정한다. 이는 이전 기간에서 이월한 자본을 사용해 생산된 산출물을 회수하지만 자본 자체는 회수하지 않는다는 뜻이다. 이러한 문제의 해결 방법은 오일러^{Euler} 방정식을 충족시키는 정책함수를 알아내는 것이다. 식 10-13의 오일러 방정식은 기간 t의 소비 한계효용이 기간 $t+1$의 할인된 총 자본 수익률에 기간 $t+1$의 소비 한계효용을 곱한 값과 같아야 한다는 조건을 갖는다.

식 10-13 오일러 방정식

$$\frac{1}{c_t} = \beta \alpha k_{t+1}^{\alpha-1} \frac{1}{c_{t+1}}$$

$$\rightarrow c_{t+1} = \beta \alpha k_{t+1}^{\alpha-1} c_t$$

오일러 방정식에는 직관적인 해석이 있다. 플래너가 t 기간에서 기간 $t+1$ 또는 그 반대로 소량의 소비를 재할당해 가구를 더 좋게 만들 수 없는 경우 해가 최적이라는 뜻이 된다. 자본과 소비에 대한 정책함수를 정의해 식 10-11, 식 10-12, 식 10-13과 일치하는 해를 찾을 수 있다. 하지만 소비에 대한 정책함수가 중복된다는 것을 알 수 있다.

먼저 해가 결과에 비례하는 정책함수로 표현될 수 있다고 가정하고 시작한다. 즉 플래너는 자본과 소비에 할당할 생산량 몫을 선택할 것이다. 식 10-14는 자본에 대한 정책함수이고 식 10-15는 소비에 대한 함수다.

식 10-14 자본에 대한 정책함수

$$k_{t+1} = \theta_k k_t^\alpha = \theta_k y_t$$

식 10-15 소비에 대한 정책함수

$$c_t = \left(1 - \theta_k\right) k_t^\alpha = \left(1 - \theta_k\right) y_t$$

정책함수에 대한 닫힌 식은 식 10-16과 식 10-17이다. 이를 사용해 TensorFlow에서 결과의 정확성을 평가한다.

식 10-16 자본에 대한 정책 규칙

$$k_{t+1} = \alpha \beta k_t^\alpha$$

식 10-17 소비에 대한 정책 규칙

$$c_t = \left(1 - \alpha\beta\right) k_t^\alpha$$

이제 문제를 정의했으니 TensorFlow에서 해를 구현할 수 있다. 코드 10-5에서는 매개변수와 자본 그리드를 정의하는 것으로 시작한다. alpha 및 beta, 생산함수 매개변수와 할인 요인에 대한 표준값을 사용한 후 다음 기간의 자본에 할당되는 결과의 몫인 thetaK를 정의할 것이다. 마지막으로 기간 시작 자본 그리드 k0를 정의한다. k0은 기간 t가 시작될 때 가구가 보유할 수 있는 자본 가치 벡터다.

코드 10-5 모델 매개변수 정의하기

```
import tensorflow as tf

# 생산함수 매개변수를 정의한다.
alpha = tf.constant(0.33, tf.float32)

# 할인 요인을 정의한다.
beta = tf.constant(0.95, tf.float32)
```

```
# 결정 규칙에 대한 매개변수를 정의한다.
thetaK = tf.Variable(0.1, tf.float32)

# 상태 그리드를 정의한다.
k0 = tf.linspace(0.001, 1.00, 10000)
```

코드 10-6에서 손실함수를 정의한다. 먼저 다음 기간 자본에 대한 정책 규칙을 적용하고 그러한 정책 규칙을 오일러 방정식에 연결한다. 그런 다음 좌변에서 우변을 빼 오차를 생성한다. 이를 '오일러 방정식 잔차'라고도 부른다. 그런 다음 잔차를 제곱하고 평균을 계산한다.

코드 10-6 손실함수 정의하기

```
# 손실함수를 정의한다.
def loss(thetaK, k0 = k0, beta = beta):
        # 기간 t+1 자본을 정의한다.
        k1 = thetaK*k0**alpha

        # 오일러 방정식 잔차를 정의한다.
        error = k1**alpha-
        beta*alpha*k0**alpha*k1**(alpha-1)

        return tf.reduce_mean(tf.multiply(error, error))
```

마지막 단계는 최적화 프로그램을 정의하고 최소화를 수행하는 것이다. 이는 코드 10-7에서 수행한다. 최적화를 수행한 다음 닫힌 해인 beta*alpha에 thetaK와 매개변수 표현식을 출력한다. 두 경우 모두 0.3135002를 얻었으며 TensorFlow 구현이 모델에 대한 참 해를 식별했다는 것을 나타낸다.

코드 10-7 최적화 수행 및 결과 평가하기

```
# 최적화 프로그램을 인스턴스화한다.
opt = tf.optimizers.Adam(0.1)
```

```
# 최소화를 수행한다.
for j in range(1000):
opt.minimize(lambda: loss(thetaK),
        var_list = [thetaK])

# thetaK를 출력한다.
print(thetaK)
<tf.Variable 'Variable:0' shape=() dtype=float32,
numpy=0.31350002>

# 해석적 해와 thetaK를 비교한다.
print(alpha*beta)

tf.Tensor(0.31350002, shape=(), dtype=float32)
```

이제 정책 규칙을 해결했으니 이를 이용해 전환 경로 계산 등에 사용한다. 코드 10-8
은 정책 규칙을 사용하고 자본값 0.05에서 시작해 소비, 자본, 출력에 대한 전환을 계
산하는 방법을 보여준다. 그림 10-4에서는 전환 경로를 도식화한다.

코드 10-8 전환 경로 계산하기

```
# 자본의 초기 가치를 설정한다.
k0 = 0.05

# 빈 리스트를 정의한다.
y, k, c = [ ], [ ], [ ]

# 전환을 수행한다.
for j in range(10):
        # 변수를 갱신한다.
        k1 = thetaK*k0**alpha
        c0 = (1-thetaK)*k0**alpha

        # 리스트를 갱신한다.
        y.append(k0**alpha)
        k.append(k1)
        c.append(c0)
```

```
# 상태를 갱신한다.
k0 = k1
```

마지막으로 해를 해석적으로 계산할 수 있는 간단한 예를 의도적으로 사용했다는 것을 지적해야 한다. 그러지 않으면 일반적으로 문제가 발생한다. 그러한 경우 해 기법의 정확도 평가를 위해 오일러 방정식 잔차를 자주 사용한다. 코드 10-9는 손실함수를 오일러 방정식 잔차를 계산하도록 수정하는 방법을 보여준다. 먼저 이를 계산할 그리드를 정의하는 것으로 시작한다. 경우에 따라 모델 해결에 사용한 것 이상으로 경계를 확장해 모델이 안정 상태에서 멀리 떨어진 곳에서도 잘 작동한다는 것을 보여줄 수 있다. 이러한 경우 모델을 해결하는 데 사용한 것과 동일한 그리드를 사용한다.

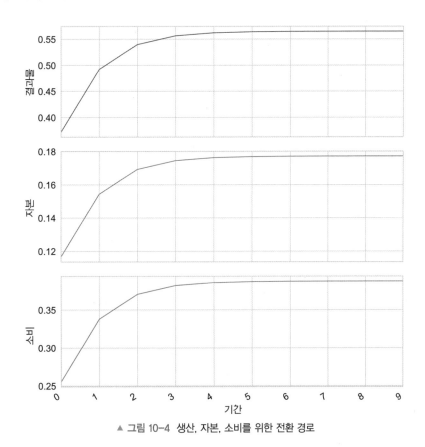

▲ 그림 10-4 생산, 자본, 소비를 위한 전환 경로

정책 규칙은 해석적 해와 당연히 일치하므로 최대 오일러 방정식 잔차는 무시할 정도로 작다. 이러한 문제에서 특별히 중요하진 않지만 결과가 근사 오차의 영향을 받는 정도를 결정할 때마다 오일러 방정식 잔차가 도움이 될 것이다.

코드 10-9 오일러 방정식의 잔차 계산하기

```
# 상태 그리드를 정의한다.
k0 = tf.linspace(0.001, 1.00, 10000)

# 오일러 방정식 잔차를 반환하는 함수를 정의한다.
def eer(k0, thetaK = thetaK, beta = beta):
        # t+1 자본을 정의한다.
        k1 = thetaK*k0**alpha

        # 오일러 방정식 잔차를 정의한다.
        residuals = k1**alpha-
        beta*alpha*k0**alpha*k1**(alpha-1)

        return residuals

# 잔차를 생성한다.
resids = eer(k0)

# 가장 큰 잔차를 출력한다.
print(resids.numpy().max())

5.9604645e-08
```

심층 강화 학습

경제와 금융 분야의 표준 이론 모델은 에이전트가 합리적인 최적화 도구라고 가정한다. 이는 에이전트가 미래에 대해 편견 없는 기대를 형성하고 최적화를 수행해 목표를 달성하는 것을 의미한다. 합리적 에이전트가 전 기간의 자본 수익률을 잘못 예측할 수 있지만 체제적으로 과대 예측하거나 예측을 철회하진 않는다. 마찬가지로 최적기는 사후에 항상 최상의 결과를 얻을 수 있는 것은 아니지만 사전 정보 집합이 주어지면 최상의 결정을 내릴 것이다. 더 명시적으로 최적기는 휴리스틱이나 경험 법칙을 사용하는 대신 효용함수와 제약 조건이 주어지면 정확한 최적을 선택한다.

Palmer(2015)에서 설명했듯이 합리적인 최적화 프레임워크에서 벗어나려는 몇 가지 합리적인 이유가 있다. 그중 하나는 에이전트가 합리성과 최적화에 의해 암시된 것을 채택했다고 가정하기보다 에이전트가 정책 규칙을 형성하는 프로세스에 집중할 수 있다는 것이다. 또 다른 이유는 합리성이나 최적화 요구 사항에 위배되면 많은 모델에서 계산 처리 능력이 크게 향상된다는 것이다.

표준 모델에서 벗어나고 싶다면 대안 중 하나는 강화 학습이며 Sutton과 Barto(1998)에 설명돼 있다. 경제학에서의 그러한 가치는 Athey와 Imbens(2019), Palmer(2015)에서 논의됐다. 또한 다루기 힘든 동적 프로그래밍 문제를 해결하는 수단으로 Hull(2015)에서 적용됐다.

경제학의 표준 합리적 최적화 프레임워크와 유사하게 강화 학습 문제의 에이전트는 최적화를 수행하지만 시스템 상태 관련 정보는 제한된 환경에서 수행된다. 이것은 '탐색exploration'과 '활용exploitation' 사이의 절충을 유도한다. 즉 시스템을 더 많이 배우거나 이해하고 있는 시스템 부분을 최적화하는 것이다.

이번 절에서는 최근 도입된 강화 학습의 변형인 딥러닝과 강화 학습을 결합한 '딥 Q-러닝'을 알아본다. 여기서의 목표는 학습 프로세스 자체를 연구하는 대신 고차원 상태 공간 문제의 합리적인 최적화 버전의 해결을 방해하는 계산 제약을 완화하는 것이다. 즉 여전히 합리적인 최적기 문제의 해결책을 모색하겠지만 계산경제학의 더 전통적인 방법 대신 딥 Q-러닝을 사용할 것이다.

동적 프로그래밍과 유사하게 종종 Q-학습은 '룩업 테이블look-up table' 접근 방식을 사용한다. 동적 프로그래밍에서 이러한 작업은 각 상태의 가치를 나타내는 테이블을 구성하는 것을 수반한다. 그런 다음 수렴될 때까지 해당 테이블을 반복적으로 갱신한다. 테이블 자체는 가치함수의 해다. 대조적으로 Q-학습에서는 그 대신 상태-행동 테이블을 구성한다. 여기서 다시 살펴볼 신고전주의 비즈니스 사이클 모델의 예에서의 상태는 자본이고 행동은 소비 수준이었다.

식 10-18은 시간차 학습을 사용하는 경우 Q 테이블이 어떻게 갱신되는지를 보여준다. 즉 $i+1$에서 $i+1$의 상태-동작 쌍(s_t, a_t) 관련 값을 i 값을 가져와 학습률에 더한 다음 최적의 행동을 선택해 유도된 값의 예상 변화를 곱해 갱신한다.

식 10-18 Q 테이블 갱신하기

$$Q_{i+1}(s_t, a_t) \leftarrow Q_i(s_t, a_t) + \lambda \left[r_t + \beta \max_a Q(k_{t+1}, a) - Q_i(s_t, a_t) \right]$$

딥 Q-러닝은 룩업 테이블을 '딥 Q-네트워크'라는 심층 신경망으로 대체한다. 이러한 기법은 Mnih et al.(2015)가 도입했으며 원래는 초인적인 성능으로 비디오 게임을 플레이하도록 Q-네트워크를 훈련시키는 데 적용됐다.

여기서는 신고전주의 비즈니스 사이클 모델의 예제로 돌아가 경제 모델을 해결하기 위해 딥 Q-러닝을 사용하는 방법을 간략히 설명한다. TensorFlow에서 이를 수행할 몇 가지 방법이 있다. 일반적인 두 가지 옵션은 기본 TensorFlow 구현인 tf-agents와 TensorFlow의 고급 Keras API를 사용하는 keras-rl2다. 다룰 내용은 간단한 소개이므로 여기서는 더 친숙한 구문으로 더 간단한 구현이 가능한 keras-rl2에 초점을 맞춘다.

코드 10-10에서 keras-rl2 모듈을 설치하고 tensorflow와 numpy를 임포트한다. 그런 다음 새로 설치된 rl 모듈에서 세 개의 하위 모듈을 가져온다. DQNAgent는 딥 Q 학습 에이전트를 정의하는 데 사용할 것이다. 훈련 경로에 대한 정책 결정을 생성하는 프로세스를 설정하는 데는 EpsGreedyQPolicy를 사용한다. 그리고 SequentialMemory는 의사결정 경로와 결과를 유지하는 데 사용되며 이를 입력으로 사용해 심층 Q 네트워크를 훈련시킨다. 마지막으로 모델 환경을 정의하는 데 사용할 gym을 가져온다.

```
# keras-rl2를 설치한다.
!pip install keras-rl2

# numpy와 tensorflow를 임포트한다.
import numpy as np
import tensorflow as tf

# keras에서 강화 학습 모듈을 임포트한다.
from rl.agents.dqn import DQNAgent
from rl.policy import EpsGreedyQPolicy
from rl.memory import SequentialMemory

# RL 알고리듬 비교를 위한 모듈을 임포트한다.
import gym
```

코드 10-11에서는 자본 노드 수를 설정하고 환경, planner를 설정하는데 이는 gym.Env
의 하위 클래스다. 이는 소셜 플래너의 강화 학습 문제의 세부 사항을 지정한다.
planner 클래스는 초기화할 때 다음을 수행하도록 구성된다. 개별 자본 그리드 정의,
행동과 관찰 공간 정의, 결정 수를 0으로 초기화, 최대 결정 수 설정, 자본 초기값(1,000개
중 500개)의 노드 인덱스 설정, 생산함수의 매개변수 설정(alpha)이다.

여기서의 목적을 위해 행동과 관찰 공간은 모두 gym.spaces를 사용해 정의된 1,000개
의 노드가 있는 이산 객체다. 예제의 경우 관찰 공간은 전체 상태 공간 즉 모든 자본
노드다. 행동 공간도 동일하다.

코드 10-11 맞춤형 강화 학습 환경 정의하기

```
# 자본 노드 수를 정의한다.
n_capital = 1000

# 환경을 정의한다.
class planner(gym.Env):
        def __init__(self):
```

```
            self.k = np.linspace(0.01, 1.0, n_capital)
            self.action_space = \
            gym.spaces.Discrete(n_capital)
            self.observation_space = \
            gym.spaces.Discrete(n_capital)
            self.decision_count = 0
            self.decision_max = 100
            self.observation = 500
            self.alpha = 0.33
    def step(self, action):
            assert self.action_space.contains(action)
            self.decision_count += 1
            done = False
            if(self.observation**self.alpha - action)>0:
                    reward = \
            np.log(self.k[self.observation]**self.alpha -
            self.k[action])
            else:
                    reward = -1000
            self.observation = action
            if (self.decision_count >= self.decision_max)\
            or reward == -1000:
                    done = True
            return self.observation, reward, done, \
            {"decisions": self.decision_count}
    def reset(self):
            self.decision_count = 0
            self.observation = 500
            return self.observation
```

그런 후 다음과 같은 네 가지 출력을 반환할 수 있는 클래스의 step 메서드를 정의한다. 즉 상태 observation, 순간효용 reward, 훈련 세션 재설정 여부 표시기 done, 관련 디버깅 정보를 갖는 딕셔너리 객체다. 이러한 메서드를 호출하면 에이전트가 훈련 세션 동안 내린 결정 수를 기록하는 decision_count 속성이 증가한다. 또한 처음에는 done을 False로 설정한다. 그런 다음 에이전트가 유효한 결정을 내렸는지 즉 긍정적인 소비 가치를 선택했는지를 평가한다. 에이전트가 decision_max 이상의 결정을 내리거나 양수가 아닌 소비 값을 선택하면 reset() 메서드가 호출돼 상태와 결정 수를 다시 초기화한다.

코드 10-12에서는 planner 환경을 인스턴스화한 다음 TensorFlow에서 신경망을 정의한다. 여기서는 하나의 밀집 계층과 relu 활성화 함수가 있는 Sequential 모델을 사용한다. 모델에는 n_capital 노드를 포함한 출력 계층이 있어야 한다는 점에 유의하자. 하지만 그를 떠나 문제에 가장 적합한 아키텍처를 선택할 수 있다.

코드 10-12 TensorFlow에서 환경 인스턴스화 및 모델 정의하기

```
# 플래너 환경을 인스턴스화한다.
env = planner()

# TensorFlow에서 모델을 정의한다.
model = tf.keras.models.Sequential()
model.ad d(tf.keras.layers.Flatten(input_shape=(1,) + env.
        observation_space.shape))
model.add(tf.keras.layers.Dense(32, activation="relu"))
model.add(tf.keras.layers.Dense(n_capital,
activation="linear"))
```

이제 환경과 네트워크가 정의됐으니 초매개변수를 지정하고 모델을 훈련시켜야 한다. 이러한 작업은 코드 10-13에서 수행한다. 먼저 SequentialMemory를 사용해 50,000개의 의사결정 경로의 '재생 버퍼replay buffer'를 유지하며 이는 모델 학습에 사용될 것이다. 그런 다음 epsilon=0.30인 엡실론-그리디 정책을 사용하도록 모델을 설정한다. 학습 시간 동안 이는 모델이 70% 시간 동안 효용을 최대화하고 나머지 30%는 무작위 결정으로 탐색한다는 뜻이다. 마지막으로 DQNAgent 모델의 초매개변수를 설정하고 컴파일하고 훈련을 수행한다.

```
# 재생 버퍼를 지정한다.
memory = SequentialMemory(limit=10000, window_length=1)

# 훈련 시간 결정을 내리는 데 사용되는 정책을 정의한다.
policy = EpsGreedyQPolicy(0.30)

# 딥 Q-러닝 네트워크(DQN)를 정의한다.
dqn = DQNAgent(model=model, nb_actions=n_capital, memory=memory,
        nb_steps_warmup=100, gamma=0.95,
        target_model_update=1e-2, policy=policy)

# 모델을 컴파일하고 훈련시킨다.
dqn.compile(tf.keras.optimizers.Adam(0.005), metrics=['mse'])
dqn.fit(env, nb_steps=10000)
```

훈련 과정을 모니터링하면 두 가지 관찰 결과가 나온다. 첫째, 세션당 의사결정 수가 반복적으로 증가해 에이전트가 그리디 정책이 제안할 수 있는 것처럼 자본을 급격히 줄이지 않음으로써 미래 기간의 마이너스 양을 피하는 방법을 배운다. 둘째, 손실이 감소하고 평균 보상이 상승하기 시작해 에이전트가 최적성에 가까워지고 있다는 것을 나타낸다.

해의 품질에 대한 더 철저한 분석 수행을 위해서는 앞 절에서 논의한 것과 같이 오일러 방정식 잔차를 조사할 수 있다. 이는 DQN 모델이 거의 최적인 것을 산출했는지 여부를 알려준다.

요약

TensorFlow는 딥러닝 모델을 학습시키는 수단을 제공할 뿐만 아니라 임의의 수학적 모델을 해결하는 데 사용할 수 있는 도구 모음도 제공한다. 일반적으로 여기에는 경제와 금융에서 사용되는 모델이 포함된다. 10장에서는 단순 모델(케이크 먹기 모델)과 계산

문헌의 공통 벤치마크인 신고전주의 비즈니스 사이클 모델을 사용해 이를 수행하는 방법을 조사했다. 두 모델 다 경제학에서 기존 방법을 사용해 해결하기는 쉽지 않지만 TensorFlow를 사용해 경제학자를 위한 이론적 관련 모델을 해결하는 간단한 방법을 보여준다.

또한 심층 강화 학습이 계산경제학의 표준 방법의 대안으로 어떻게 사용될 수 있는지를 보여줬다. 특히 TensorFlow에서 DQN(딥 Q-러닝 네트워크)을 사용하면 경제학자가 모델 가정을 변경하거나 상당한 양의 수치 오류를 도입하지 않고도 비선형 설정에서 고차원 모델을 해결할 수 있다.

참고문헌

- Athey, S., and G. W. Imbens, "Machine Learning Methods Economist Should Know About."(*Annual Review of Economics* 11: 685 – 725, 2019)

- Bellman, R, "The theory of dynamic programming."(*Bulletin of the American Mathematical Society* 60: 503 – 515, 1954)

- Brock, W., and L. Mirman, "Optimal Economic Growth and Uncertainty: The Discounted Case."(*Journal of Economic Theory* 4 (3): 479 – 513, 1972)

- Hull, I., "Approximate Dynamic Programming with Post−Decision States as a Solution Method for Dynamic Economic Models."(*Journal of Economic Dynamics and Control* 55: 57 – 70, 2015)

- Mnih, V. et al., "Human−level control through deep reinforcement learning." (*Nature* 518: 529 – 533, 2015)

- Palmer, N. M., "*Individual and Social Learning: An Implementation of Bounded Rationality from First Principles*."(Doctoral Dissertation in Computational Social Science, Fairfax, VA: George Mason University, 2015)

- Sutton, R. S., and A. G. Barto, 『Reinforcement Learning: An Introduction』 (Cambridge: MIT Press, 1998)

텐서플로 2로 배우는 금융 머신러닝

텐서플로와 Scikit-learn으로 금융 경제에 접목하는 인공지능

발 행 | 2022년 1월 3일

지은이 | 이사야 힐
옮긴이 | 이 병 욱

펴낸이 | 권 성 준
편집장 | 황 영 주
편 집 | 이 지 은
　　　　김 다 예
디자인 | 윤 서 빈

에이콘출판주식회사
서울특별시 양천구 국회대로 287 (목동)
전화 02-2653-7600, 팩스 02-2653-0433
www.acornpub.co.kr / editor@acornpub.co.kr